러시아 지방연구 Ⅲ

볼가연방지구

경희대학교 러시아지역연구팀

KHUP 경희대학교 출판국

이 책은 지난 2년 동안 경희대학교 러시아지역연구팀이
수행해 온 연구의 성과물이다.

이 책은 2002년도 학술진흥재단의 지원에 의하여 연구되었음
(KRF-2002-072-BS2072)

목차

머리말

오늘날 국제사회는 빠르고 복잡하게 변화하고 있다. 이런 변화가 우리에게 한편으로는 불확실한 환경에 대응해야 하기에 도전이고, 다른 한편으로는 20세기의 부정적인 정체성을 극복하고 발전할 수 있는 기회가 될 수 있다. 역사적으로 한국의 운명은 지정학적인 특성으로 인해 종종 외부환경에 의해 결정되곤 했다. 그 과정에서 우리 자신이 부정되고 왜곡되면서 부정적인 정체성(minus identity)이 형성되었다. 이제 우리는 20세기 후반부터 형성되고 있는 새로운 국제환경에서 부정적인 정체성을 극복하고 새로운 발전을 모색할 수 있는 기회를 갖게 되었다.

최근 한국과 러시아간 교류가 다방면에 걸쳐 확대, 발전되고 있다. 이런 측면은 한반도 발전에 중요한 의미를 지니고 있다. 20세기의 한반도 운명에 결정적인 영향을 미쳤고, 향후 한반도에 중요한 영향을 미치는 나라가 러시아이다. 국권상실과정, 남북분단과정, 냉전체계에서 러시아적 요소는 우리에게 부정적이었지만 앞으로 러시아적 요소는 긍정적인 측면에서 한국의 발전에 중요한 역할을 할 것으로 기대된다. 한국과 러시아의 관계가 상호의존적으로 발전할 가능성이 매우 크기 때문이다.

냉전이후 우리의 국가발전전략 수립 과정에서 러시아의 정치적, 안보적, 경제적 측면이 중요한 역할을 하고 있다. 우리의 생존뿐만 아니라 발전적 측면에서도 러시아적 요소가 존재한다. 러시아는 한국의 국가안보 및 남북관계에도 적지 않은 영향을 미칠 수 있는 국가이며, 세계의 자원, 환경의 보고이며, 유라시아 물류의 통로이다. 나아가 유라시아 대륙과 태평양 세력을 연결시키는 교량적 위치의 활용이 우리 국가발전 전략의 주요개념으로 대두되고 있기 때문에 러시아와의 관계는 한국에 있어서 중요하다.

역사적으로 한국과 러시아의 관계는 150여 년 전으로 거슬러 올라간다. 부정적이든 긍정적이든 양국관계가 확대됨으로써 그에 대한 연구도 적지 않게 진행되어 왔다. 각론적인 수준의 연구뿐만 아니라 점차 종합적인 연구도 시도되고 있다. 그렇지만 대부분의 연구가 중앙수준에서 진행됨으로써 러시아의 전체상을 이해하는데 한계가 있었다. 이런 경향은 중앙의 통제적 차원, 중앙집권적인 국가주도 차원에서 사회현상을 이해하려는 근대적 패러다임과 관련된다고 볼 수 있다.

러시아 지방 수준에서의 연구 필요성을 두 가지 측면에서 살펴 볼 수가 있다. 세계화, 지방화 추세라는 보편적인 측면과 러시아의 특수적인 측면에서 러시아의 지방에 대한 이해가 필요한 시점이다. 오늘날 보편적 측면에서 지구촌의 시대가 도래 하고 있다. 근대이후 국가라는 개념으로 통일되었던 영역이 한편으로는 지방화(localization), 다른 한편으로는 세계화(globalization)로 인해 서서히 약화되어 가고 있다. 탈근대, 탈냉전, 세계화 경향이 대두되면서 지방은 중앙을 거치지 않고 세계와 접촉하게 되었다. 즉 이런 세방화(glocalization)과정에서는 근대적 국민국가의 영역 못지않게 지방의 영역이 주요하게 대두되고 있다. 한편 특수적 측면은 러시아 국가성 형성과 관련하여 제기되고 있는 러시아 지방화 경향이다. 소련 붕괴 후 러시아연방이 해체위기를 맞으면서 국가권력의 수직적 배분과정이 러시아 정치의 주요요소가 되었다. 러시아 국가성의 형성 과정에서 지방의 영역 및 중앙과 지방의 관계는 본질적이게 되었다.

러시아 헌법에 따르면 러시아는 공화국 통치형태의 연방제 국가로서 연방은 다양한 권리를 갖는 러시아 연방 주체들로 구성되어 있다. 러시아에는 89개 연방 구성주체가 있으며, 주체는 21개 공화국(республика), 49개 주(область), 6개 변강주(край), 2개 연방시(город федерального значения), 1개 자치주(автономная область), 10개 자치구(автономный округ)로 규정된다. 러시아의 연방조약(Федеративный Договор)과 연방헌법에 따르면 러시아의 연방체계는 2가지 원칙, 민족원칙(национально-территориальный)과 지역원칙(административно-территориаль-ный)에 근거하고 있다. 89개 주체로 구성되어 있는 행정체제는 다시 7개 연방지구로 묶여져 기능적 측면에서 중앙의 통제를 받고 있다. 연방지구에는 중앙에서 파견한 대표가 행정을 총괄하는 형태를 띠고 있다. 이는 구소련 붕괴 이후 제대로 작동을 하지 않고 있는 국가관리 체제를 회복하기 위한 시도이다.

러시아에서 연방을 구성하는 단위(支邦)인 'субъект(主體)'는 지방(地方) 을 뜻하는 'регион(region)'과 동의어로 사용되고 있다. 일반적으로 지방이라는 개념에는 다양한 의미가 함축되어 있다. '지방'이라는 개념은 강한 위계를 전제하며 항상 '중앙'과 대비되어 사용되면서 중앙과 대비되는 '주변부 지역', '농촌', '발전되지 않은 지역'등의 의미를 내포하고 있다. 여기서 '지방'과 '지역'이라는 개념은 종종 혼용되어 사용된다. '지역 활성화'와 같은 관용적인 표현이 있는가 하면 문화적인 측면에서 '지방'이라는 용어가 사용되기도 한다. 러시아에서 정치적, 경제적, 사회적 부분에서 지방(地方)이라는 용어는 본래의 지방(地方)과 연방의 구성단위인 지방(支邦)과 혼용되어 사용된다. 이는 러시아에서의 지방화(регионализация)의 경향은 근본적으로 연방 주체와 관련되기 때문이다. 따라서 중앙-지방의 관계, 지방자치, 지방정부, 지방엘리트(региональная элита), 지방선거(региональные выборы)와 같은 경우 '지방'이라는 용어가 러시아연방을 구성하는 지방 즉 러시아의 연방주체(субъект Российской Федерации)를 의미한다. 하지만 러시아 헌법에 따르면 지방자치(местное самоуправление)는 연방주체 이하인 지방행정 단위, 즉 도시, 농촌거주지역과 기타 구역에 해당한다.

본 연구는 러시아 '공간'의 지방적 특성에 대한 총체적 분석을 목적으로 한다. 러시아 '공간' 및 '공간'간 관계에 대한 보다 정확한 분석은 사회과학, 자연과학간의 학제 간 연계 하에서 가능할 것이다. 그런데 학제 간(interdisciplinary) 연구에서 진행된 주제도(主題圖)의 분석은 별도의 방법론에 근거하기에 그 한계점이 있다. 따라서 본 연구는 이런 한계점을 극복하기 위하여 기존의 요소 환원주의(reductionism)적 연구방법에 의하여 도출된 자료를 복잡성(complexity) 패러다임으로 범위를 재구성하여 러시아 지방의 특성들을 파악하고자 한다.

경희대학교 러시아지역연구팀은 2002년부터 학술진흥재단의 지원 하에 연구의 공간적 범주로서 러시아 지방에 대한 연구를 수행하고 있다. 지난 2년간 본 연구팀은 러시아 지방특성에 대한 분야별 자료조사를 위해 러시아 현지를 방문하고 3차례 세미나를 거쳤다. 1 단계 연구는 분야별 연구방법에 근거하여 각 지방의 특성을 파악하는 것이다. 즉 보편으로 분해 및 분석(解析)하는 귀납적 일반화(inductive generalization)단계이다. 1차적으로 구조적인 子시스템(89개 연방주체)은 기능적인 分시스템으로 고찰된다. 에너지를 중심개념으로 하는 자연시스템, 권력을 중심개념으로 하는 사회시스템, 정보를 중심개념으로 하는 문화시스템이 분석의 국면, 즉 분 시스템이 된다.

자연시스템 관계항목은 토양, 기후, 지형, 자원; 사회시스템 관계항목은 역사, 생활환경, 경제, 교통, 산업, 정치과정, 정치형태, 선거경향; 문화시스템 관계항목은 언어, 종교, 세계관, 신화, 의례, 정체성, 표현상징군 등으로 열거할 수 있다. 이 단계에서 중요한 것은 요소환원주의 (reductionism)적 방법으로 경험적인 자료를 수집하여 분류하는 것이다. 이런 분류체계는 '왜(why)'에 대한 설명(explanation)보다는 'what(무엇)'에 대해 '기술(description)' 하게 된다. 이 자료들은 일반화된 관념들을 상호 제약 하에 둠으로써 실재 세계에 대한 하나의 합리적 해석체계를 구축하는 '기술적 일반화(descriptive generalization)', 즉 일반화된 모델을 구체적이고 특수한 영역에 적용하여 '결과'의 해석보다는 '과정'의 성격을 항상 새롭게 해석하게 되는 '유비적 일반화(analogical generalization)'를 위한 첫 단계 작업이다.

공동연구의 1단계 작업을 마무리하면서 러시아 지방연구 시리즈를 출간하고자 한다. 시리즈는 이미 구획된 러시아 지역의 연방지구를 기준으로 하여 총 7권으로 구성된다. 이 시리즈는 지방특성의 이해에 있어서 필수적인 기초 자료를 제공할 것이다. 이 공동연구를 시작한지 2년이라는 시간이 흘렀다. 짧은 시간에 다양한 전공자들이 공통 주제로 연구하는 과정에서 많은 어려움도 있었지만, 소박하나마 결실을 보게 되었다. 이 연구가 러시아의 이해와 연구, 특히 러시아 지방연구에 도움이 되기를 기대한다. 아울러 연구 시리즈 출판을 맡아 준 경희대학교 출판국에게 감사드린다.

러시아 지역연구팀
연구책임자 권 세 은

일러두기

1. 러시아어 고유명사의 한글표기

러시아어 고유명사를 한글로 표기할 때, 가능하면 원어민의 발음과 유사하게 표기하되 다음과 같은 원칙을 유지한다.

1) 모음표기:

- 모음약화는 허용하지 않는다.

  예: Ростов-на-Дону 로스또프 나 도누

- 모음 'е'는 자음 뒤에서는 'ㅔ', 음절의 맨 앞과 'ь', 'ъ', 다른 모음 및 'ш', 'щ'뒤에서는 'ㅖ'로 표기한다.

  예: Липецк - 리뻬쯔크, Екатеринбург - 예까쩨린부르크, Грибоедов - 그리보예도프, Ингушетия - 인구셰찌야

- 모음 'ы'는 'ㅣ' 로 표기한다.

  예: Тыва - 띠바

2) 자음표기

- 된소리를 허용하며 자음동화를 반영한다.

  예: Татарстан - 따따르스딴, Новгород - 노브고로트

  그러나 Ленинград(레닌그라드)처럼 우리 사회에 고착화되어 사용되는 표현은 그대로 둔다.

- 자음 'п', 'т', 'к'는 모음 앞에서는 'ㅃ', 'ㄸ', 'ㄲ'로, 공명음 앞에서는 'ㄲ', 'ㄸ', 'ㅃ'로 표기하고, 어말이나 장애음 앞에서는 'ㅍ', 'ㅌ', 'ㅋ'로 표기한다.

  예: Пенза - 뻰자, Казань - 까잔, Красноярск - ㄲ라스노야르스크, Брянск - 브랸스크

- 자음 'б', 'д', 'г'는 모음 앞에서는 'ㅂ', 'ㄷ', 'ㄱ'로, 다른 유성음 앞에서는 'ㄱ', 'ㄷ', 'ㅂ'로 표기하고, 어말이나 장애음 앞에서는 무성음화를 적용하여 'ㅍ', 'ㅌ', 'ㅋ'로 표기했다.

  예: Байкал - 바이깔, Дон - 돈, Гагарин - 가가린, Брянск - 브

랸스크

- 자음 'c'는 모음 앞에서는 'ㅆ', 다른 자음 앞이나 어말에서는 'ㅅ'로 표기한다.

  예: Саранск - 싸란스크, Ставрополь - 스따브로뽈

- 자음 'з'는 모음 앞에서는 'ㅈ', 다른 자음 앞에서는 'ㅈ', 어말이나 무성음화가 일어나는 곳에서는 'ㅅ' 로 표기한다.

  예: Загороск - 자고로스크, Берёзовский - 베료조프스끼, Кавказ - 까프까스

2. 연방 주체 명칭 표기

1) 러시아 주체 명칭에 대한 다양한 표기가 있지만 다음과 같이 통일한다.
   республика - 공화국; область - 주; край - 변강주;
   город федерального значения - 연방시; автономная область - 자치주; автономный округ - 자치구.

2) 민족단위로 구성된 연방주체(공화국, 자치주, 자치구)의 명칭은 고유의 명칭을 그대로 유지한다.
   예: Республика Татарстан - 따따르스딴 공화국,
   Республика Саха(Якутия) - 싸하(야꾸찌야) 공화국

3) 민족단위가 아닌 연방주체의 명칭은 주도의 명칭을 사용한다.
   예: Читинская область - 치따주, Пензенская область - 뻰자주,
   Ленинградская область - 레닌그라드주

4) 연해 변강주(Приморский край)나 유태인 자치주(Еврей ская автономная область)처럼 이미 고착화되어 사용되는 경우는 그대로 유지한다.

볼가연방지구 개관

볼가연방지구는 니줴고로트주, 끼로프주, 오렌부르그주, 뻰자주, 뻬름주, 싸마라주, 싸라또프주, 울랸노프스크주, 추바시야 자치구, 마리 엘 자치구, 우드무르찌야 자치구, 따따르스딴 자치구, 바슈꼬르또스딴 자치구, 모르도비야 자치구, 꼬미-뻬르먀츠크 자치구 등 15개의 연방주체로 구성되어 있으며 중심지는 니쥐니 노브고로트(Нижний Новгород)이고 대통령 전권대표는 쎄르게이 블라지레노비치 끼리엔꼬(Сергей Владиленович Кириенко)이다.

볼가연방지구의 총 면적은 103만 5천 900㎢로서 러시아 전체 면적의 6.1%를 차지한다. 인구는 3천 201만 7천 800명으로 러시아 인구의 21.9%를 차지한다(2000년 기준). 인구밀도는 ㎢당 30.9명이다. 볼가지구에는 총 191개의 도시가 있고 이 중 주요도시는 다음과 같다: 니쥐니 노브고로트(Нижний Новгород), 싸마라(Самара), 우파(Уфа), 까잔(Казан), 뻬름(Пермь), 싸라또프(Саратов), 울랴노프스크(Ульяновск), 니줴프스크 (Нижевск), 뻰자(Пенза).

볼가연방지구는 농업과 산업의 발달이 잘 이루어져 있으며 러시아 농업과 산업의 1/4을 담당하고 있다. 볼가강을 끼고 있는 이 지역에는 방위산업과 석유, 가스, 화학, 에너지 산업이 발달하여 러시아 전체 대비 승용차 95%, 화물차 68%, 광물성 비료 66%, 세탁기 44%, 금속절단 공작기계 40.5%, 종이 36% 등을 생산하고 있다. 볼가지구의 생산능력은 연료-자원의 기초 위에 석유, 가스, 수력발전, 화학, 건설, 농업 등에서 나타난다. 볼가지구에는 인구가 많고 다량의 석유와 가스가 매장되어 있으며 러시아 산업자본의 1/5 이상과, 러시아 농토의 1/4인 대규모 농지가 있다. 또한 뻬름주에는 금광이 있다. 그러나 볼가강을 따라 들어선 화학, 시멘트 공장들로 인한 강 오염문제와 볼가강 수역을 벗어난 자볼제(Заволжье)와 몇 지역에는 물 부족 현상이 나타난다. 지리적 특성상 발달한 교통은 지역경제성장의 요인으로 작용하는 한편, 중앙러시아, 우랄, 시베리아, 동부 러시아를 연결시킨다. 전통적으로 농업이 발달하여 농부가 많고 산업현장에서는 숙련된 기계, 화학, 석유, 건설, 운수 산업에 종사하는 사람들이 주요 인적자원을 이룬다.

싸마라주, 니줴고로트주, 뻬름주 지방에는 도시 집중화가 이루어져 니쥐니 노브고로트, 싸마라, 까잔, 우파, 뻬름시에는 백만이 넘는 인구가 거주하고 있고 지난 10년간 똘야찌(Тольятти), 나베레쥬니예 촐니(Набережные Челны), 노보체복싸르스크(Новочебоксарск) 등의 산업도시가 성장하였다. 니쥬니 노브고로트, 까잔, 싸마라, 싸라또프, 뻬름 등의 대도시는 또한 교육의 중심지이다. 바슈끼리야, 니쥐고로트, 싸마라주, 이 세 개 지역에 인구의 절반이 살고 있는 볼가연방지구는 남부연방지구 다음으로 러시아에서 두 번째로 많은 민족분포를 보이고 있다.

러시아 연방

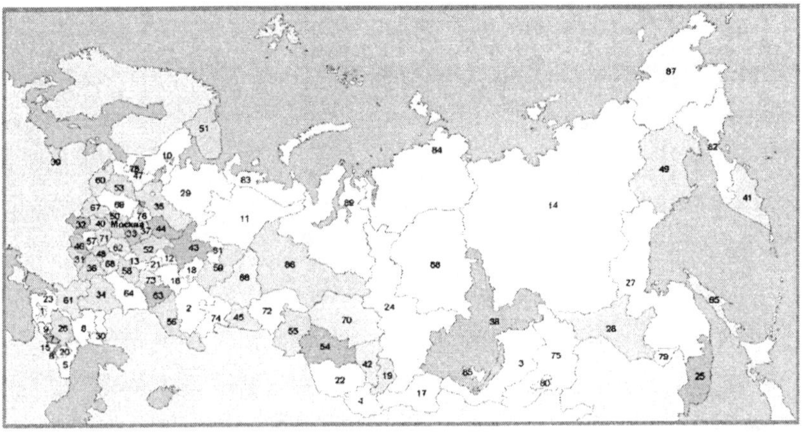

1. 아디게야 공화국 2. 바슈꼬르또스딴 공화국 3. 부랴찌야 공화국 4. 알따이 공화국 5. 다게스딴 공화국
6. 인구셰찌야 공화국 7. 까바르드-발까리야 공화국 8. 깔미끼야 공화국 9. 까라차이-체르께씨야 공화국
10. 까렐리야 공화국 11. 꼬미 공화국 12. 마리 엘 공화국 13. 모르도비야 공화국 14. 싸하 (야꾸찌야)공화국
15. 북 오쎄찌야 공화국 16. 따따르스딴 공화국 17. 띠바 공화국 18. 우드무르찌야 공화국 19. 하까씨야 공화국
20. 체첸 공화국 21. 추바시야 공화국 22. 알따이 변강주 23. 끄라스노다르 변강주 24. 끄라스노야르스크 변강주
25. 연해 변강주 26. 스따브로뽈 변강주 27. 하바로프스크 변강주 28. 아무르주 29. 아르한겔스크주
30. 아스뜨라한주 31. 벨고로트주 32. 브랸스크주 33. 블라지미르주 34. 볼고그라트주 35. 볼로그다주
36. 보로네슈주 37. 이바노보주 38. 이르꾸쯔크주 39. 깔리닌그라트주 40. 깔루가주 41. 깜차트까주
42. 께메로보주 43. 끼로프주 44. 꼬스뜨로마주 45. 꾸르간주 46. 꾸르스크주 47. 레닌그라드주
48. 리뻬쯔크주 49. 마가단주 50. 모스크바주 51. 무르만스크주 52. 니제고로트주 53. 노브고로트주
54. 노보씨비르스크주 55. 옴스크주 56. 오렌부르크주 57. 오룔주 58. 뻰자주 59. 뻬름주 60. 프스꼬프주
61. 로스또프주 62. 랴잔주 63. 싸마라주 64. 싸라또프주 65. 싸할린주 66. 스베르들로프스크주
67. 스몰렌스크주 68. 땀보프주 69. 뜨베리주 70. 똠스크주 71. 뚤라주 72. 쭈멘주 73. 울리야노프스크주
74. 첼랴빈스크주 75. 치따주 76. 야로슬라블주 77. 모스크바 연방시 78. 쌍트 뻬쩨르부르크 연방시
79. 유태인 자치주 80. 아가-부랴찌야 자치구 81. 꼬미-뻬르먀크 자치구 82. 꼬랴크 자치구 83. 네네쯔 자치구
84. 따이미르(돌가노-네네쯔) 자치구 85. 우스찌-오르다 부랴찌야 자치구 86. 한띠-만씨스크 자치구
87. 추꼬트까 자치구 88. 에벤크 자치구 89. 야말-네네쯔 자치구

볼가연방지구

Санкт-Петербург
СЕВЕРО-ЗАПАДНЫЙ
ЦЕНТРАЛЬНЫЙ
федеральный
округ
Нижний Новгород
ПРИВОЛЖСКИЙ
федеральный округ
федеральный округ
ДАЛЬНЕВОСТОЧНЫЙ
федеральный округ
СИБИРСКИЙ
федеральный округ
ЮЖНЫЙ
Новосибирск
볼가지구

꼬미-뻬르먀크 자치구

Коми-Пермяцкий Автономный Округ

Ⅰ. 개황

1. 기초정보

수도: 꾸딤까르(Кудымкар)
인구: 149,000명(2001년 현재: 러시아연방 전체의 0.10%, 89개 주체 중 82위)
인구밀도: 4.5명/㎢
면적: 32,900㎢(러시아연방 전체 면적의 0.19%; 89개 주체 중 67위)
소속지구: 볼가연방지구; 우랄경제지구
한국과의 시차: -4시간

2. 상징

꼬미-뻬르먀크 자치구 문장

꼬미-뻬르먀크 자치구의 문장은 위로부터 아래로 동일한 크기의 3색띠(적색, 백색, 청색)가 수평으로 그려져 있는 방패형상이다. 적색띠 중앙에는 4개의 은빛 깃털이 교차되어 있으며, 백색띠 중앙에는 붉은 곰이 걷고 있는 모습이 형상화되어 있다. 꼬미-뻬르먀크 자치구의 문장은 1996년 2월 19일 채택되었다.

꼬미-뻬르먀크 자치구기

꼬미-뻬르먀크 자치구기는 위로부터 아래로 동일한 크기의 3색 띠(적색, 백색, 청색)가 수평으로 그려져 있는 장방형 천으로 되어 있다. 백색 띠 중앙에는 적색 깃털이 교차되어 있다. 꼬미-뻬르먀크 자치구기는 1996년 2월 19일 채택되었다.

3. 주요도시

꾸딤까르(Кудымкар): 인구 34,500명; 북위 59°1′, 동경 54°39′
(인구: 2002년 현재)

4. 주요 산업 및 농업

자치구의 주요 산업으로 임업, 목재가공업, 식료품산업, 건축자재업, 전력산업 등이 발달했으며, 농업부문은 낙농업이 주를 이루며, 곡물, 감자, 야채재배 등이 발달하고, 북부지역에는 모피산업이 발달했다.

Ⅱ. 자연환경

1. 지리적 위치와 구성

꼬미-뻬르먀크 자치구는 6개 행정구, 1개 시, 3개 도시형마을, 76개의 농촌마을로 구성되어 있으며, 뻬름주에 속하는 자치구로 우랄 서부지역에 위치하며, 볼가강의 지류인 까마(Кама)강 상류가 자치구를 따라 흐른다. 다른 주요 하천으로는 꼬사(Коса), 베슬랸까(Веслянка), 이니바(Иньва)강이 있다.

꼬미 공화국, 뻬름주, 끼로프주와 경계를 이룬다.

수도 꾸딤까르(Кудымкар)와 모스크바 간의 거리는 1,394㎞이다.

2. 기후조건

온난기후대, 대륙성 온난기후

1월 평균기온: -15 ~ -17℃

7월 평균기온: 17 - 18℃

연강수량: 500㎜

식물 생장 기간: 105 ~ 110일

식생: 타이가 지대

토양: 염분회색토

삼림분포도: 81%(러시아 연방에서 가장 높은 수치)

3. 주요 유용광물

석유, 이탄 등이 매장되어 있다.

Ⅲ 정치시스템

1. 역사

꼬미-뻬르먀크 민족, 따라서 꼬미-뻬르먀크 자치구의 역사는 흥미롭고 독특한 문화를 가진 북부민족 형성의 중요한 근원지 가운데 하나인 꾸딤까르와 함께 시작된다.

꾸딤까르는 뻬름주 꼬미-뻬르먀크 자치구의 중심이다. 9-10세기에 꼬미-뻬르먀크 민족의 형성이 시작되었다. 1472년 꾸딤까르는 뻬름과 함께 대(大)러시아의 소속으로 들어갔다. 1908년 꾸딤까르의 주민은 1192명으로 집계되었다. 이 무렵에 도시의 도로, 지방 여성학교, 도서관, 병원, 우체국 등이 건설되었다. 1909년에 우편-전보국이 문을 열었다. 1920년에는 화가 수보티나-뻬르먀크(Субботина-Пермяк П.И.)의 적극적인 참여로 꾸딤까르에 첫 번째 박물관이 설립되었다. 1925년부터 꾸딤까르는 꼬미-뻬르먀크 자치구의 행정적 중심이 된다. 1926년부터는 자치구의 신문 '게리스(빠하르)'가 발간되기 시작했고 이후 '빠르무'로 명칭이 바뀐다. 1927년부터 1930년에 걸쳐 꾸딤까르에는 교육, 임업, 농업관련 전문학교가 들어섰다. 1931년 꾸딤까르는 도시형태의 촌락으로 개편되었다. 이해에는 또한 고리끼 공연장이 세워진다. 1920년대 말부터 1930년대 전반기까지 여기에는 크지 않은 기업들이 세워지며, 1936년에는 '꼬미뻬름레스'가 설립된다. 1944년부터 현재까지 교사양성 연구소가 활동하고 있으며 이미 전후에 몇 개의 직업-기술학교가 문을 열었다. 1931년부터 1994년에 걸쳐 철도와 함께 멘젤레예보-꾸딤까르 도로가 건설되었다. 1938년부터 꾸딤까르는 뻬름주 꼬미-뻬르먀크 자치구의 중심이 된다.

2. 정치

1) 정치 일반

(1) 행정부

꼬미-뻬르먀크 자치구의 최고 집행기관은 자치구 행정부이다. 4년 임기로 선출되는 행정수반이 그것을 지휘한다. 행정수반은 2000년 12월 17일 선거에서 당선된 사벨리예프(Г. П. Савельев)이다.

1992년부터 1997년에 걸쳐 꼬미-뻬르먀크 자치구 수석 부행정수반으로 일한 사벨리예프는 1997년 12월 14일 페름주 의회 의원선거에 출마하여 당선되었다. 2000년 12월 꼬미-뻬르먀크 자치구 행정수반 선거에 입후보했으며 44%를 득표하여 자치구 지사로 당선되었다.

꼬미-뻬르먀크 자치구 산하 라이온들의 행정담당 수장은 다음과 같다.

꼬미-뻬르먀크 자치구 라이온들의 행정담당 수장들

꾸딤까르 시	끌리모비치(Климович А.А.)
꾸딤까르 라이온	지랴노프(Зырянов А.А.)
가인스끼 라이온	베르쇼프(Бершов А.А.)
꼬신스끼 라이온	페도세예프(Федосеев Д.Ф.)
꼬첿스끼 라이온	꼬발레바(Ковалева З.Е.)
유를린스끼 라이온	제민(Демин В.Н.)
유시빈스끼 라이온	소꼴로프(Соколов Б.К.)

(2) 입법부

꼬미-뻬르먀크 자치구의 최고 입법권력기관은 자치구 의회(Законодательное собрание)이다. 자치구 의회는 1997년 12월 14일 선거에서 당선된 15명의 의원으로 구성되어 있다. 의원의 임기는 4년이며, 체찐(И. В. Четин)이 의장이다. 체찐은 1994년 4월 의원으로 당선되었고 그 다음 의장으로 선출되었다. 1997년 12월 다시 의장으로 선출되었다.

2)선거

(1) 자치구 지사 선거

2000년 12월 3일 꼬미-뻬르먀크 자치구 행정수반 선거가 실시되었다. 유권자 60%가 투표에 참여했다. 5명의 후보가 경쟁한 가운데 각 후보들이 획득한 득표율은 다음과 같다.

후보	득표율(%)
반꼬프(Ваньков В.А.)	11
뽈루야노프(Полуянов Н. А.)	24
라싸다(Рассада Л. В.)	3.5
사벨리예프(Савельев Г.П.)	27
페도세예프(Федосеев А.М.)	10
모든 후보에 대한 반대	17.81

어느 후보도 과반수를 득표하지 못했다. 따라서 최다 득표를 한 사벨리예프와 2위 득표를 한 뻘루야노프를 대상으로 결선투표가 2000년 12월 17일 실시되었다. 유권자의 약 52%가 투표에 참여했고, 사벨리예프가 44.25%를 득표하여 당선되었다. 뻘루야노프는 40%를 득표했고, 모든 후보에 대한 반대는 13.11%였다.

(2) 자치구 의회의원 선거

꼬미-뻬르먀크 자치구 의회의원 선거가 1997년 12월 14일 실시되었다. 유권자 57%가 투표에 참여한 가운데 실시된 선거에서 15명의 의원이 선출되었다. 그들 중에서 7명은 국가권력기관의 대표자, 3명은 행정기관의 수반 및 부수반, 3명은 기업의 지도자, 1명은 상업구조 출신으로 나타났다.

(3) 꾸딤까르 시장 선거

2000년 12월 3일 꾸딤까르 시장 선거가 실시되었다. 54.58%의 유권자들이 투표에 참여한 가운데 현직 시장인 클리모비치가 65%를 득표하여 재선에 성공했다.

(4) 러시아연방 국가두마의원 선거

1999년 12월 19일 꼬미-뻬르먀크 자치구에서 실시된 러시아연방 국가두마의원 선거에서는 무소속으로 출마한 클리모프(A. A. Климов)가 투표참여 유권자의 64.75%의 지지를 얻어 당선되었다.

(5) 러시아연방 대통령 선거

2000년 3월 26일 러시아연방 대통령선거가 실시되었다. 꼬미-뻬르먀크 자치구 유권자들은 뿌친에게 압도적인 지지를 보냈다.

후보	득표율(%)
뿌친	68.8
쥬가노프	20
지리놉스끼	4
기타	2
모든 후보에 대한 반대	0.84

Ⅳ. 경제 시스템

1. 경제개황

꼬미-뻬르먀크 자치구는 7개의 연방지구 중 볼가연방지구에 속하고 12개의 러시아 경제지역 중 우랄경제지역에 속한다. 꼬미-뻬르먀크 자치구는 행정단위로서의 행정지역과 경제단위로서의 경제지역이 서로 다른 영역에 속해있다. 러시아에서는 이렇게 몇 개의 지역이 서로 다른 영역에 포함되어 있는데 이것은 경제지역이 행정지역보다 먼저 설정되었고 또 설정목적도 다르고 설정수도 다르기 때문이다.

꼬미-뻬르먀크 자치구는 인근에 큰 지역인 꼬미 공화국, 끼로프 주, 뻬름 주 등과 밀접한 경제적 관계를 갖고 있다. 왜냐하면 꼬미-뻬르먀크 자치구의 경제규모가 매우 작아 기반산업이 거의 없는 상태여서 여타 지역과의 분업역할을 거의 담당할 수 없을 뿐만 아니라 자체적으로도 자급자족을 할 수 없기 때문이다.

꼬미-뻬르먀크 자치구는 농업을 소규모나마 기반산업으로 하고 있다. 러시아 대비 농업은 0.2%에 이르고 있어 여타 지역의 평균에 비해 크지 않다. 농업외의 산업은 더욱 더 열악하며 공업생산은 0.02%, 지역총생산은 통계에마저 잡히지 않고 있다. 소매유통은 0.02%, 자본투자는 0.02% 등 역시 소규모의 지역규모를 가지고 있다.

2. 산업

1) 공업

꼬미-뻬르먀크 자치구의 공업은 상대적으로 기반산업의 양이 부족하지만 특화된 기반산업으로의 공업부문이 있다. 그것은 목재가공·종이펄프 부문으로 총 공업생산량의 약 50%이상을 차지하며 꼬미-뻬르먀크 자치구의 수입의 많은 부분을 차지하고 있다. 꼬미-뻬르먀크 자치구의 목재가공·종이펄프산업이 특화된 것은 자연적인 조건, 즉 수목이 풍부한 입지조건에 기인하고 있다. 삼림자원은 그나마 꼬미-뻬르먀크 자치구에 활력을 주는 요인이 되고 있다.

꼬미-뻬르먀크 자치구의 공업전반을 살펴보기 위해 총 공업생산량과 1인당 공업생산량을 표로 보면 다음과 같다.

총 공업생산량 추이

항목 \ 년도	1997	1998	1999	2000
총 공업생산량[1]	3,747	4,166	6,741	8,585
공업생산 지수[2]	108	103	105	103

http://www.infostat.ru/epub.htm (검색일: 2003.1.10)

꼬미-뻬르먀크 자치구의 공업 부문별 총 생산량 비중을 알아보면 대체로 목재가공·종이펄프업과 식품공업, 연료공업이 주요산업이다. 표로 여타 부문의 비율을 보면 다음과 같다.

주요 공업생산부문별 생산비율

생산부문	꼬미-뻬르먀크 자치구 총공업생산 비율
전기전력	4.8%
연료공업	10.2%
곡류 · 사료공업	6.1%
기계제작·금속가공	41.6%
목재가공, 종이·펄프	53.2%
건재공업	2.4%
경공업	0.2%
식품공업	21.0%
기타	9.1%

http://www.infostat.ru/epub.htm (검색일: 2003.1.10)

꼬미-뻬르먀크 자치구의 기업부문 지표에서 총 기업수와 소 기업수, 그리고 공업 활동 기업 수는 2000년 기준으로 각각 1,678개, 95개, 그리고 52개이다. 기업의 수도 작지만 규모가 큰 기업도 없는 상황이다.

1) 명목가격, 단위: 백만 루블, 1997년까지 십억 루블(여타 주 동일)
2) 전년대비 %(여타 주 동일)

2) 농업

꼬미-뻬르먀크 자치구는 자연적 입지조건이 농업에 적합하여 농업이 전 산업 중 기반산업으로 특화되어 있다. 꼬미-뻬르먀크 자치구는 농업이 대외관계의 중점이 되고 있기 때문에 총 수입의 거의 대부분을 농업에서 얻고 있다. 농업의 규모는 크지 않고 또 가축사육과 작물재배의 비율에 있어서는 고르게 이루어지고 있는 편이다.

꼬미-뻬르먀크 자치구의 농업을 전체적으로 조망하기 위해 농업생산량을 총량에서 보고 또 총 농업생산액 중 작물관련 생산액과 총 농업생산액 중 가축관련 생산액을 연도별로 살펴보면 다음과 같다.

농업생산량 추이

항목 \ 년도	1997	1998	1999	2000
총농업생산액3)	503.5	598.8	1,164.6	1,276.6
작물관련 생산액	252.8	324.4	678.3	733.4
가축관련 생산액	250.7	274.4	486.3	543.2
농업생산 지수4)	97	105	112	98

http://www.infostat.ru/epub.htm (검색일: 2003.1.10)

꼬미-뻬르먀크 자치구의 총 경지면적은 2000년 통계로 104.2천 헥타르이고 주요 농산물을 살펴보면 곡물이 38.3%, 사료용 작물재배가 50.4%로 거의 모든 면적에서 파종이 이루어지고 있다. 그 외 감자와 채소는 11.3%이고 특용작물은 거의 재배되어지지 않는다.

3. 자원 등 기타

꼬미-뻬르먀크 자치구는 우랄의 전방에 위치하고 있으며 이 지방의 위쪽으로 까마강이 흐른다. 이 자치구의 대부분의 지역은 평지를 이루고 있다.

꼬미-뻬르먀크 자치구의 대부분 지역에는 건축자재의 매장이 풍부하다. 모래와 자갈의 혼합물, 벽돌용 점토 등 건축재료 이외 석유와 갈탄, 이탄 등

3) 명목가치, 단위: 백만 루블, 1997년까지는 십억 루블(여타 주 동일)

4) 실질가격, 전년대비=100(여타 주 동일)

도 많이 분포하고 있다.

주요 강으로는 까마강이 있으며 그 지류로 꼬사, 이니바, 베스랴나 등이 있고 호수는 절대적으로 침수지가 많으며 북부지역에는 많은 늪이 있다.

기후는 대륙성기후로 겨울은 눈이 많은 혹독한 반면 여름은 짧다.

꼬미-뻬르먀크 자치구의 토양은 회백질 토양과 목재 · 회백질 토양이 주종을 이룬다. 삼림자원은 꼬미 뻬르먀크 자치구의 주요한 자원인데 이는 자치구는 중부타이가와 남부타이가의 경계부근에 위치하고 있기 때문이다. 그리고 전 산림면적의 4/5정도는 전나무와 가문비나무가 차지하고 있다.

산림지대에는 다람쥐, 담비, 끼, 여우, 고슴도치 등 기타 동물들이 서생하고 있고 조류 중에는 들꿩, 멧닭을 비롯하여 물에서 헤엄치는 조류들이 풍부하고 늪지조류들도 많은 것이 특징이다.

V. 문화시스템

1. 지역정체성

1) 인구

2001년 현재 꼬미-뻬르먀크 자치구의 인구는 149,000명으로 러시아연방 전체의 0.10%, 89개 주체 중 82위이다. 러시아연방 여느 주체와 마찬가지로 1990년대 초반 이후 감소추세가 지속되고 있으며, 감소폭 또한 매년 0.6% 이상 1.3%에 달하여 이러한 추세가 지속된다면 상당한 인구위기를 맞을 수도 있을 것이다. 이는 지속적인 출생률 하락과 사망률 증가에 따른 것이나, 일부 전입자가 자연감소 현상을 보충하고 있다.

꼬미-뻬르먀크 자치구 인구변동 추이

연도	1990	1992	1993	1994	1995	1996	1997	1998	1999	2000	2001
인구수 (1,000명)	159	159	160	159	158	156	155	153	151	150	149

Российский статистический ежегодник. Госкомстат России. М., 2001. С. 82.

꼬미-뻬르먀크 자치구의 자연증가율은 1993년부터 마이너스로 전환되어 2000년 현재 사망률은 출생률에 비해 65%가 더 많다. 이런 추세가 지속된다면 꼬미-뻬르먀크 자치구의 인구상황은 큰 위기에 처할 수도 있을 것이다.

꼬미-뻬르먀크 자치구 출생자수, 사망자수, 자연증가율

연도	출생자수(명)	사망자수(명)	자연증가율(명)
1990	2,660	2,444	916
1992	2,267	2,111	156
1993	2,100	2,547	-447
1994	1,946	2,831	-885
1995	1,761	2,556	-795
1996	1,749	2,510	-761
1997	1,724	2,607	-883
1998	1,640	2,250	-610
1999	1,696	2,495	-799
2000	1,652	2,724	-1,072

Российский статистический ежегодник. Госкомстат России. М., 2001. С. 116.

2000년 현재 꼬미-뻬르먀크 자치구의 경제활동인구는 66,000명으로 전체 인구의 44%로 비교적 적은 수이다. 그 중 2000년 현재의 실업자 수는 5,000명, 실업률은 8.0%로 비교적 안정되어 있다. 1997년 경제위기를 계기로 17.6%까지 치솟았던 실업률이 1999년을 계기로 대폭 하락하여 상당한 안정을 유지하고 있다.

꼬미-뻬르먀크 자치구 경제활동인구(취업자, 실업자), 실업률

연도	경제활동인구 (1,000명)	취업자수 (1,000명)	실업자수 (1,000명)	실업률(%)
1997	57	47	10	17.6
1998	60	50	10	17.1
1999	71	65	6	8.3
2000	66	61	5	8.0

Россий ский статистический ежегодник. Госкомстат России. М., 2001. С. 138.

2) 민족

꼬미-뻬르먀크 자치구의 인구는 약 30여 민족으로 구성되어 있다. 그 중 토착민족인 꼬미-뻬르먀크인이 60.2%로 다수를 차지하고 있으며, 다음으로 러시아인 36.1%, 따따르인 0.9%, 벨라루스인 0.8%, 우끄라이나인 0.7% 등이 거주하고 있다.

3) 교육

꼬미-뻬르먀크 자치구에는 150개 중등학교가 있으며, 일부 학교에서는 민족교육 프로그램을 운영하고 있다. 인구 34,500명의 꾸딤까르(Кудымкар)시에는 4개 특수학교 및 어린이 예술학교가 운영 중에 있다. 이곳에는 또한 우드무르트 국립대학 분교가 설치되어 현재 152명의 학생이 교육을 받고 있다. 유씨벤스크구에는 직업전문학교가 개설되어 전문직업인을 양상하고 있다.

꼬미-뻬르먀크 자치구의 교육제도는 주민들이 양질의 교육여건을 최대한 보장하기 위한 교육정책을 추진하고 있다.

주요 목표는 각급 학교 교육의 질을 향상시키는 데 있으며, 주요 방향은 다음과 같다:

1) 도덕성 함양, 애국심 고취, 자유로운 개성 발현.
2) 민족전통 계승, 발전.
3) 각급 학교에 자율적인 교육과정 채택 보장.
4) 사립학교 설립지원.
5) 학생들의 건강 보호 및 건전생활 유도 캠페인.

2. 지역문화

1) 문화개괄

꼬미-뻬르먀크 자치구의 자연은 풍부하고 다양하다. 이 지역의 숲과 강과 암벽과 동굴들은 아름다울 뿐만 아니라, 진기하고, 놀랍다. 현재 지역에는 바세기(Басеги) 국립 보호구역이 있는데 그 면적은 만 구천삼백 헥타르에 이르며 19개의 수렵지구와 2개의 관청지역으로 구성되어 있다.

자치구에는 350개가 넘는 여러 가지 자연 기념물과 100개가 넘는 자연 동식물 보호구역이 있으며 수십 개의 역사-자연 유물과 여러 가지 보호구역과 위생보건 시설 등이 있다.

중앙 우랄의 아름다운 강은 추소바야(Чусовая) 강인데 이 강은 스베르들로프스크주와 뻬름주에 있는 우랄산맥을 통해서 흐르고 있다. 높은 암벽과 끝없는 산들, 급한 여울, 조용한 숲, 동굴들 이 모든 것이 방문객들에게 잊지 못할 인상을 주고 있다. 강들은 몇 개의 산악을 가로지르면서 아름다운 바위와 돌들의 형상을 만들어내는데 이 돌들은 '전사'라고 불린다.

추소바야 강을 따라서 전 러시아적인 관광코스가 있다. 까미강에는 항행이 발전해 있고 강이 숲을 따라 흘러서 화물과 승객의 수송이 가능하며 관광항행도 조직되어 있다.

까미강 근처 주민들은 강에서 휴식하는 것을 매우 좋아 한다. 그들은 모터보트와 작은 배를 타기도 하고 수영하기도 하고 고기를 잡기도 한다. 이 지역의 많은 시인들이 아름다운 강을 시로 노래했다. 그들 중 강의 아름다움, 강의 범람, 침묵하는 하구, 커다란 도시에 무관심하게 머물고 간 사람은 아무도 없다.

꼬미-뻬르먀크 자치구에서 구세주산의 정상에 갈 수 있는데 그 곳으로부터 돌산에서 떨어져 나온 종모양의 돌 무리들이 잘 보인다. 산의 능선에는 아궁이 형태의 조그만 동굴이 있다.

동굴에는 조용한 호수가 있다. 가장 더운 날에도 흐르는 빙산이 동굴에 보존되어 있다. 험준한 돌산인 구세주산에는 오래된 자작나무 숲이 있고 아래에는 드물게 소나무가 자라고 있다. 산의 정상에서는 두 번째로 커다란 굽이를 만들며 실벤스크 마을에서 오시오프 호수까지 흘러가는 강을 잘 볼 수 있다. 이것은 네 개의 강이 합쳐짐에 따라 생긴 현상인데 그 강들은 실바강, 이레나강, 사끄바강, 바프까강이다. 이러한 강의 자연적인 매듭은 매우 드문 현상이다.

3. 여가 문화

쑤보찐 박물관에 전시되어 있는 전통 농촌가옥

이 지역에는 두개의 문화의 집과 7개의 클럽과 넓은 영화관 '꼼소몰'과 끄리보세꼬프 문화휴식 공원이 있다. 커다란 객석을 갖추고 예술집단을 위한 넓은 장소가 있는 문화 센터의 주위에 독특한 건물이 완성되었다. 박물관에는 꼬미-뻬르먀크 자치구 지지 박물관과 쑤보찐 박물관 등이 있다.

끼로프주
Кировская Область

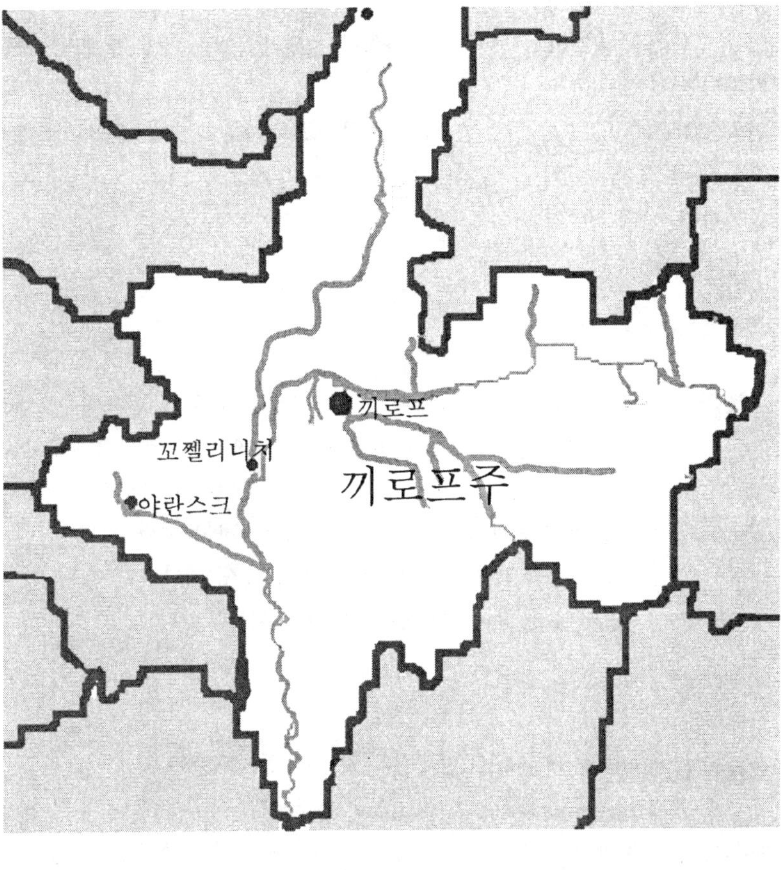

Ⅰ. 개황

1. 기초정보

주 성립일: 1936년 12월 5일.
• 1934년 12월 7일 끼로프 변강주
주도: 끼로프(Киров)
인구: 1,576,000명(2001년 현재: 러시아연방 전체의 1.08%, 89개 주체 중 30위)
인구밀도: 12.23명/㎢
면적: 128,800㎢(러시아연방 전체 면적의 0.71%; 89개 주체 중 33위)
소속지구: 볼가연방지구; 볼가-뱌트(Волго-Вят) 경제지구
한국과의 시차: -6시간

2. 상징

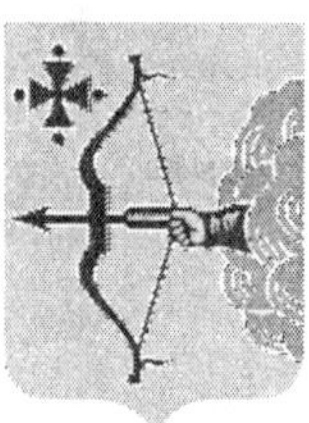
끼로프주 문장

끼로프주의 문장은 과거 뱌트(Вят)현의 문장을 토대로 제작되었으며, 가로, 세로 비율이 8:9인 황금빛 방패에 푸른색 구름 속에서 뻗어 나온 손으로 팽팽하게 당겨진 붉은 활과 화살을 붙잡고 있는 형상을 묘사하고 있다. 우측 상단부 구석에는 끝에 구슬이 부착된 십자가가 그려져 있다. 끼로프주의 문장은 1995년 8월 29일 채택되었다.

3. 주요도시

끼로프(Киров): 인구 464,100명; 북위 58°36′, 동경 49°39′
끼로보-체뻬쯔크(Кирово-Чепецк): 인구 89,500명; 북위 58°33′, 동경 50°2′
뱌쯔끼예 뽈랴니(Вятские Поляны): 인구 41,500명; 북위 56°13′, 동경 51°5′
슬로보쯔꼬이(Слободской): 인구 34,000명; 북위 58°44′, 동경 50°11′
꼬쩰리니치(Котельнич): 인구 31,000명; 북위 58°19′, 동경 48°19′
오무트닌스크(Омутнинск): 인구 28,500명; 북위 58°40′, 동경 52°11′

야란스크(Яранск): 인구 21,300명; 북위 57°19′, 동경 48°4′
(인구: 2002년 현재)

4. 주요 산업 및 농업

주의 주요 산업으로 기계제작, 금속가공(기중기, 선박, 농기계), 경공업, 임업, 목재가공업, 식료품산업, 화학공업, 석유화학공업 등이 발달했으며, 농업 부문은 곡물생산 및 낙농업이 주를 이룬다. 곡물, 아마, 야채, 감자 등 재배, 육류, 우유, 양모, 계란 생산 등이 발달했다.

II. 자연환경

1. 지리적 위치와 구성

끼로프주는 39개 행정구, 18 시 및 58 도시형마을, 584개의 농촌마을로 구성되어 있으며, 러시아연방의 유럽지역에 위치하고 있다.

우드무르찌야 공화국, 따따르스딴 공화국, 마리 엘 공화국, 꼬미 공화국, 뻬름주, 볼로그다주, 꼬스트로마주, 니제고로트주, 아르한겔스크주와 경계를 이룬다.

주요 하천은 볼가강 지류인 까마강과 그 지류인 뱌뜨까강이 있다.

수도 끼로프와 모스크바 간의 거리는 896㎞이다.

2. 기후조건

온난기후대, 대륙성 온난기후

1월 평균기온: -14℃

7월 평균기온: 17℃

연강수량: 600㎜

식물 생장 기간: 110 ~ 130일

식생: 타이가와 혼합림

토양: 염분회색토, 부식성 염분회색토

삼림분포도: 62%

3. 주요 유용광물

이탄의 매장과 채굴(러시아 연방의 1/6을 차지함)로 유명하다.

주요 산지:

인회토: 빠뜨꼬-깜스크 산지(러시아 연방 매장량의 20%, 유럽에서 가장 크다).

Ⅲ. 정치시스템

1. 역사

뱌트카 땅은 오래된 역사를 갖고 있다. 이미 5만년-1만 5천 년 전에 인류가 거주했던 흔적이 있다. 종족의 형성은 기원전 1천 년대 후반기에 시작되었다. 뱌트카의 동쪽부분에서는 우드무르트족의 형성이 이루어졌고, 서쪽부분에서는 마리쩨프 종족이, 북쪽에서는 꼬미족이 형성되었다. 주민들은 주로 농경, 목축과 사냥에 종사했다. 영토의 대부분은 인적이 없었고 숲과 소택(沼澤)으로 덮여 있었다. 그러나 12세기 말 - 13세기 초 여기로 러시아족이 침투하기 시작했고 그들은 우드무르트족과 마리쩨프족 사이의 비어있는 지역에 거주했다. 13세기 후반기에 러시아족의 후예는 몽골-따따르의 침입과 관련하여 증가되었다.

14세기 70년대에 뱌트카 땅은 니제고로트 공국에 소속되었다. 1393년 이 공국은 모스크바에 병합되었다. 1478년 단일의 중앙집권적 국가를 건설하는 작업이 진행되었다. 이어 공국의 총독인 쿠투조프(Юрий Шестак Кутузов)의 추방 이후 1485년 대귀족들이 뱌트카의 독립을 선언했다. 그러나 1490년에 이미 그 분리가 일어났고 모든 귀족과 상인들은 영토에서 추방되었으며 거기로는 우스튝과 다른 도시로부터 주민들이 이주되었다.

뱌트카 영토가 러시아 국가에 통합된 것은 중요한 의미를 지녔다. 뱌트카강과 춥짜 강 중류의 지역들, 즉 아르스크 영토, 슬로보드스끄, 글라좁스끄, 오를롭스끄, 꼬쩰니체스크 향들이 그렇게 생각되었다. 남부의 지역들은 까잔한국의 권력 하에 놓여 있었다.

16세기에 뱌트카는 거주 및 경작과 관련하여 첫 번째 위치를 차지하는 지역들 가운데 하나였다. 러시아족 주민이 다수를 차지하게 되었고 동화과정과 기독교화 과정이 점차 진행되었다. 15세기 90년대 경 우드무르트 쁘리까마 영토에는 세 개의 러시아족 거주지역, 즉 사라뿔스끄, 까라꿀린스끄, 옐라부즈스끄가 구성되었고, 16세기 말에는 뱌츠꼬뿔랸스끄 지역이 형성되기 시작했다. 16세기 30-50년대에 도시들은 선출직 행정을 정착시킨 군(郡) 칙서(губные грамоты)를 획득했다. 슬로보드스끄가 1950년에 처음으로 칙서를 얻었고 뱌트카 땅의 나머지 도시들은 2년 후에 받았다. 총독통치 대신 지방자치체제의 도입이후 지역주민은 지방자치체의 장, 시비르스크 한국의 폐지와 관련하여 16세기 말경 뱌트카는 더 이상 러시아 국가의 변방이 아니었다. 뱌트카는 중앙, 뽀볼쥐, 우랄-시비르 지역을 잇는 고리였다.

17세기에 흘리노프는 유럽 러시아의 북동지역에서 가장 큰 도시였다. 그 주민수는 4400명이었다. 도시에는 지역을 위해 큰 의의를 갖는 것은 행정개혁이었다. 그래서 1699년에 도시행정 개혁이 실시되었다. 도시에는 1699년 도시의 통치-행정구역 개혁이 실시되면서, 도시에 관청들이 형성되었다. 그리고 이들 관청들은 직접적으로 모스크바 시 자치기관 (Московская ратуша)의 통제 하에 있었다. 현(縣)의 개혁(губернская реформа)에 따라, 1708-1710년에 많은 향(鄕, уезд)들이 시비르스크 (Сибирская), 카잔스크(Казанская) 그리고 아르한겔스크 현(縣, Архангельская губерния)으로 귀속되었다.

시비르스크 현(縣, Сибирская губерния)의 구성원으로 1719년 뱌트카 군(郡, Вятская провинция)이 형성되었다. 그리고 동일의 군(郡)은 1727년 카잔스크 현(縣, Казанская губерния)으로 귀속되었다.

18세기 후반부에 동일의 지역에서 행정-영토 개혁이 실시되었고, 1780년에 흘리노프(Хлынов)를 중심으로 하는 뱌트카 현 관구(Вятское наместничество)가 설립되었다. 그리고 동일의 관구는 13개의 향(鄕, уезд)을 가지게 되었다. 19년이 지나면서, 동일의 관구(наместничество)는 현지사가 관장하는 현(縣, губерния)으로 승격되었다. 따라서 1798년부터는 뱌트카에 31명의 현지사(губернатор)가 존재하고 있었다.

1374년에 형성된 끼로프(Киров)시를 중심으로 하고 있는 끼로프주는 1934년 12월 7일 형성되었다. 끼로프(Киров)시를 중심으로 다양한 산업이 발전되고 있다. 뿐만 아니라, 끼로프 시는 학술 및 문화 중심지이다. 끼로프 시를 중심으로 하여, 끼로프주의 행정구조는 6개의 도시를 포함한 39개의 지역으로 구획되어 있다.

끼로프주는 타타르스탄 등을 비롯한 다양한 러시아연방의 행정주체와 국경을 접하고 있다. 다양한 이웃 주체와의 관계는 끼로프주의 대내외 경제관계를 발전시킬 수 있는 유리한 지정학적 조건을 제공해 준다.

2. 정치

1) 정치 일반

(1) 행정부

끼로프주의 최고 집행기관은 주행정부이다. 주 행정부의 수반은 2000년 3월 26일의 선거에서 당선된 세르게옌꼬프(В. Н. Сергеенков)이다. 끼로프주 영토에는 러시아연방의 권력기관과 그 수장이 파견되어 있다. 특히 1996년에 임명된 마르찌야노프(Н. А. Мартьянов)가 러시아연방 대통령 전권대표로, 드미뜨리예프(П. И. Дмитриев)가 끼로프주 주재 연방정부 대표로 활동하고 있다. 지방자치에 기초하여 끼로프주 차원의 각종 행정부서 및 위원회가 활동하고 있다. 주지사는 이들과 함께 지방행정의 효율성을 위해 노력하고 있다. 주차원의 집행과정은 끼로프주 두마에서 제정한 <끼로프주 헌장>이 기초가 된다. 끼로프주의 중심인 끼로프시에는 집행권력의 최고기관으로 시행정부가 있다. 4년 임기로 1997년에 당선된 끼셀료프(В. А. Киселев)가 시장이다.

(2) 입법부

끼로프주의 최고 입법기관은 끼로프주 두마이다. 주두마는 끼로프주 헌장을 비롯하여 필요한 법률을 심의하고 제정한다. 주두마의 의장은 미헤예프(М. А. Михеев)이다. 주두마 의원 선거는 1997년 3월 23일 실시되었다.

2)선거

(1) 끼로프주 지사 선거

1999년 3월 26일 끼로프주 지사 선거가 실시되었다. 5명의 후보들이 경쟁한 선거에서는 이전의 주지사였던 세르게옌꼬프(В. Н. Сергеенков)가 58.32%를 득표하여 당선되었다. 그의 강력한 경쟁자였던 알빠또프(А. А. Алпатов)는 14.87%를 득표했고 7.79%가 모든 후보에 대한 반대에 투표했다.

(2) 끼로프주 두마의원 선거

끼로프주 두마는 4년 임기를 가진 54명의 의원으로 구성된다. 1997년 3월 23일 끼로프주 두마의원 선거가 실시되었으며, 54명의 의원을 선출했다. 주 두마 의장으로는 미헤예프가 다시 선출되었다.

(3) 제3기 러시아연방 국가두마 대의원 선거

1999년 12월 19일 실시된 러시아연방 국가두마의원 선거에서 끼로프주 유권자들이 보여준 투표성향은 다음과 같다. 끼로프주에는 두개의 선거구가 있다. 끼로프 선거구에서는 13명의 후보들이 경쟁했다. 투표결과 무소속이며 국가두마의원인 샤끌레인(Н. И. Шаклеин)이 당선되었다. 그는 투표참여 유권자의 44.47%를 득표했다. 11.56%의 유권자들이 모든 후보에 대한 반대에 투표했다. 소비에트 선거구에서는 10명의 후보들이 경생했다. 투표결과 무소속인 끼셀료프(Н. П. Киселев)가 33.93%를 득표하여 당선되었다.

(4) 러시아연방 대통령 선거

2000년 3월 26일 러시아연방 대통령 선거에서 끼로프주 유권자들이 각 후보에게 보여준 지지율은 다음과 같다.

후보	득표율(%)
뿌친	58.55
쥬가노프	27.22
야블린스끼	3.62
지리놉스끼	2.68
뚤레예프	2.36
빰필로바	1.29
찌또프	1.34
고보루힌	0.20
스꾸라또프	0.43
뽀드베료스낀	0.13
드좌브라일로프	0.05
모든 후보에 대한 반대	1.32

Ⅳ. 경제 시스템

1. 경제개황

끼로프주는 7개의 연방지구 중 볼가연방지구에 속하고, 12개의 러시아 경제지역 중 볼가-뱌트까 경제지역에 속한다. 끼로프주는 러시아영토의 유럽부에 위치하고 있고 또 볼가강과 뱌트까강에 근접하고 있어 공업과 농업의 발달과 함께 이 생산품들의 타 지역과의 교역이 일찍부터 발달되어 왔다. 특히 끼로프주는 전통적으로 농업이 매우 발달되어 인근 지역에 식량원으로서의 역할을 담당해 왔던 지역이었으나, 1940년대에 공업단지들이 전략적으로 들어서기 시작해 공업지역으로서의 면모를 갖추기 시작했다.

끼로프주의 공업 전략은 소련 남부와 볼가지역의 공업에서 분업적 역할을 대표적으로 담당하는 것이었다. 비록 이것이 완전한 달성을 거두지는 못했지만 상당부분 공업의 발달을 가져왔는데 예를 들면 기계제작·금속가공과 화학공업 그리고 여타 몇 부문의 공업 등이 중요한 산업으로 자리잡고 있다.

또한 끼로프주는 경제가 여러 분야에서 발달하면서 대외경제관계에 매우 많은 비중을 두었고 그 발전 속도는 대단히 빠른 것이었다. 끼로프주의 기업들이 대외관계의 파트너로 삼고 있는 국가는 이탈리아, 독일, 프랑스, 미국, 인도, 중국 등이다. 이 대외협력 파트너들과 끼로프주와의 경제관계에서 중심이 되는 것은 직접투자, 합작투자 등의 자본투자와 기계제작·금속가공부문과 화학·석유화학부문 등에서의 교역이다.

끼로프주의 경제상황을 좀 더 자세히 알기위해 몇 개의 지표를 보면 위에서 언급했던 공업은 전 러시아대비 약 0.8%정도를 차지하고 있고 또 전통적으로 강한 산업인 농업은 1.5%로서 매우 높은 비중을 가지고 있다. 그리고 전체적인 지표인 지역총생산은 0.7%의 비중을, 소매유통은 0.6%, 자본투자는 0.4%의 비중을 차지하고 있다.

끼로프주의 지역총생산과 1인당 지역총생산의 총량을 연도별 추이로 살펴보면 다음과 같다.

끼로프주 지역총생산액 추이

항목 \ 년도	1996	1997	1998	1999
지역총생산[1]	15,047	16,839	16,966	28,543
1인당 지역총생산[2]	9,235	10,406	10,555	17,886
지역총생산 지수[3]		96.6	94.2	104.7

http://www.infostat.ru/epub.htm (검색일: 2003.1.10)

끼로프주의 지역총생산 구성에 따른 비율을 보면 공업부문과 농업부문이 각각 36.1%와 16.7%로 우위에 있고 그 외에도 유통이 8.4%, 운송이 5.4%, 건설이 3.5% 등을 차지하고 있다.

2. 산업

1) 공업

끼로프주의 공업은 몇 가지 특징을 가지고 있는데 주요 특징은 주도인 끼로프시에 공업이 주로 집중되어 형성되어 있고 또한 공업발달의 입지적 요건측면에서 우랄지역으로부터의 자원공급이 용이하고 운송망이 발달해서 지리적인 공업발달조건의 우위에 있다는 것이다. 실제로 끼로프주의 공업은 러시아공업에서 현저한 생산량을 기록하고 있지는 못하지만 인근지역과 연계해서 지역분업적 역할을 몇 부문에서 충실해 해내고 있는 것으로 알려져 있다.

그래서 끼로프주에는 세계적인 대기업들이 많이 있다. 대기업을 포함한 끼로프주의 총 기업수는 2000년 기준으로 2만 7,707개, 이 중 소기업은 3,880여개에 이르고 있고 또 공업에서 활동하고 있는 기업수는 1,401개이다. 소련시절부터 끼로프주의 공업은 일찍부터 발달해 시장경제로의 전환기를 거치면서 이 기업들은 소유구조면에서 몇 년 전과는 달리 민간부문이 정부부문보다 훨씬 더 높은 비율을 차지하고 있다. 예를 들면 정부부문의 기업은 5,100개이고 민간부문의 기업은 1만 6,800개이고 나머지는 기타 유형의 기업,

1) 단위: 백만루블,1997년까지는 십억 루블
2) 단위: 루블, 1997년까지는 천 루블
3) 전년대비 지역총생산액 %

즉 정부와 민간 그리고 외국자본 등의 합작에 속한다.

끼로프주의 공업생산을 전반적으로 이해하기 위해 총 공업생산량을 연도별로 살펴볼 필요가 있다.

총 공업생산량 추이

항목 \ 년도	1997	1998	1999	2000
총 공업생산량	11,863	12,012	23,204	32,858
공업생산 지수	100.4	95	116	111

http://www.infostat.ru/epub.htm (검색일: 2003.1.10)

끼로프주의 공업부문별 구조를 살펴보면 기계제작·금속가공이 매우 강한 부문으로 나타나고 있다. 끼로프주의 공업생산의 28.2%를 기계제작·금속가공부문이 차지하고 있다. 그 외에도 여러 부문에서 공업이 발달되어 있으며 각 부문별 생산비율을 보면 다음과 같다.

주요 공업생산부문별 생산비율

생산부문	끼로프주 총공업생산 비율
전기전력	10.9%
연료공업	0.5%
철강업	2.7%
비철금속	3.8%
화학·석유화학	17.9%
기계제작·금속가공	28.2%
목재가공, 종이·펄프	13.4%
건재공업	1.6%
경공업	4.4%
식품공업	13.0%
기타	3.6%

http://www.infostat.ru/epub.htm (검색일: 2003.1.10)

2) 농업

끼로프주의 농업은 공업과 더불어 끼로프주를 떠받치고 있는 중요한 핵심산업이다. 끼로프주는 예부터 지리적 조건과 기후적 조건이 좋아 가축사육과 작물재배를 막론하고 농업부문에서 풍부한 생산력을 자랑하고 있는 지역이다. 특히 파종면적이 매우 넓게 분포되어 있는데 2000년 현재 끼로프주의 총 파종면적은 162만 6,900 헥타르에 이르고 있다.

그러나 끼로프주의 파종면적은 실제로 점점 줄어들고 있는 형편이며 그 이유로 주요한 것은 공업이 점점 발달하여 그 입지를 넓혀감에 따라 농업의 입지가 줄어들고 있는 것에서 찾을 수 있다. 그리고 농업에 드는 비용이 시장경제전환 후 급격히 증가해 실상 방치되고 있는 유휴지가 늘어난 것도 요인으로 들 수 있다.

위의 파종 면적에 심어서 재배하는 주요 작물들을 살펴보면 가장 많이 파종되는 것이 사료용 작물로 이것은 약 50.6%에 이르고 있다. 그리고 곡물도 많은 양이 파종되고 있으며 그 비중은 45.3%이다. 그 외에도 감자와 채소 등이 3.7%의 비중으로 파종되고 있고 특용작물은 그 비중이 매우 낮은 0.4%에 이르고 있다.

끼로프주의 농업생산량에 대해 살펴보면 총 농업생산량과 가축과 작물재배 모두 매년 높은 상승률로 증가하고 있다. 표로 농업생산액관련 자료를 연도별 추이로 보면 다음과 같다.

농업생산량 추이

항목 \ 년도	1997	1998	1999	2000
총농업생산액	4,973.6	4,985.5	9,482.0	11,751.5
작물관련 생산액	2,895.2	2,557.4	4,888.1	6,275.6
가축관련 생산액	2,078.4	2,428.1	4,593.9	5,475.9
농업생산 지수	99.8	94	98	98

http://www.infostat.ru/epub.htm (검색일: 2003.1.10)

끼로프주의 농업생산물에서 특징을 들자면 나무과실이 풍부하게 나고, 버섯과 약용식물이 다량으로 재배되고 있다는 것이다. 끼로프주에는 그 외에도 주요한 농업생산물이 풍부하며 2000년 기준으로 다음과 같은 생산량을 자랑하고 있다.

우유 - 67만 3,200 톤; 감자 - 64만 900 톤; 곡물 - 78만 1,200 톤(수확 후 측정); 채소 - 35만 7,000 톤; 가축 등 - 8만 3,800 톤 등이다.

3. 자원 등 기타

끼로프주는 러시아 유럽지역의 중앙에 위치하고 있다. 끼로프주는 최근에 이르러 철광과 구리광, 이탄, 인산, 미네랄 수, 치료용 진흙 등 자원의 매장이 풍부한 지역으로 밝혀졌다. 이 외에도 석유와 금, 유리가루, 도자기와 도토용 진흙, 요오드와 취소가 함유된 지하수 및 기타 가치 있는 자연자원이 많이 매장되어 있다.

이 지역은 볼가경제지역과 우랄경제지역의 석유가스 매장지의 북서부에 위치한 지역으로 지리학적으로 석유의 매장지가 발견될 가능성이 매우 높은 지역이기도 하다. 지리조사에 의하면 석유의 매장량은 5억 3,330만 톤에 이를 것으로 추정되고 있다. 이중 1억 3,260만 톤은 채유가 가능한 양이다.

이탄의 매장지는 2,000개가 이미 발견되었고 그 매장량은 4억 3,500만 톤에 이를 것으로 추정되며 그 중 65%의 매장량이 10개의 주요 매장지에 집중되어있다. 이 매장량의 절반이상이 동력자원으로 이용된다. 이탄의 용도는 매우 다양하여 농업에도 이용되며 대규모 매장지의 대부분이 이 지역경제에 큰 역할을 차지하고 있고 이탄 가공의 새로운 기술은 이 지역의 원료 기반의 중대성을 증가시키고 있다.

끼로프주의 북동지역과 북부지역은 가연성 슬레이트 층이 유명하나 현재 가공은 되고 있지 않다. 끼로프주의 나고르 지역과 벨로할루니쯔크 지역에는 역청을 포함한 슬레이트의 대규모 매장지가 발견되었으며 공업용 등급의 매장량은 20억 톤이며 이중 8억 톤은 에너지 원료로 적합한 것으로 알려졌다. 이러한 원료의 새로운 기술적 채굴과 열가공은 폐기물을 없애 환경적 유해를 최소화하고 있으며 전기에너지, 석유가공품, 비튬, 희귀 기름, 유일한 약용도구, 건축 자재를 발굴하고 현실적으로 새로운 공업부문을 조직하고 매장량을 완전 습득하는 것을 가능하게 한다.

끼로프주는 광물원천 뿐 아니라 약용진흙도 풍부하며 이것을 기반으로 하여 유명한 니주네이브끼노 요양소가 활동하고 있다.

끼로프주는 산림자원이 풍부한 지역이다. 전체 면적의 65%가 산림이며 약용풀과 버섯, 열매 등이 현저히 많다. 키로프주의 산림은 침엽수림이 주종을 이루는데 목재의 비축량은 3억 4,550만m³이며 건축용목재의 생산과 톱으로 켠 목재의 방출량 부분에서 러시아 전체에서 4위를 차지한다.

끼로프주의 12개 지방에는 염소침전물의 호수매장지가 50여개가 있다. 공업용으로 염소침전물의 매장량은 42만 톤에 달하며 전체적으로는 600만 톤으로 추정되고 있다. 요양소가 있는 곳에서의 염소침전물은 치료용 진흙으로 이용되고 있다.

표면에서 200미터 아래는 총 18 종류의 미네랄수가 흐르고 있으며 이는 치료용으로 사용될 수 있다.

V. 문화시스템

1. 지역문화

1) 문화개괄

끼로프주에는 1000개가 넘는 역사 문화기념비가 놓여 있고 기원전 7000년 전의 고고 유물들도 보존되어 있다. 또한 끼로프주에는 18-19세기의 교회 건축의 가치 있는 기념물들을 전체적으로 재건축 하려는 계획이 실현되고 있다.

끼로프시의 구 시가지에는 다수의 건축 기념물들이 보존되어 있는데 이것들은 시의 단순하지 않은 역사에 관해서 말하고 있다. 그들 중에 많은 것들은 도시 건축 문화의 세계적인 명작으로 여겨지고 있다. 19세기와 20세기의 훌륭한 건축 기념물들도 빠뜨릴 수 없는 것들이다.

끼로프의 우스뻰스끼 사원

구 시가지의 중심부에는 직각으로 교차하는 거리가 있다. 이전에 성이 위치하던 남쪽 골짜기의 경사면에 네 개의 기둥과 다섯 개의 양파머리가 있는 우스뻰스끼 사원(1864-1889)이 있는 뜨리포노프 수도원이 위치하고 있다.

그 내부 장식에는 19세기 말에 재건된 고대 성상화들로 치장된 웅장한 5층의 벽이 있는데 이 성상화들은 19세기 말의 빨레흐 장인들이 그린 것들이다. 이 건물에는 화려하고 윗문이 있는 니꼴 교회(1690-1695년)가 포함되어 있으며 수도원장의 방과 수도실, 성모수태고지 교회, 성인 교회가 있고 부조의 다양한 당초무늬 벽이 있다.

이전에 성이 있던 북쪽에는 구세주 변형 노보데비치 수도원(1624년)의 앙상블이 놓여 있으며 이 수도원에는 화려한 돌로 된 구세주 변형 교회(1696년)가 있다. 그 북서쪽에는 요안 쁘레드쩨치 마을 교회(18세기 초에 세워져서 18-19세기에 여러 번 재건되었다)가 있는데 이 교회는 창문 문턱에 특별하게 꼬인 뿔이 있다.

끼로프의 구 중심가에는 이전의 관청 건물(1740-1770)들이 잘 보존되어 있다. 시의 남쪽에는 1838년 당시 시 건설 계획에 따른 절충적 스타일의 커다란 알렉산드르 네프스끼 사원(1848년)이 세워져 있다.

18세기 말에서 19세기 상반기에 로슬랴꼬프(Ф. Росляков)와 듀소르(И. Дюсор)의 설계에 따라 고전주의와 암피르 양식의 많은 건물(석조와 목조의 가옥들)이 세워졌고 19세기 말에서 20세기 초에 지역의 건축가인 차루신의 설계에 따라 꾸며진 상가 건물들, 화려한 건물들, 무늬와 도금으로 장식된 나무로 된 집들과 행정 건물들이 있다.

끼로프주는 문화 발전의 잠재성을 많이 가지고 있는 지역이다. 현재 주에는 천 개가 넘는 도서관과 (그들 중의 하나는 러시아에서도 가장 오래된 게르친 주 학술 도서관이다) 천 개가 넘는 클럽 기관, 3개의 극장, 35개의 박물관(러시아에서도 가장 큰 박물관 중의 하나인 바스니초프 주 예술 박물관이 있다), 골동품 전시실, 필하모니, 알렉산드로프 성당에 있는 음악홀, 전시실들이 활동하고 있다.

구비문학과 민속예술이 주의 문화생활에서 중요한 위치를 차지하고 있다. 뱌뜨까의 풍금연주가와 민요가수들은 수년 동안 러시아 페스티벌에서 좋은 성적을 거두고 있고 청소년 음악가들인 바이올린 연주자, 손풍금 연주자, 민중 악기연주자들은 상금도 받았다.

끼로프의 강 건너편에는 전통 장난감 인형들을 잘 보존하고 있는 곳이 있다. 디므꼬보 가까이에 있는 마까리 마을에는 화려한 바로크 풍의 삼위일체 성당(1770-1775년)이 있다.

러시아의 다른 모든 지역에서처럼 끼로프주에도 매우 많은 재능 있는 작가들, 예술가들, 영화연출가들, 건축가들, 음악가들이 있다.

주의 관리들은 끼로프주에서 2000-2005년 동안 영화 산업의 발전 계획을 세워놓고 있다. 이 계획의 주요 담당자는 문화 예술 부서와 공기업인 끼로프주 영화배급소이다. 이 계획의 주요한 과제는 영화 산업과 기관의 물질적-기술적 토대를 구축하고 주민들에게 질 높은 러시아 필름을 보여주는데 있다.

2) 문화시설

구세주 극장

이 극장의 창작 행위의 근간에는 러시아의 드라마 전통, 연기 예술의 전통, 스따니슬라브스끼 고전 체계의 전통이 놓여있다.

자신들의 작업과 강령적인 선언문에서 구세주 극장은 예술적이고 미학적인 과제와 인문학적인 가치의 중요성을 항상 강조해왔다. 구세주 극장은 예까쩨린부르크의 어린이와 젊은이 극 페스티벌(1990년, 1992년, 1997년), 노보씨비르스크의 뜌즈 창립 기념 극장 페스티벌(1990년 노보씨비르스크), 1991년에 끼예프에 있었던 불가꼬프 100주년 기념 페스티벌, 야로슬라블에서 있었던 동화 페스티벌, 1995년에 싸마라에 있었던 페스티벌에도 참가했다.

끼로프주 지지 박물관

이 박물관은 가장 오래된 러시아의 지역 박물관이며 1866년에 뱌뜨까지역의 대중용 박물관으로 세워졌다. 박물관은 중요한 컬렉션을 가지고 있는데 이 컬렉션은 135년 동안에 형성된 것이다. 박물관의 섹터들은 주의 중앙에 있는 박물관 지부 광장에서 전시회를 준비하기도 한다.

1997년까지 이 박물관은 끼로프 국립 통합 역사-건축과 문학박물관이라는 명칭을 가지고 있었고 그 하부에 25개의 지역 박물관이 있었다. 1997년, 지역의 박물관들은 독자성을 얻었고 지방자치 박물관이라고 불리게 되었다. 끼로프주의 지지박물관에는 끼로프시에 위치하는 6개의 박물관 지부가 남아 있다. 2000년도에는 7번째 지부, 박물관 전시회 건물 '자연'이 문을 열었다.

박물관에는 스웨덴 문화 센터가 활동하고 있다. 1996년부터 국제회의가 개최되고 자선 문화 교육 프로그램인 '동정', '가족'등이 활동 중이다.

니제고로트주
Нижегородская Область

Ⅰ. 개황

1. 기초정보

주 성립일: 1990년.

• 1929년 1월 14일 - 1990년 고리끼주(수도: 고리끼)

주도: 니주니 노브고로트(Нижний Новгород)

인구: 3,633,000명(2001년 현재: 러시아연방 전체의 2.50%, 89개 주체 중 10위)

인구밀도: 48.56명/㎢

면적: 74,800㎢(러시아연방 전체 면적의 0.44%; 89개 주체 중 45위)

소속지구: 볼가연방지구; 볼가-뱌트경제지구

한국과의 시차: -4시간

2. 상징

니제고로트주 문장

니제고로트주의 문장은 과거 니제고로트현의 문장을 바탕으로 제작되었다. 문장은 은빛 바탕의 방패에 붉은 사슴이 걷고 있는 모습을 형상화한 것으로, 사슴은 뿔과 발굽을 흑색이다. 방패 위에는 러시아 역사의 전통적인 왕관이 씌워져 있으며, 방패 주위는 안드레이 리본으로 엮인 금빛 참나무 잎사귀가 둘러져 있다. 니제고로트주의 문장은 1996년 9월 10일 채택되었다.

3. 주요도시

니주니 노브고로트(Нижний Новгород): 인구 1,346,400명; 북위 56°19′, 동경 44°0′

제르진스크(Дзержинск): 인구 273,700명; 북위 56°16′, 동경 43°24′

아르자마스(Арзамас): 인구 109,900명; 북위 55°23′, 동경 43°50′

싸로프(Саров): 인구 82,600명; 북위 55°23′, 동경 43°50′

빠블로보(Павлово): 인구 69,300명; 북위 55°58′, 동경 43°5′

크스또보(Кстово): 인구 68,300명; 북위 56°11, 동경 43°11′

보르(Бор): 인구 62,300명; 북위 56°21′, 동경 44°1′
비크사(Выкса): 인구 61,800명; 북위 55°19′, 동경 42°10′
발라흐나(Балахна): 인구 61,700명; 북위 56°29′, 동경 43°38′
자볼지예(Заволжье): 인구 45,600명; 북위 56°38′, 동경 43°25′
꿀레바끼(Кулебаки): 인구 43,700명; 북위 55°25′, 동경 42°31′
보고로쯔크(Богородск): 인구 36,300명; 북위 56°6′, 동경 43°31′
고로제쯔(Городец): 인구 33,200명; 북위 56°40′, 동경 43°28′
쎄묘노프(Семёнов): 인구 26,200명; 북위 56°47′, 동경 44°29′
리스꼬보(Лысково): 인구 25,000명; 북위 56°2′, 동경 45°2′
쎄르가쯔(Сергач): 인구 24,700명; 북위 55°31′, 동경 45°28′
샤후니야(Шахунья): 인구 23,200명; 북위 57°41′, 동경 46°36′
(인구: 2002년 현재)

4. 주요 산업 및 농업

주의 주요 산업으로 기계제작, 금속가공(자동차제조, 선박건조), 화학공업, 경공업, 식료품산업 등이 발달했으며, 농업부문은 곡물재배, 낙농업, 양금업 등이 발달했다.

Ⅱ. 자연환경

1. 지리적 위치와 구성

니제고로트주는 48개 행정구, 26개 시, 71개 도시형마을, 537개의 농촌마을로 구성되어 있으며, 러시아연방 유럽지역 중부, 볼가강 양안에 위치하고 있고, 볼가강에 의해 주가 두 지역으로 양분된다.

랴잔주, 블라지미르주, 이바노보주, 꼬스트로마주, 끼로프주, 마리 엘 공화국, 모르도바 공화국, 추바시야 공화국과 경계를 이룬다.

주요하천은 볼가, 오까, 쑤라(Сура), 베틀루가(Ветлуга)강 등이다.

수도 니주니 노브고로트와 모스크바 간 거리는 439㎞이다.

2. 기후조건

온난기후대, 대륙성 온난기후

1월 평균기온: -12℃

7월 평균기온: 19℃

연강수량: 500㎜. 볼가강 우안은 가뭄이 발생하기도 한다.

식물 생장 기간: 125 ~ 135일

식생: 혼합림, 삼림과 스텝의 중간 지대로 이전되는 지역

토양: 부식성 염분회색토

삼림분포도: 46%

3. 주요 유용광물

이탄, 석회암, 백운석, 모래, 석고 등이 매장되어 있다.

주요 산지:

식염: 벨바쥐스크.

III. 정치시스템

1. 역사

1221년 도시의 건설에 관한 기존 논의에도 불구하고 그 영토에는 이미 12세기 중반에 러시아족이 거주하기 시작했다. 이때 수즈달인에 의해 오까강 하구에 목재와 흙으로 된 요새가 세워졌다. 정치, 유통, 문화의 중심지로 번영을 누리던 니즈니 노브고로드는 몽골-따따르의 침입으로 파괴되었다. 1341-1392년은 독자적인 대(大)니제고로트-수즈달 공국이 모스크바와 뜨베르와 루시국가의 주도권을 놓고 경쟁했다. 니즈니 노브고로드에는 석조로 된 사원과 성벽 건설이 전개되었다. 1817년에 니즈니 노브고로드로 세계적으로 유명한 마카르옙스끄 시장(야르마르까)가 이전되었다. 18세기 후반기부터 니즈니 노브고로드는 러시아의 전통적인 대규모의 산업지역 가운데 하나로 변모한다. 여기에는 볼가강에서의 선박업의 집약적인 발전, 모스크바와 니즈니 노브고로드를 잇는 철도의 건설(1862년)이 기여했다. 도시의 주민은 9만 명까지 늘어났다.

1917년은 니제고로트 현의 역사에서 급격한 변혁의 시작된 해였다. 2월 23일 수도에서 시작된 부르주아-민주주의혁명이 3월 1일 니즈니 노브고로드로 전파되었다. 3월 2일 혁명적 기운의 병사와 노동자들은 지사 권력을 타도하고 지사인 기르스(А. Ф. Гирс)를 비롯하여 부지사 및 다른 짜르권력의 관료들을 체포했다.

볼세비키와 멘세비키 그리고 사회혁명당의 영향력이 있는 상태에서 노동자, 병사 대표소비에트들이 형성되었고, 이는 4월 초 노동자와 병사 대표소비에트로 통합되었다. 3월 중순에는 현의 농민대표 소비에트가 구성되었다. 4-5월에는 현의 모든 구역에 농민대표 소비에트가 형성된다.

혁명적 권력기관, 즉 소비에트들과 함께 3월 2일에는 니제고로트 시두마의 집행위원회가 구성된다. 그 구성에 구역의 대표자들이 들어간 이후 집행위원회는 현 임시정부 집행위원회로 명명되었다. 위원장은 도시의 수장인 시로트킨(Д. С. Сироткин)이었다. 임시정부의 명령에 따라 현의 집행위원회를 운영하는 지사가 교체되었고 제미도프(П. А. Демидов)가 임명되었다.

1917년 가을에 이르러 니즈니 노브고로드에서 정치적, 군사적 주도권은 볼세비키가 장악했다. 10월 말 권력은 사실상 로마노프(И. Р. Романов)를 수장으로 하는 볼세비키의 군사-혁명적 위원회의 수중에 들어갔다. 로마노프는 니제고로트 현 집행위원회 첫 번째 위원장으로 선출된다. 11월 25일 노동자와 병사 대표소비에트 현 대회이후 그리고 군대와 함대의 동원해제와 직접 관련되어 모든 현에서는 전격적으로 소비에트적 건설이 시작되었다.

2. 정치

1) 정치 일반

니제고로트주는 러시아연방의 볼가-뱌트까 경제지대에 포함된다. 주도는 니즈니 노브고로트이다. 주는 47개 라이온, 11개의 주 단위의 시, 14개의 라이온 단위의 시, 69개의 도시형 촌락, 511개의 농촌 소비에트로 나누어져 있다. 주의 중심에는 8개의 라이온이 있다.

주에서 집행권력을 실현하는 것은 라이온, 시, 그리고 주 행정부이다. 최고 집행권력기관은 주행정부이다. 주의 행정수반은 2001년 7월 29일 선출된 호디레프(Г. М. Ходырев)이다.

호디레프는 1995년 12월에 실시된 제2기 러시아연방 국가두마의원 선거에서 당선되었으며 그때 러시아공산당에 들어갔다. 두마에서 경제정책위원회에 소속되어 의정활동을 했다. 2년후 이미 그는 러시아연방의 반독점정책과 기업활동에 관한 장관으로 임명되었다. 1999년 러시아연방 국가두마의원 선거에서 다시 당선되었으며, 2001년 7월 29일 니제고로트주 지사에 선출되었다.

니제고로트주의 지방단위의 집행권력은 개별 지방행정단위의 수장을 중심으로 실현된다. 대표적으로 주도인 니즈니 노브고로드시를 보면, 시장인 레베제프(Ю. И. Лебедев)는 1998년 10월 선거에서 당선되어 2002년까지 자신의 임무를 수행한다. 러시아연방 대통령의 전권대표는 꼬사리꼬프 (А. Н. Косариков)로서 1998년 4월부터 이 직위를 맡고 있다.

주의 최고 입법권력기관은 니제고로트주 의회이다. 의원선거는 1998년 3월 29일 실시되었으며 45명의 대의원으로 구성되어 있다.

2)선거

(1) 니제고로트주 행정수반 선거

2001년 7월 29일 니제고로트주에서 주지사 선거의 결선투표가 실시되었다. 2주 전에 실시된 1차투표에서는 한 후보도 50% 이상을 득표하지 못했다. 결선투표는 1차 투표에서 최다득표를 한 2명의 후보를 대상으로 실시되었다. 러시아연방 국가두마의원인 호디레프와 현직 주지사였던 스끌랴로프(И. П. Скляров)가 그들이다. 투표에는 유권자의 37.68%가 참가했다. 투표결과, 호디레프가 59.80%를 획득하여 당선되었고, 경쟁자였던 스끌랴로프는 28.25%의 득표에 그쳤다. 모든 후보에 대한 반대에는 10.42%가 투표한 것으로 나타났다.

Ⅳ. 경제 시스템

1. 경제개황

니제고로트주는 7개의 연방지구 중 볼가연방지구에 속하고 12개의 러시아 경제지역 중 볼가-뱌트까 경제지역에 속한다. 니제고로트주는 공업과 농업을 포함한 거의 모든 분야가 러시아에서 중요한 역할을 하고 있는 지역으로 각 분야가 높은 성과를 차지하고 있다.

지역총생산이 무려 러시아대비 2.0%의 비중에 이르고 있고 전통적으로 강했던 공업부문은 2.6%로 러시아에서 선두그룹을 차지하고 있다. 농업도 작물재배와 가축사육이 충분히 발달되어 있으며 그 비중은 1.9%에 이르고 있다. 그 외에도 소매유통은 1.9%, 자본투자는 1.3%에 이르고 있다.

니제고로트주가 이렇게 모든 분야에서 두각을 나타내며 발전을 해왔던 요인은 지리적인 것에서 찾을 수 있다. 니제고로트주는 지리적으로 유럽과 아시아의 연결고리의 역할을 하는 지역으로서 교통이 발달해 운송이 각 산업의 발달에 견인차역할을 해 주었다. 여러 지역과의 교류가 많아 외부와의 경제관계에 의한 상호협력과 대외투자에 의해 경제의 각 부문이 충분히 발달되어 왔던 것이다.

니제고로트주는 전통적으로 기계제작 및 금속가공부문이 매우 발달해 있으며 이 비중은 니제고로트주 전체 공업량 대비 약 47.0%에 이르고 있다. 이 부문은 러시아에서 가장 높은 비중을 차지하고 있는 부문중의 하나이며 그 덕분에 세계적인 기업들이 많이 있고 외국인 투자가 다량 유입되어 있는 상태이다.

니제고로트주의 전체경제상황을 파악하기위해 지역총생산액을 파악해 볼 필요가 있다. 연도별 추이를 보면 다음과 같다.

니제고로트주 지역총생산액 추이

항목 / 년도	1996	1997	1998	1999
지역총생산	42,559	51,687	51,687	83,456
1인당 지역총생산	11,445	13,808	14,009	22,741
지역총생산 지수		102.2	95.5	103.4

http://www.infostat.ru/epub.htm (검색일: 2003.1.10)

니제고로트주의 지역총생산의 각 구성별 비율을 보면 공업부문이 33.7%로 주를 이루고 있다. 그 외 농업이 6.9%, 건설이 5.1%, 운송이17.6%, 유통이 8.1%의 비중을 가지고 있다.

니제고로트주의 기업부문의 지표에서 총 기업수와 소 기업수, 그리고 공업부문에서 활동하고 있는 기업수를 표를 통해보면 다음과 같다.

기업수 추이

항목 \ 년도	1997	1998	1999	2000
총기업수(연말)	46,005	49,246	53,607	58,917
소기업수(연말)	14,861	13,906	15,809	13,553
활동기업수	3,185	2,835	2,777	2,714

http://www.infostat.ru/epub.htm (검색일: 2003.1.10)

2. 산업

1) 공업

니제고로트주의 공업은 러시아연방에서 규모면으로 보면 7번째이며 여기에는 여러 부문의 공업이 발달해 있다. 기계제작과 금속가공을 중심으로 해서 화학·석유화학과 철강업을 포함한 가공 산업, 식품공업 등이 충분히 발달되어 있다.

니제고로트주의 공업생산의 특징 중의 하나는 공업생산량 대비 수출량의 비중이 매우 크다는 것이다. 이것은 니제고로트주의 지리적 여건에 기인해 나타난 경제관계의 발달에 의한 것이다. 러시아는 영토가 거대해서 운송이 예부터 용이하지 않았으며 그리하여 '위치로서의 지역'은 운송에 지대한 영향을 주었던 것이다.

수출 관계를 갖고 있는 대표적 국가를 들면 우크라이나, 백러시아, 스위스, 카자흐스탄, 벨기에, 영국, 프랑스 등이다. 그리고 주요 수입 대상 국가를 보면 우크라이나, 독일, 백러시아, 카자흐스탄, 오스트리아, 네덜란드, 중국, 미국 등이 대표적이다. 이 외에도 외국투자 등의 관계를 맺고 원활한 교류를 하고 있는 국가는 약 80여 개국에 이르고 있다.

니제고로트주의 전반적 공업상황을 파악하기위해 총 공업생산량을 살펴볼 필요가 있다. 총 공업생산량의 추이에 있어 주목할 것은 그 성장속도가 매우 높고 그 생산량도 여타 지역에 비해 막대한 규모를 가지고 있다는 점이다. 표를 통해 살펴보면 다음과 같다.

총 공업생산량 추이

항목 \ 년도	1997	1998	1999	2000
총 공업생산량	41,512	43,437	74,331	106,984
공업생산 지수	104	99.0	112	105

http://www.infostat.ru/epub.htm (검색일: 2003.1.10)

니제고로트주의 공업의 부문별 구조를 살펴보면 기계제작 · 금속가공이 중심이 되어 기타 여러 산업부문이 발달해 있다. 그리고 그 외 니제고로트주의 여타 부문의 구성과 비율을 보면 다음과 같다.

주요 공업생산부문별 생산비율

생산부문	니제고로트주 총공업생산 비율
전기전력	7.4%
연료공업	1.3%
철강업	9.4%
비철금속	0.5%
화학·석유화학	10.5%
기계제작·금속가공	47.0%
목재가공, 종이·펄프	7.2%
건재공업	1.4%
경공업	2.0%
식품공업	9.6%
기타	3.7%

http://www.infostat.ru/epub.htm (검색일: 2003.1.10)

니제고로트주의 기계제작·금속가공부문은 여러 부문에 파급효과가 큰 부문이기도 하며 특히 이 부문 내에서 철강업과 관련해서 가공 산업을 선도하고 있다. 기계제작·금속가공부문에서 생산하고 있는 중요한 품목들을 보면 운송기계, 자동차제작기계, 디젤엔진생산, 경비행기생산, 선반제작 등이며 이 중 자동차제작부문이 약 50%의 비중을 차지하고 있어 주요 입지를 가지고 있다.[1)]

2) 농업

니제고로트주의 농업은 러시아 농업총생산량 대비 1.9%에 이를 정도로 충분히 발달해 있는 산업 중의 하나이며 니제고로트주는 물론이고 몇몇 농업 생산물에 있어서는 인근 지역의 식량창구로서 역할을 충실히 해내고 있다.

니제고로트주의 전체적인 농업모습을 알아보기 위해 총 농업생산량을 비롯해서 총 농업생산액 중 작물관련 생산액 그리고 총 농업생산액 중 가축관련 생산액을 표로 살펴보면 다음과 같다.

농업생산량 추이

항목 \ 년도	1997	1998	1999	2000
총농업생산액	5,699.1	5,869.0	12,836.3	15,211.8
작물관련 생산액	2,922.6	2,737.5	6,709.1	8,046.5
가축관련 생산액	2,776.5	3,131.5	6,127.2	7,165.3
농업생산 지수	96	93	95	105

http://www.infostat.ru/epub.htm (검색일: 2003.1.10)

니제고로트주의 총 파종면적을 보면 2000년을 기준으로 149만 4,600 헥타르이고 여기에 주로 파종되는 작물 종류를 보면 곡물이 43.4%, 사료용 작물 재배가 49.5%이고 특용작물이 0.6%, 감자와 채소가 6.5%를 차지하고 있다.

니제고로트주의 농업생산물들은 다양하다. 그 중 니제고로트주의 대표적인 농산물과 생산량을 2000년 기준으로 살펴보면 다음과 같다.

우유 - 84만 6,700 톤; 감자 - 70만 5,800 톤; 곡물 - 100만 3,200 톤(수확 후 측정); 채소 - 27만 6,800 톤; 가축 - 6만 4,500 톤 등이다.

3. 자원 등 기타

니제고로트주는 기계산업, 화학, 석유화학, 셀룰로스 종이 산업, 농업 등이 고루 발달된 주요 산업지역이다. 이러한 산업 발달로 인하여 니제고로트주의 자연환경은 많이 훼손되어있다.

---

1) 이 부문에는 대기업이 많으며 예를 들면 다음과 같다. Горьковский автомобильный завод, АО 'Этна', Заволжский моторный завод, Лысковский электротехнический, Павловский инструментальный, Борский стекольный

니제고로트주는 전 면적의 46%가 산림으로 덮여 있다. 전체 목재의 보유량은 3억 5,216만㎥이며 소나무가 43.2%, 전나무 7.1%, 자작나무 34.9%, 소나무 10%와 기타 다른 종이 4.8%로 분포되어 있다. 이 외 다양한 늪지대 및 호수, 초원 등 다양한 식물, 희귀한 나무의 종 등은 주 정부차원에서 보호하고 있다.

이 지역에는 동물이 서생 하는 장소를 일련의 동물보호법으로 보호하고 있다. 니제고로트주의 숲 지대에는 곰, 멧돼지, 사슴, 여우, 늑대, 멧닭, 오소리 등이 분포하고 있다.

니제고로트주의 토양은 부식토 및 회백색토양이 주종을 이루고 있다.

니제고로트주에는 9,000개 이상의 강과 그 지류가 있다. 그 전체 길이는 3만 3,000km이며 그 중 260km는 볼가강, 268km는 오카강에 해당한다. 가장 큰 강은 수라, 베들루가, 삐야나, 케르줴네쯔, 삐쥐마 강이다. 이러한 수로들의 영향으로 도시는 발틱해와 흑해, 카스피해, 아조프해 및 벨로무해로 통하는 큰 항구를 가지고 있다.

니제고로트주에서 파악된 식음용 및 공업용 물은 하루 267만㎥이다. 이 지방의 미네랄 지하수 중에서 미네랄이 소량 함유된 식수는 전 지역에 넓게 분포되어 있다. 이 물에는 염소와 나트륨과 취소가 포함된 식염수가 포함되어 있다.

니제고로트주의 저수지와 강 및 호수들에는 40여 종의 어류들이 서생하고 있다. 그 중에는 꼬치고기를 닮은 담수어 한 종, 메기, 대구와 여러 종의 칠성장어가 있다.

니제고로트주는 전 국토의 1/5을 수면이 차지하고 있고 절반은 산림지역이다. 전체적으로 7,000개의 호수가 있으며 특별히 유명한 호수로는 스베뜰로야르 호수가 있다.

이 지방에는 25억 톤에 이르는 어마어마한 석염이 매장되어 있어 상등의 식염과 염소, 가성소다를 얻을 수 있다. 남부지역의 경우에는 유색금속의 매장지가 있으며 주로 구리, 납, 아연 등이 매장되어 있다.

희귀금속으로는 몰리브덴, 스칸듐, 이트리움, 란타늄 등이 분산되어 매장되어 있고 세리움, 네유짐, 이테르비윰 등의 희유원소들이 있다. 또한 니제고로트주에는 건축용 모래와 엄청난 양이 매장된 석고매장지, 이탄과 염소침전물 등이 넓게 분포되어있다.

V. 문화시스템

1. 지역정체성

1) 인구

2001년 현재 니제고로트주의 인구는 3,633,000명으로, 러시아연방 전체의 2.50%, 89개 주체 중 10위이다. 러시아연방 여느 주체와 마찬가지로 상당 폭의 인구감소 현상을 보이고 있다. 2001년 현재의 인구는 1990년 대비 122,000명(3.22%) 감소했다. 이는 전적으로 낮은 출생률과 높은 사망률에서 기인한 것으로, 인구 자연감소 형상은 1990년대 초 이미 시작되었다.

니제고로트주 인구변동 추이

연도	1990	1992	1993	1994	1995	1996	1997	1998	1999	2000	2001
인구수 (1,000명)	3,785	3,773	3,765	3,751	3,747	3,732	3,717	3,703	3,688	3,663	3,633

Росcий ский статистический ежегодник. Госкомстат России. М., 2001. С. 82.

니제고로트주의 인구 자연 증가율은 1990년대 초 이미 마이너스로 전환되어 2000년 현재 인구 자연감소율은 73.6%를 상회한다. 인구자연감소에 절대적인 영향을 미치는 높은 사망률은 니제고로트주의 전반적인 인구 상황에 심각한 악영향을 끼치고 있다. 다만 인접지역으로부터 유입되는 전입인구에 의해 인구 감소폭이 어느 정도 완화되고 있는 실정이다.

니제고로트주 출생자수, 사망자수, 자연증가율

연도	출생자수(명)	사망자수(명)	자연증가율(명)
1990	42,786	48,667	-5,881
1992	33,669	50,898	-17,229
1993	29,675	59,875	-30,200
1994	30,986	66,700	-35,714
1995	29,881	65,518	-35,637
1996	28,655	59,433	-30,778
1997	27,976	58,687	-30,711
1998	28,480	58,286	-29,806

1999	27,006	62,131	-25,125
2000	27,699	65,310	-37,611

Россий ский статистический ежегодник. Госкомстат России. М., 2001. С. 115.

2000년 현재 니제고로트주의 경제활동인구는 1,872,000명, 전체 인구의 51.10%로 그리 많지 않은 편에 속한다. 그 중 실업인구는 141,000명, 실업률은 7.5%로 상당히 안정된 상황을 보이고 있다. 니제고로트주도 1997년 경제위기를 전후로 약간의 실업률 상승기가 있었으나 다른 연방 주체에 비해 상승폭은 매우 건전했다. 경제위기를 지나 최근에는 실업률이 다시 하향세로 접어들고 있다.

니제고로트주 경제활동인구(취업자, 실업자), 실업률

연도	경제활동인구 (1,000명)	취업자수 (1,000명)	실업자수 (1,000명)	실업률(%)
1992	1,940	1,856	84	4.3
1993	1,895	1,796	98	5.2
1994	1,849	1,727	122	6.6
1995	1,855	1,693	161	8.7
1996	1,837	1,672	165	9.0
1997	1,783	1,610	173	9.7
1998	1,756	1,595	161	9.2
1999	1,844	1,707	137	7.7
2000	1,872	1,730	141	7.5

Россий ский статистический ежегодник. Госкомстат России. М., 2001. С. 138.

2) 민족

니제고로트주의 인구는 약 70여 민족으로 구성되어 있다. 그 중 94.7%는 러시아인으로 절대다수를 차지하고 있으며, 따따르인 1.6%, 모르드바인 1%, 우끄라이나인 0.9%, 추바슈인 0.3%, 유태인 0.3%, 벨라루스인 0.3%, 마리인 0.2%, 집시 0.1%의 순으로 구성되어 있다.

3) 교육

니제고로트주는 상당한 과학인력을 보유하고 있다. 고급 전문인력의 양성은 주로 니주니 노브고로트, 아르자마스, 제르진스크, 빠블로보, 자볼지예, 크스또보에서 이루어진다.

니제고로트주에는 15개 이상의 대학과 3개 군사학교, 경찰학교가 개설, 운영 중이다. 대학에는 6개 야간과정 및 11개 통신교육과정이 운영되고 있다. 대학에서는 주에 소요되는 고급 연구인력과 다양한 부문의 전문인력을 양성하고 있다. 니제고로트주에서는 세계적으로 호평 받는 많은 업적이 이루어졌다. 특히 니제고로트주의 연방 핵연구센터에서 물리학자 사하로프(Сахаров) 박사가 오랫동안 연구 활동을 한 적도 있다.

현재 니제고로트주에는 과학기술, 설계 등 104개 연구소가 운영되고 있으며, 그 중 러시아연방 과학아카데미에 소속된 연구소는 응용물리연구소, 미세구조 물리연구소, 금속유기화학 연구소, 자동차 연구소 니제고로트 분소, 사회학 연구소 니제고로트 지부 등이 있다.

니제고로트주에는 광범위한 도서관 망이 설치되어 있다. 그 중 니제고로트주 과학도서관과 니제고로트 국립대학 도서관은 정평이 나 있다. 전체 도서관 수는 1,400여개이며 장서는 총 3,000만권에 달한다.

2. 지역문화

1) 문화개괄

니주니 노보고로트는 빠볼쥐의 구 중심지이다. 이 시는 13세기 초반에 볼가와 오까 두 강이 합류하는 곳에 건설되었다. 건축 유적들은 이 도시의 독특한 특성을 부여하는데 이것은 오랜 기간 니주니 노브고로트 주민들의 복원사업을 통해 시가 새로워졌기 때문이다. 다른 러시아 고도(古都)처럼 이 도시도 볼가 강가의 높은 지대에 위치해 있다.

니주니 노브고로트시 중심부에는 성이 있는데 이 성은 시를 대표하는 고적 중의 하나이다. 성의 총 길이는 거의 2킬로미터에 달하며 높이는 12미터이다. 성벽과 탑은 양편으로 강을 향해 뻗어있다. 성내에는 아르항겔스크 사원(1631년 보조울린 형제가 건축 Л. и А. Возоулины)이 자리한다. 드미트리 성탑의 정문으로부터 갈래 갈래로 거리가 형성되어 니제고로트 언덕 지역에까지 이른다.

블라가베쉔스키
수도원의 야경

고대로부터 이 도시는 남성 수도원과 여성 수도원이 발달된 곳이다. 블라가베쉔스키 수도원은 오까 강가의 언덕에 자리하고 있으며 그 역사를 자랑한다. 이 수도원은 운명은 매우 기구하다. 모르도비야 공작인 뿌르가스(Пургас)가 이 수도원을 태운 바 있고, 이를 14세기 후반에 대주교 알렉세이가 복원하였다. 현재 이곳은 남성 수도원으로 운영되고 있다.

14세기에 끼예프 수도원의 수도사 디오니시가 뻬쵸르 수도원을 설립하였다. 이 수도원은 1597년 함몰되었으며 석조 장인이었던 안찌쁘이 보조울린(Антипы Возоулин)의 지도하에 새 장소에 복원되었다. 이 수도원들의 건축학적 의미는 굉장하다. 이 수도원의 많은 건물들은 고대 러시아 건축술로 보아 독자적이며 니제고로트에만 존재하는 양식이다.

니주니 노브고로트가 단지 건축물로만 명성이 높은 곳은 아니다. 이 도시를 방문하는 사람들은 문화적 중심지로서도 흥미를 느끼게 된다. 니제고로트주에는 2614개의 문화 시설이 운영되고 있다. 그 중 클럽은 1258개이며 박물관과 전시관은 23개, 문화와 휴식 공원 19개가 있다. 심포니 오케스트라를 갖춘 필하모니는 에스파냐와 프랑스에서 성공적인 공연을 한 바 있다. 시부힌(Л. Сивухин) 교수가 지도하는 소년 합창단은 유럽에서 큰 명성을 얻고 있으며, 사하로프 예술 축제는 세계적인 음악가들이 참여할 정도로 매우 유명하다.

2) 문화시설

니제고로트주에는 10개 이상의 전문적 극장이 있다. 니주니 노브고로트 시립 실내 음악 극장과 고리끼 기념 아카데미 드라마 극장이 대표적이다. 이 극장 무대에는 샬랴삔(Ф. Шаляпин), 레브꼬예프(Н. Левкоев), 빠끄롭스끼(Н. Покровский) 등이 출연하였다.

뿌쉬낀 기념 오페라 발레 아카데미 극장에서 공연된 고전과 현대 오페라 작품, 발레 등은 이미 오래전에 관객들의 마음을 사로잡았다. 그리고 젊은 관객 극장은 1928년 3월 1일 첫 공연을 가졌으며 이 극장의 연극을 보며 자란 세대는 한 세대만이 아니다.

니주니 노브고로트는 막심 고리끼(Максим Горький)의 고향이다. 이곳에는 현재 고리끼 박물관이 있는 '까쉬린의 집'을 위시해 그의 전 가족(아내 예카테리나 뻬쉬꼬바(Экатерина Пешкова)와 아이들 막심 (Максим)과 까쨔(Катя))이 살았던 끼르쉬바움의 집, 마지막 아파트에 이르기까지 그가 살았던 많은 집들이 남아있다.

니제고로트의 예술 박물관

문화 유물들은 우선적으로 박물관에 소장되어 있는데, 방문객들은 소장된 유적들의 양적인 면에서 러시아 최고를 자랑하는 역사 건축 박물관에서 흥미로운 관람을 할 수 있다. 니제고로트인들에게는 예술 박물관은 매우 소중하다. 이곳에는 17-20세기의 러시아 화가들, 예를 들면 레삔 (И. Репин), 브률로프 (К. Брюллов), 끄람스꼬이 (Н. Крамской), 사브라소프 (А. Саврасов), 쉬슈낀(И. Шишкин)의 작품이 전시되어 있다.

그밖에 '열린 하늘 아래(под открытым небом) 박물관'에는 러시아 목조 건축물 모형이 전시되어 있다. 또한 러시아 전통 예술 공예인 호흘람 문양은 전 세계적으로 인기를 끌고 있다. 쎄묘노프시에는 민속 예술 공예 준비 센터와 호흘람 문양 역사박물관이 있다.

작가 꼬친(Н. И. Кочин)과 빠뜨레예프(А. И. Патреев), 시인 셰스쪼리꼬프(М .В. Шестериков), 류낀(А. И. Люкин), 아드리아노프(Ю. Адрианов) 등은 니제고로트 지역 문화 발전에 지대한 공헌을 하였다. 니제고로트 산문가인 샴슈린(Б. Шамшурин)은 역사 소설 「꼬지마 미닌의 제비뽑기」로 뻬꿀라 국제 작가 연합 상, 까람진 상, 니주니 노브고로트 상 등을 수상하였다.

3) 여가문화

니주니 노브고로트는 러시아의 고도로서 러시아의 발전에 커다란 역할을 했고 러시아의 젖줄인 볼가와 오까 강의 합류지점에 위치해 있다. 이 시는 훌륭하고 잊을 수 없는 휴식처로 방문객들을 불러들이고 있다. 지리적 환경, 기후, 그리고 다른 곳에서는 볼 수 없는 니제고로트 땅의 아름다움, 독특한 역사적 유물, 건축물, 문화 유적들은 관광산업 발전을 위한 훌륭한 조건이 되고 있다. 니주니 노브고로트시는 세계 100대 도시 목록에 포함되어 세계적으로 역사적 중요성을 인정받았다.

성인이든 어린이든 니wm니 노브고로트에서 휴가를 즐기는 사람들은 예술과 문화를 접하고 이 시의 역사를 알 수 있게 된다. 니제고로트에는 10개의 전문 극장이 있으며 이 중 3개는 시립으로 운영된다. 오페라 발레 극장, 드라마 극장, 인형 극장, 젊은 관객 극장, 코미디 극장 등이 있다.

따따르스딴 공화국
Республика Татарстан

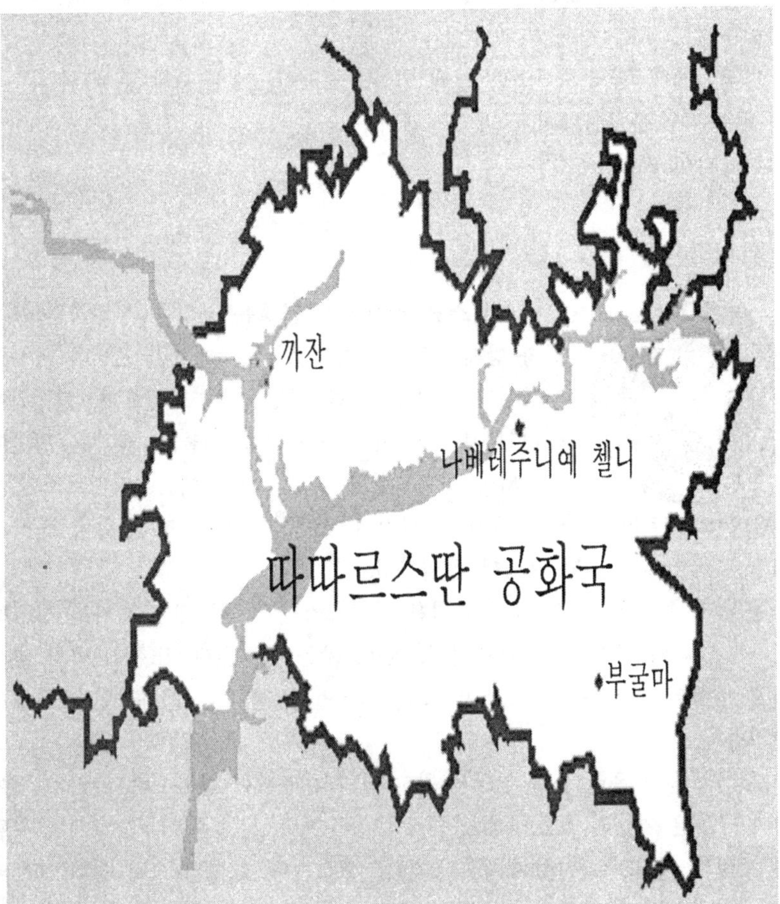

Ⅰ. 개황

1. 기초정보

공화국 성립일: 1920년 5월 27일.
수도: 까잔(Казань)
인구: 3,777,000명(2001년 현재: 러시아연방 전체의 2.60%, 89개 주체 중 8위)
인구밀도: 55.54명/㎢
면적: 68,000㎢(러시아연방 전체 면적의 0.40%; 89개 주체 중 47위)
소속지구: 볼가연방지구; 볼가경제지구
한국과의 시차: -6시간

2. 상징

따따르스딴 공화국 문장

따따르스딴 공화국의 문장은 태양을 상징하는 붉은 원형 방패에 7개의 깃털로 된 날개달린 표범을 묘사한 형상이다. 표범은 우측 앞발을 들고 있으며, 옆구리에는 따따르스딴 민족 고유의 장식물로 제작된 원반이 부착되어 있다. 원형 방패 하단부에는 '따따르스딴'이라는 문구가 새겨져 있다. 따따르스딴 공화국 문장의 색상은 국기에 사용된 색상과 동일하다.

문장의 주요소인 날개달린 표범은 따따르스딴 국민들의 수호자를 상징하며, 붉은 태양은 선한 의지와 성공, 행복, 삶을 상징한다. 또한 표범의 옆구리에 부착된 원반은 따따르스딴 국민들의 법적, 경제적, 군사적인 보호물을 상징한다.

표범의 들어 올린 우측 앞발은 최고 권력의 권위를 상징하며, 날카로운 이빨과 발톱은 자신과 보호대상의 능력을 상징한다. 날개를 이루는 7개의 깃털은 표범의 세력범위(지상과 우주공간)를 상징한다. 표범의 꼬리 형태는 우의를 상징한다. 따따르스딴 공화국의 문장은 1992년 2월 7일 채택되었다.

따따르스딴 공화국 국기는 위로부터 아래로 녹색, 백색, 적색 띠가 수평으로 그려져 있는 장방형 천으로 되어 있다. 백색 띠는 깃발 세로의 1/5이며,

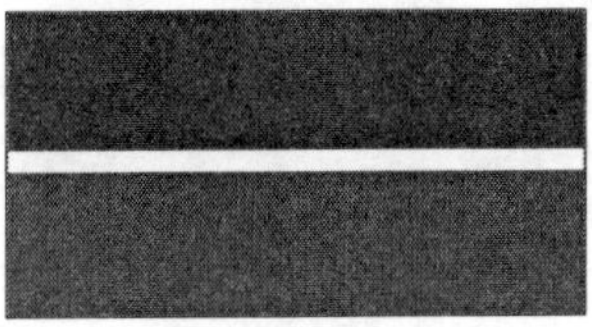
따따르스딴 공화국 국기

균등한 너비의 녹색과 적색띠 사이에 위치한다. 깃발의 가로, 세로 비율은 3:2이다.

국기의 색상 중 녹색은 봄의 싱그러움과 부활을, 백색은 청순함을, 적색은 성숙함과 에너지, 힘, 삶을 나타낸다. 따따르스딴 공화국기는 1993년 11월 29일 채택되었다.

3. 주요도시

까잔(Казань): 인구 1,109,500명; 북위 55°47′, 동경 49°10′
나베레주니예 첼니(Набережные Челны): 인구 513,200명; 북위 55°41′, 동경 52°19′
니주네깜스크(Нижнекамск): 인구 226,100명; 북위 55°38′, 동경 51°47′
알메찌예스크(Альметьевск): 인구 140,900명; 북위 54°54′, 동경 52°19′
젤레노돌스크(Зеленодольск): 인구 99,700명; 북위 55°50′, 동경 48°40′
부굴마(Бугульма): 인구 93,400명; 북위 54°32′, 동경 52°48′
레니노고르스크(Лениногорск): 인구 67,900명; 북위 54°36′, 동경 52°27′
엘라부가(Елабуга): 인구 67,300명; 북위 55°46′, 동경 52°4′
치스또뽈(Чистополь): 인구 66,400명; 북위 55°22′, 동경 50°37′
자인스크(Заинск): 인구 42,700명; 북위 55°19′, 동경 52°3′
아즈나까예보(Азнакаево): 인구 36,900명; 북위 54°52′, 동경 53°4′
누를라트(Нурлат): 인구 28,500명; 북위 54°26′, 동경 50°47′
바블리(Бавли): 인구 23,100명; 북위 54°24′, 동경 53°14′
멘젤레예프스크(Менделеевск): 인구 20,900명; 북위 55°54′, 동경 52°18′
(인구: 2002년 현재)

4. 주요 산업 및 농업

공화국의 주요 산업으로 기계제작(디젤 화물트럭 '까마스', 화학공업 및 석유화학공업 설비, 시계), 화학공업, 석유화학공업, 유기합성제품, 인조고무) 연료산업(원유), 전력에너지. 경공업(신발, 가죽-모피, 내의, 봉제산업), 식료품산업(우유, 치즈, 설탕) 등이 발달했으며, 농업부문은 원예업, 낙농업, 양금, 양마, 양봉업 등이 발달했다.

Ⅱ. 자연환경

1. 지리적 위치와 구성

따따르스딴 공화국은 43개 행정구, 19개 시, 22개 도시형마을, 848개의 농촌마을로 구성되어 있으며, 볼가강 중류 동유럽 평원 동부지역에 위치한다.

추바시야 공화국, 마리 엘 공화국, 바슈꼬르또스딴 공화국, 오렌부르크주, 끼로프주, 우드무르찌야 공화국, 싸마르주, 울리야노프스크주와 경계를 이룬다.

주요 하천은 볼가강 수계의 쯔나강, 돈강 수계의 보로네슈와 보로나강이다.

수도 까잔와 모스크바 간의 거리는 797㎞이다.

2. 기후조건

온난기후대, 대륙성 온난기후

1월 평균기온: -11℃

7월 평균기온: 20℃

연강수량: 500㎜

식물 생장 기간: 140 ~ 150일

식생: 삼림과 스텝의 중간 지대

토양: 부식성 염분회색토, 흑토

삼림분포도: 16%

3. 주요 유용광물

가스, 석탄, 이탄, 석고, 자갈 등이 있다.

주요산지:

가스: 로마슈낀스크(Ромашкинск), 노보-옐호프스크(Ново-Елховск), 바블리(Бавли), 슈구로프스크(Шугуровск), 본주슈스크(Бондюжск), 악따슈스크(Акташск) 산지.

석탄: 까마(Кама) 탄전.

석고: 깜스코-우스찐스크(Камско-Устьинск) 산지.

석회석: 뻬치셴스크(Печишенск), 차빠예프스크(Чапаевск), 본주슈스크(Бондюшск).

Ⅲ. 정치시스템

1. 역사

현재의 따따르스딴 공화국 영토에 인간이 거주하기 시작한 것은 약 10만 년 전 구석기 시대였다. 최초의 국가는 기원후 9세기 말 - 10세기 초에 형성된 볼쥐스꼬-깜스까야 불가리야로서 오랫동안 유럽의 북-동지역에서 유일한 발전된 국가구성으로 남아있었다. 922년에는 국가종교로 이슬람이 수용되었다.

13세기에 불가르 국가는 징기스-한의 제국에 귀속되었고 그 다음 낍차끄 한국의 일부가 되었다. 14세기 30-40년대에 낍차끄 한국이 몰락한 결과 볼가 유역의 지역에 새로운 봉건국가, 즉 까잔 한국이 생겨났다. 1552-1558년 이반 뇌제의 군대는 장기간의 전투 후에 까잔을 점령했으며 까잔한국은 더 이상 존속되지 못하고 러시아 국가에 통합되었다.

1917년 볼세비키혁명이후 다따르 자치소비에트 사회주의공화국이 구성되었다. 따따르 민중의 국가적 독립성의 복구에서 상당한 진전을 보여준 것은 1920년 볼가인근 지역의 자치에 관한 선언이었다.

20세기 말 따따르스딴의 국가성 발전을 위한 새로운 가능성이 열렸다. 1990년 8월 30일 공화국의 국가주권에 관한 선언이 채택, 서명되었다. 1992년 3월 실시된 주민투표와 1992년 11월 6일 채택된 따따르스딴 공화국의 신헌법은 지역주민의 의지에 따라 공화국의 새로운 국가 지위를 확립했다. 까잔시를 수도로 하는 따따르스딴 공화국은 바쉬꼬르또스딴 공화국을 비롯한 여러 행정주체와 경계를 접하고 있다.

1994년 2월 15일 러시아연방과 따따르스딴 공화국은 상호 권력기관간 권한 대행자의 파견 및 직책의 경계확정에 대한 조약에 서명했다. 이 조약은 러시아연방 헌법과 따따르스딴 공화국의 헌법과 함께 유명한 러시아-따따르스딴간의 상호관계 모델이 형성되는 법적 기반으로 작용하게 된다. 2000년 8월 따따르스딴은 국가주권에 관한 선언 10주년을 맞았다. 따따르스딴 공화국에서는 주권국가 형태에 준하는 자유가 보장되며 주민들은 지역 행정에 적극적으로 참여하고 있다.

2. 정치

1) 정치 일반

1990년대 전반부에 3가지의 중요한 문건이 채택되었다. 국가주권 선언과 헌법 그리고 러시아연방과 체결된 양자 간의 권한 배분 등이 그것이다. 따따르스딴 공화국은 러시아연방의 주체로 남아있으면서 자치행정을 추진하고 있다. 공화국 주민들은 다양한 선거제도의 확립과 동시에 스스로의 시민권을 옹호할 수 있는 가능성을 확보했다. 독립적인 3권을 가지고 있으며 이를 통해서 지역주민의 이익이 보장된다.

(1) 행정부

따따르스딴 공화국의 수장이며 집행권력의 최고책임자는 공화국 대통령이다. 공화국의 행정수반인 대통령은 공화국 헌법에 기초하여 공화국 영토의 합목적적 안정보장을 확립하며, 지역주민의 자유 및 인권을 보장한다. 대통령은 공화국의 총리와 장관들을 임명하며 내각을 구성한다. 행정수반인 따따르스딴 공화국의 대통령은 보통선거에 의해 지역주민들이 5년 임기로 선출한다. 1996년 3월 24일 실시된 공화국의 대통령 선거에서 사이미예프(M. Ш. Шай миев)가 당선되었다.

국가권력의 집행 및 운영기관은 따따르스딴 공화국 내각이며, 1995년 1월부터 총리인 무하메트신(Ф. Х. Мухаметшин)이 관장하고 있다. 내각은 국가 소비에트와 그 위원회의 동의하에 대통령이 구성한다.

따따르스딴 공화국의 내각의 주요구성은 다음과 같다.

부서 및 직책	이름
총리	민니하노프(Минниханов Р.Н.)
수석 부총리	무라또프(Муратов Р.Ф.)
부총리	꼬뉴쉐바(Конюшева А.И.)
부총리	쉬베쪼프(Швецов В.А.)
부총리	하이룰린(Хай руллин И.К.)
부총리, 농업 및 생필품 장관	아흐메또프(Ахметов М.Г.)
부총리, 경제 및 산업 장관	꼬고긴(Когогин С.А.)
부총리, 내각 기구의 장	파트타호프(Фаттахов И.Б.)

지방자치에 기초하여 따따르스딴 공화국의 개별 행정단위에 산하 조직을 구성하고 있다. 특히 공화국의 수도인 까잔시는 시행정부를 운영하고 있으며 행정수반은 카밀(И. Камиль)이다. 그는 까잔 인민대표자회의의 의장이기도 하다. 까잔 인민대표자회의는 5년 임기로 선출되는 125명의 대의원들로 구성된다. 작업의 효율성을 위해 인민대표자회의에는 7개의 상설 위원회가 구성되어 있다.

(2) 입법부

공화국의 국가권력은 입법, 행정, 사법의 분립을 기반으로 나뉘어져 있다. 최고 입법 및 감독, 통제기관은 단원제인 국가평의회이다. 단원제 의회인 국가평의회는 공화국의 유권자들에 의해 선출되는 130명의 대의원으로 구성된다.

국가평의회는 공화국 헌법을 비롯한 각종 법률의 제정 및 개정 그리고 행정-영토문제의 결정, 공화국 예산 및 세금관련 사업의 승인과 같은 업무를 수행한다. 정치, 경제, 사회적인 문제의 결정 이외에 따따르스딴 공화국의 국가평의회는 공화국의 헌법재판소, 최고재판소, 최고중재재판소, 시, 라이온의 재판소들의 재판관을 임명한다. 또한 공화국 총리, 헌법재판소 소장 및 부소장, 중앙은행 총재 후보들을 승인하며, 검사, 심리위원회의 위원장을 임명한다. 국가평의회 의장이 의회를 지도한다.

공화국 국가권력의 주요한 집행 및 운영기관은 내각이다. 대통령에 예속되고 필요한 경우 국가평의회에 출두하여 질문에 답변한다. 내각은 헌법에 기초하여 국가 행정에 관한 제반의 문제를 결정한다. 각료들은 대통령의 권한에 도전할 수 없다. 국가평의회 대의원 선거는 1995년 3월에 실시되었으며, 동년 3월부터 공화국의 의회는 리하체프(В. Н. Лихачев)에 의해 운영되고 있다.

(3) 사법부

따따르스딴 공화국의 사법권력은 헌법재판소, 최고재판, 최고중재재판소, 그리고 권위있는 각종 시, 라이온 재판소들이 실현한다. 헌법재판소가 구성되기 이전에는 헌법감시위원회가 권한을 행사했다. 가따울린(А. Г. Гатауллин)이 위원회의 위원장직을 수행했다.

최고재판소와 시, 라이온 재판소가 일반적 사법권을 관할하는 기관이다. 최고재판소는 일반적 사법권을 관할하는 사법기관의 활동에서 파생되는 각종 문제를 통제하고 감시, 감독하는 따따르스딴 공화국의 최고사법기관이다. 최고재판소 소장은 바라노프(Г. М. Баранов)이다. 최고재판소 및 라이온, 시 재판소의 재판관은 국가평의회에 의해 선임된다. 라이온, 시 재판소의 인민재판위원들(Народные заседатели)은 지역주민들이 각종 회의에서 선출한다. 최고재판소의 인민재판위원들은 5년 임기로 국가평의회에서 선출된다. 최고중재재판소는 경제분쟁에 관한 재판을 처리하는 최고사법기관이다.

Ⅳ. 경제 시스템

1. 경제개황

따따르스딴 공화국은 7개의 연방지구 중 볼가연방지구에 속하고 12개의 러시아 경제지역 중 볼가경제지역에 속한다. 따따르스딴 공화국은 러시아경제에서 차지하는 비중이 매우 크고 그 역할 또한 중요한 지역이다. 즉 따따르스딴 공화국은 경제적으로 발달된 지역이며 대외경제관계에 있어서도 매우 폭넓은 관계를 가지고 있는 지역이다. 지역에 축적되어 있는 부도 많고 생산력도 높아 소득도 풍부한 지역이라 할 수 있다.

무엇보다도 따따르스딴 공화국은 공업과 농업부문에서 놀라운 생산 규모를 자랑하고 있다. 러시아대비 공업 4.6%, 농업은 4.0%의 비중을 가지고 있다. 그리고 인프라 부문은 대체로 발달되어 있지만 공업과 농업의 발달속도에는 미치지 못하고 있다.

최근 몇 년간 경제 각 부문에서 개혁의 바람이 강하게 일어나고 있는데 특히 가스와 석유부문의 개혁이 그러하다. 따따르스딴 공화국에서의 석유와 가스는 핵심 사업이라 할 수 있다. 이것은 연료공업과 화학공업이 핵심 공업임을 의미하며 구체적으로는 석유채굴과 석유화학부문이 대표되고 있다. 이외에도 따따르스딴 공화국을 이끄는 중심이 되는 부문은 기계제작과 금속가공부문에서의 자동차제작 그리고 전기전력부문이라 할 수 있다.

따따르스딴 공화국의 지역총생산은 러시아 대비 3.0%나 되고 있기 때문에 따따르스딴 공화국의 지역총생산의 총량을 연도별 추이로 살펴볼 필요가 있다.

따따르스딴 공화국 지역총생산액 추이

항목 \ 년도	1996	1997	1998	1999
지역총생산	57,642	64,606	70,968	123,672
1인당 지역총생산	15,316	17,136	18,790	32,724
지역총생산 지수		101.0	91.8	107.6

http://www.infostat.ru/epub.htm (검색일: 2003.1.10)

따따르스딴 공화국의 지역총생산의 주요 구성 비율을 보면 공업부문이 월등히 높은 것으로 나타나고 있다. 공업이 약 46.2%, 농업부문이 7.5%를 차지하고 있고 그 외에도 건설이 8.2%, 운송 5.1%, 유통 8.5%를 나타내고 있다.

따따르스딴 공화국은 이렇게 공업을 중심으로 경제 각 분야가 발달되어 있음에도 불구하고 경제발전 계획을 수립하여 추진 중에 있다. 따따르스딴 공화국의 정부가 추진하고 있는 대표적인 중요 경제과제와 계획을 살펴보면 다음과 같다.

- 매년 석유 채굴을 5억 톤 증가시켜 지역소득을 더 높인다.
- 석유와 가스의 채굴장비의 현대화와 보수가 신속히 이루어지도록 관련 법안들을 정비한다.
- 니제네감스크 시에 대규모의 석유가공공장을 국영사업으로 건설한다.
- 자유경제지대인 '알라부가'를 현실화시켜 경쟁력 있는 자동차생산의 기지로 삼고 이것을 수출로 이어지게 한다.

2. 산업

1) 공업

따따르스딴 공화국의 공업은 러시아에서 절대적인 지위를 가지고 있다. 따따르스딴 공화국의 공업은 몇 개의 부문에 생산을 특화하고 있다는 특징을 가지고 있다. 연료공업과 석유화학공업이 중심산업이 되고 있으며 이 부문에서는 국가소유의 기업이 주로 생산을 담당하고 있다. 2000년 기준으로 보면 국공영기업에 의해 생산되는 비율이 60%정도, 민간기업은 약 40%에 이르고 있다. 주로 석유가스채굴과 석유화학 생산물이 중심이 되어 세계적 규모로 생산되고 있으며 따라서 따따르스딴 공화국에는 세계적인 기업들이 매우 많다.[1)]

따따르스딴 공화국에서 대기업들을 포함한 기업부문의 지표를 살펴보면 다음과 같다.

---

1) 주요 기업들을 들어 보면 다음과 같다. АО 'КАМАЗ' (Набережные Челны); АО 'Нижнекамск – нефтехим'; АО 'Татнефть' (Альметьевск); 'Нижнекамскшина' (Нижнекамск); 'Татанефтехиминвест – холдинг' (Казань); 'Казань – оргсинтез' (Казань); Судостроительный завод (Зеленодольск); 'Татмебель' (Казань); 'Казанский оптико-механический завод'; ПО 'Татэнерго' (Казань); ОАО 'Казанская кондитерская фабрика Заря'; 'Мелита' (Казань); 'Казанькомпрессормаш'

기업수 추이

항목 \ 년도	1997	1998	1999	2000
총기업수(연말)	44,943	47,289	50,045	56,178
소기업수(연말)	16,359	15,616	17,201	16,158
활동기업수	2,734	2,769	3,028	3,130

http://www.infostat.ru/epub.htm (검색일: 2003.1.10)

따따르스딴 공화국의 공업부문을 전체적으로 이해하기 위해 총 공업생산량지표를 볼 필요가 있다. 표로 총 공업생산량과 지수를 연도별 추이로 살펴보면 다음과 같다.

총 공업생산량 추이

항목 \ 년도	1997	1998	1999	2000
총 공업생산량	49,948	59,568	97,605	191,300
공업생산 지수	104	100.2	110	110

http://www.infostat.ru/epub.htm (검색일: 2003.1.10)

따따르스딴 공화국 공업의 부문별 구조를 살펴보면 연료공업이 최우위 산업으로 나타나고 있고 그 다음으로 화학·석유화학 부문과 기계제작·금속가공이 매우 강한 부문으로 나타나고 있다. 그런데 따따르스딴 공화국의 공업의 여타 부문 비율은 비교우위에 의한 자원배분에 따라 상대적으로 매우 뒤지고 있는 실정이다. 즉 어느 정도의 불균형성장이 이루어지고 있는 것이다. 연도별 추이를 보면 다음과 같다.

주요 공업생산부문별 생산비율

생산부문	따따르스딴 공화국 총공업생산 비율
전기전력	5.3%
연료공업	41.9%
철강업	3.6%
화학·석유화학	20.0%
기계제작·금속가공	19.9%
목재가공, 종이·펄프	1.4%
건재공업	1.7%
경공업	0.9%
식품공업	7.0%
기타	1.7%

http://www.infostat.ru/epub.htm (검색일: 2003.1.10)

2) 농업

따따르스딴 공화국의 농업은 러시아에서 비교우위가 매우 높아 인근지역에 미치는 영향이 대단히 크다. 그 발달요인으로서 훌륭한 입지요건을 들 수 있는데 농지가 매우 광활하고 농업인구가 풍부하며 농업에 적합한 기후와 토양이 확실히 보장되고 있다.

따따르스딴 공화국의 농업은 동자깜에 집중적으로 편재되어 생산되고 있다. 이것은 입지조건이 농업에 가장 적합한 이유도 있지만 무엇보다도 정책적으로 인근의 식량창고로서 육성되었기 때문이다. 동자깜의 생산량은 매우 높아 따따르스딴 공화국의 어떤 지역보다 우위에 있으며 곡물은 1만 800 톤, 고기는 4만 5,000 톤, 우유는 19만 5,000 톤, 세르시찌는 72만 3,000 천 톤, 달걀은 500억 개 등을 생산해 내고 있다.

따따르스딴 공화국의 농업을 전체적으로 알아보기 위해 총 생산량을 보면 다음과 같다.

농업생산량 추이

항목 \ 년도	1997	1998	1999	2000
총농업생산액	12,626.1	10,929.7	21,441.5	31,049.1
작물관련 생산액	7,735.7	5,724.8	11,316.0	16,162.0
가축관련 생산액	4,890.4	5,204.9	10,125.5	14,887.1
농업생산 지수	107	70	105	98

http://www.infostat.ru/epub.htm (검색일: 2003.1.10)

따따르스딴 공화국의 총 경지면적에서 재배되는 작물들의 면적비율을 살펴보면 2000년을 기준으로 299만 4,000 헥타르이고 여기에 주로 파종되어지는 작물 종류를 보면 곡물이 51.6%, 사료용 작물재배가 40.8%이고 특용작물이 3.7%, 감자와 채소가 3.9%를 차지하고 있다.

따따르스딴 공화국의 농업생산에서 2000년의 주요 생산품목과 생산량은 다음과 같다.

곡물(수확 후 무게)-328만 7,900 톤; 감자-90만 9,100 톤; 채소-22만 8,800 톤; 가축과 닭(도살 후 무게)-17만 600 톤; 우유-133만 7,900 톤 등이다.

3. 자원 등 기타

따따르스딴 공화국은 삼림지대, 스텝과 삼림의 중간지대 등 두 개의 지역에 위치해 있다. 스텝과 삼림의 중간지대에 위치한 지역의 토양은 흑토질과 회색 숲 토양의 특성을 띈다. 이러한 토양은 회백색토양과는 달리 부식토를 많이 함유하고 있으며 산도가 낮아 최상의 구조를 갖고 있다. 낙엽과 풀은 부식토 질을 향상시키고 토양의 긍정적 특성을 보호하도록 촉진한다.

따따르스딴 공화국의 16%는 숲으로 덮여 있다. 스텝과 삼림의 중간지대에 위치한 숲에는 참나무, 자작나무, 사시나무 등이 있으며 대체적으로 활엽수림에서 서식하는 동물들의 양이 침엽수림보다 더 풍부하다. 특히 조류의 경우는 그러한 현상이 더 하다. 숲에는 멧돼지, 사슴 등이 많으며 특히 최근에는 늑대의 수가 많이 늘었다. 따따르스딴 공화국의 북부지역의 삼림은 회백질 토양과 나무 회백질 토양으로 이루어져 있다. 이러한 토양은 그 특성상 혼합 삼림으로 구성되어 있다.

숲의 지표면은 초록 이끼가 양탄자처럼 깔려 있거나 밝은 지의류가 우거져 있다. 이러한 숲에서는 풀이 전 토지를 덮고 자랄 수가 없으며 유기대사의 축적 과정과 토양구조 형성은 느리고 나쁠 수밖에 없다. 이런 토양에서는 다양한 동물계가 번성하기가 어렵다. 그런데도 불구하고 이러한 역경 속에서 동물들은 환경에 잘 적응하고 있어서 고슴도치, 여우, 너구리, 얼룩무늬 다람쥐들을 많이 볼 수 있다.

따따르스딴 공화국의 숲에는 다양한 종류의 조류가 서생하고 있다. 특별히 많이 분포되어 있는 조류로는 파리새, 제비 닮은 새, 개똥지빠귀, 딱따구리 등이 있다.

따따르스딴 공화국의 주요한 자연자원으로는 석유가 있다. 이 공화국은 800백만 톤의 채유 가능한 석유를 가지고 있으며 추정 매장량은 10억 톤 이상이 될 것으로 알려져 있다. 석유와 함께 매장된 가스의 양도 1톤의 석유당 40㎥에 이르고 있다.

V. 문화시스템

1. 지역정체성

1) 인구

따따르인은 러시아연방에 거주하는 제 민족 중 러시아인 다음으로 두 번째 많은 수를 기록하고 있으며, 그들 중 1/4만이 따따르스딴 공화국에 거주하고 있을 뿐 3/4정도는 바슈꼬르또스딴 공화국, 볼가, 우랄 주변지역, 서 시베리아, 모스크바, 쌍트 뻬쩨르부르크, 돈바스, 까자흐스딴 공화국, 우즈벡 공화국, 뚜르크메니스딴 공화국, 끼르기스딴 공화국, 따지끼스딴 공화국 등에 거주하고 있다. 이외에도 유럽, 아메리카, 아시아 및 오스트레일리아에도 따따르 공동체가 형성되어 있다. 특히 바슈꼬르스딴 공화국에는 따따르인이 토착민족인 바슈끼르인 보다 약 1.5배 많다.

2001년 현재 따따르스딴 공화국 인구는 3,777,000명으로 러시아연방 전체의 2.60%, 89개 주체 중 8위이다. 공화국의 전체적인 인구상황은 최근까지도 꾸준한 증가세를 보임으로써 매우 안정되어 있으나, 여느 다른 연방 주체에서와 마찬가지로 사망률이 증가함으로써 장기적인 면에서 본다면 적절한 인구대책이 요구되고 있는 시점이다.

따따르스딴 공화국 인구변동 추이

연도	1990	1992	1993	1994	1995	1996	1997	1998	1999	2000	2001
인구수 (1,000명)	3,662	3,770	3,727	3,748	3,759	3,765	3,770	3,778	3,784	3,783	3,777

Россий ский статистический ежегодник. Госкомстат России. М., 2001. С. 83.

따따르스딴 공화국 인구의 자연증가율은 1990년대 초반에 이미 사망률이 출생률을 초과하여 마이너스를 기록하고 있다. 그러나 인근 지역으로부터의 인구 유입으로 인해 전체 인구상황은 매우 안정적인 흐름을 보이고 있다.

따따르스딴 공화국 출생자수, 사망자수, 자연증가율

연도	출생자수(명)	사망자수(명)	자연증가율(명)
1990	56,277	36,219	20,058
1992	44,990	39,148	5,842
1993	41,144	44,291	-3,147
1994	41,811	48,613	-6,802
1995	39,070	48,592	-9,522
1996	38,080	45,731	-7,651
1997	37,268	46,270	-9,002
1998	37,182	45,153	-7,971
1999	35,073	46,679	-11,606
2000	35,446	49,723	-14,277

Россий ский статистический ежегодник. Госкомстат России. М., 2001. С. 115.

2000년 현재 따따르스딴 공화국의 경제활동인구는 1,845,000명으로 전체 인구 중 48.8%이다. 1990년대 초반까지는 매우 안정적인 실업률을 유지했으나, 중반부터 차츰 악화되기 시작하여 경제위기 직후인 1998년부터 10%대를 기록하였다. 최근에는 실업률이 하락하기 시작, 2000년도에는 8% 수준의 비교적 안정된 실업률을 보이고 있다. 그러나 1990년대 초반의 안정된 실업률을 회복하기 위해서는 보다 적극적인 실업대책이 요구된다.

따따르스딴 공화국 경제활동인구(취업자, 실업자), 실업률

연도	경제활동인구 (1,000명)	취업자수 (1,000명)	실업자수 (1,000명)	실업률(%)
1992	1,907	1,838	69	3.6
1993	1,858	1,791	67	3.6
1994	1,828	1,717	111	6.1
1995	1,829	1,709	120	6.5
1996	1,807	1,689	118	6.5
1997	1,739	1,601	138	7.9
1998	1,748	1,554	194	11.1
1999	1,813	1,612	201	11.1
2000	1,845	1,697	148	8.0

Россий ский статистический ежегодник. Госкомстат России. М., 2001. С. 137.

2) 민족

따따르스딴 공화국에는 약 70여 민족이 거주하고 있다. 그 중 토착민족인 따따르인은 48.5%이며, 그 외에 러시아인 43.3%, 추바슈인 3.7%, 우끄라이나인 0.9%, 모르드바인 0.8%, 우드무르트인 0.7%, 마리인 0.5%, 바슈끼르인 0.5%, 벨라루스인 0.2%, 유태인 0.2% 등이 거주하고 있다.

3) 교육

1998/99학년도 따따르스딴 공화국에는 2,490개 중등학교가 개설, 운영되었으며, 600여개 학교에서는 전체 학생 수의 20.5%인 122,766명의 학생이 심화학습 프로그램에 따른 교육을 받았다.

1998년도에는 열악한 재정환경에도 불구하고 5,228명을 수용할 수 있는 20개 학교와 685명을 수용할 수 있는 6개 유치원을 설립, 운영에 들어갔다.

또한 1997/98학년도에는 다수의 교육 및 민족어 관련법이 채택되었다.

이에 따라 따따르스딴 공화국에는 많은 학교에서 어린이들을 대상으로 마리어, 모르드바어, 추바슈어, 우드무르트어 등의 교육을 실시하고 있다. 이들을 가르치는 교원들의 자질이 매우 우수하여 제 민족 공화국에서 그들의 교수법을 도입하여 활용할 정도이다.

헌법을 채택하여, 2개 국어를 공식 지정한 이후 모국어와 역사 및 문화에 대한 관심이 고조되고 있다. 최근에는 모스크바에도 따따르어 교육기관이 개설되고 있는 추세이다.

현재 공화국에서는 모든 중등학교에서 따따르어와 문학을 교육하고 있으며, 1998년 현재 공화국에서는 1,218개 중등학교에서 따따르어를 통한 교육이 진행되고 있다. 공화국 전체에서 약 47%의 따따르인 어린이들이 모국어로 교육을 받고 있다.

까잔시는 대학도시로 불린다. 공화국에는 19개 국립 직업학교에서 65,200명의 학생이 교육을 받고 있으며, 7개 사립 직업학교에서 2,400명의 학생이 교육을 받고 있다.

2. 지역문화

1) 문화개괄

따따르스딴 공화국에는 다양한 역사적인 과거와 여러 가지 종교를 가진 민족들이 조화롭게 살고 있다. 이곳에서는 교회와 회교 사원을 인접해서 세울 수 있는데 아마도 이것이 따따르스딴 공화국의 독특성을 말해주는 것일 것이다.

따따르스딴 지역에는 12개의 전문극장과 필하모니, 몇 개의 국립 오케스트라, 다수의 출판사, 88개의 국립 박물관, 5개의 박물관 보호구역이 있으며, 300개가 넘는 박물관, 따따르스딴 공화국의 까잔 대학의 학술 도서관, 일반 도서관을 포함한 1717개의 도서관이 문을 열고 있다. 최근에 새로운 박물관들이 문을 열었는데, 나지프 지가노프, 리자 파흐루뜨지노프, 까윰 나씨리, 살리흐 사이다쎄프, 바끼 우르만체, 시브가뜨 하낌 박물관 등이 그것이다.

따따르스딴에는 쌀라삔 오페라 페스티벌, 누리예프 고전발레 페스티벌, 진추린 극 페스티벌과 사이다쎼프 보컬 콩쿠르, 현대 음악 페스티벌인 '유럽과 아시아(Европ - Азия)', 따따르 노래 콩쿠르인 '따따르의 지리(Татар жыры)'를 개최하는 전통이 확립되어 있다.

따따르 민중들의 음악과 노래를 알게 되면 그 민중의 문화와 주민들의 역사적 운명을 더 잘 알 수 있다. 전통적인 따따르 음악은 5음 체계에 기초하고 있는데 이러한 5음 체계는 중국과 베트남, 한국, 헝가리 전통 음악의 특징이기도 하다. 동시에 이러한 체계위에 마리, 추바시, 모르드바의 노래들이 있다. 그런데 따따르 노래의 멜로디는 장식음이 매우 발달했으며 이 때문에 동방의 음악전통과 가깝다.

민중의 이러한 노래들을 오늘날 우리는 텔레비전이나 라디오나 콘서트에서 자주 듣는다. 따따르스딴 공화국에는 많은 재능 있는 사람들이 있는데, 예를 들면 따따르 국민가수 사핀 가브젤파트 가브두라흐마노비치가 있다. 그는 100곡이 넘는 곡을 창작했고 5개의 앨범을 냈으며 '따따르 노래 93'이라는 콩쿠르에 참가하기도 했다. 사람들은 그의 노래를 매우 좋아하는데 그 노래 중의 몇 곡은 대중가요가 되었다. 그는 많은 도시들을 돌아다니면서 따따르 구전 가요를 간직한 민중들과 만나고 있다.

따따르스딴 공화국에는 공화국을 넘어서까지 유명한 또 한 명의 음악가이며 국제 콩쿠르의 수상자인 피아니스트 예브게이 미하일로프가 있다. 그는 섬세한 서정적 재능을 지닌 사람이다.

따따르스딴에는 재능 있는 예술가들이 있다. 그들 중의 한 명이 볼꼬프 세르게이 유리에비치이다. 그는 예술 학교를 졸업하고 조각가로 활동하고 있다. 또 한 명의 유명한 사람이 따따르스딴에 살고 있는데 그 예술가는 올가 체르까소바이다. 그녀는 까잔에서 태어났으며 1992년부터 가죽 예술품장르에 손을 대고 있다. 그녀 작품의 주요 테마는 정물화와 칼라 장식들, 일상적인 무대, 동화적이며 장식적인 주제들, 도시와 시골의 풍경들이다. 그녀의 작품들은 매우 아름답고 특별하다. 그녀는 자신의 작품에서 천과 조개, 돌, 모피, 가죽을 이용한다. 그 중 몇 개의 작품들은 독일과 영국, 일본과 이탈리아에 있다. 까잔 대학의 홀에서 그림과 장식 세공품의 전시회가 열렸다. 1998년에는 100점도 넘는 작품들이 따따르스딴 국립 박물관의 홀에 전시되어 있었다.

2) 문화시설

갈리아스가르 까말(ГАЛИАСГАР КАМАЛ) 따따르스딴 국립 아카데미 극장

까말 국립 극장

1906년 12월 22일에 까말 국립 극장은 문을 열었다. 바로 이 날에 극장의 무대에는 최초로 따따르 언어로 된 연극이 상연되었다. 95년이 넘는 연극 창작 과정에서 극장에는 많은 변화가 있었다. 따따르 극장은 생존과 기반 확보를 위해서 싸웠다. 창립 처음부터 이 극장은 민족적인 연극뿐만이 아니라 러시아와 외국의 고전에도 큰 관심을 기울였다. 극장에서 중요한 장소는 뮤지컬을 상연하는데 제공되고 있다. 지금은 갈리아스가르 까말 국립 따따르스딴 극장은 러시아 민족 극장 중에서도 가장 유명한 극장 중의 하나이다.

따따르스딴 공화국 조형 예술 박물관

1985년에 리하초프의 개인 모임을 기반으로 박물관이 세워졌다. 이 박물관은 20세기 초의 가장 아름다운 도시건물 중의 하나에 자리잡고 있는데 이 건물은 이전에는 호텔 '궁전' 건물이었다. 1959년에 러시아 연방 장관위원회의 제창에 따라 미술 박물관이 따따르스딴 조형예술 박물관이 되었다.

따따르스딴 조형 예술 박물관

1981년부터 이 통합 박물관(따따르스딴 공화국 국립 통합 박물관)은 역사-지지와 문학-회상 전시실의 73개 지부를 포함하고 있다. 이 박물관에는 2만 2천 점의 예술 작품이 소장되어 있다. 그 중에는 회화, 조각, 극장 장식-실용 예술 작품들이 있다. 박물관의 전시실은 3개의 섹터로 나누어져 있는데 16-20세기 예술, 19-20세기 따따르 예술과 서유럽 예술 섹터가 그것이다.

마리 엘 공화국
Республика Марий Эл

Ⅰ. 개황

1. 기초정보

공화국 성립일: 1991년.

- 1936년 12월 5일 - 마리 엘 자치공화국
- 1920년 11월 4일 ~ 마리 엘 자치주

수도: 요슈까르-올라(Йошкар-Ола)

인구: 755,000명(2001년 현재: 러시아연방 전체의 0.52%, 89개 주체 중 66위)

인구밀도: 32.54명/㎢

면적: 23,200㎢(러시아연방 전체 면적의 0.14%; 89개 주체 중 77위)

소속지구: 볼가연방지구; 볼가-뱌트경제지구

한국과의 시차: -6시간

2. 상징

마리 엘 공화국 문장

마리 엘 공화국의 문장은 공화국 국민들의 농업에 대한 충실성과 이 지방의 풍요로운 산림을 뜻하는 보리이삭, 참나무 및 침엽수 잎이 화관을 이룬 채 마리족의 전통적인 문양(고대 풍요의 상징)을 묘사하고 있다. 이 화관은 마리 엘 공화국 국기에 사용된 하늘색, 백색, 적색 등의 3색 띠로 엮여 있다. 문장 방패 하단부에는 '마리 엘'이라는 문구가 새겨져 있다.

하늘색은 공화국의 청명한 하늘과 삶의 주요 수단인 물을 상징하며, 백색은 근면한 마리족의 민족성과 생명, 평화, 선(善), 정의, 높은 도덕성을 상징하고, 적색은 마리족의 정신과 밀접한 관계가 있는 민속예술품에 광범위하게 사용된다. 마리 엘 공화국의 문장은 1992년 9월 3일 채택되었다.

마리 엘 공화국 국기

마리 엘 공화국 국기는 위로부터 아래로 하늘색, 백색, 적색띠가 수평으로 그려져 있는 장방형 천으로 되어 있다. 백색띠와 적색 띠의 폭은 각각 깃발 전체 폭의 1/4이며, 백색 띠의 폭은 1/2이다. 백색 띠 좌측에는 깃발 폭의 1/4 크기로 마리족의 전통적인 문양이 장식되어 있고, '마리 엘'이라는 적갈색 문구가 표기되어 있다. 마리 엘 공화국 국기는 1992년 9월 3일 채택되었다.

3. 주요도시

요슈까르-올라(Йошкар-Ола): 인구 248,600명; 북위 56°38′, 동경 47°52′
볼슈스크(Волшск): 인구 61,100명; 북위 55°51′, 동경 48°31′
꼬지모제미얀스크(Козьмодемьянск): 인구 24,500명; 북위 56°20′, 동경 46°34′
(인구: 2002년 현재)

4. 주요 산업 및 농업

공화국의 주요 산업으로 기계제작, 금속가공(도로건축기계, 산림벌채기 등), 임업, 제지업, 목재가공업, 경공업, 식료품 산업 등이 발달했으며, 농업 부문은 곡물생산, 야채, 감자, 아마 재배, 낙농업, 양금, 목양 등이 발달했다.

Ⅱ. 자연환경

1. 지리적 위치와 구성

마리 엘 공화국은 14개 행정구, 4개 시, 19개 도시형마을, 177개의 농촌마을로 구성되어 있으며, 러시아연방 유럽지역 중부, 베틀루가강과 볼가강 좌안에 위치한다.

따따르스딴 공화국, 추바시야 공화국, 니제고로트주, 끼로프주와 경계를 이룬다. 남북간의 거리는 150㎞, 동서간의 거리는 275㎞이다.

주요 하천은 볼가강과 그 지류인 베틀루가, 일레찌강이다.

수도 요슈까르-올라와 모스크바 간의 거리는 862㎞이다.

2. 기후조건

온난기후대, 대륙성 온난기후

1월 평균기온: -13℃

7월 평균기온: 19℃

연강수량: 500㎜

식물 생장 기간: 130 ~ 140일

식생: 혼합림 지대

토양: 부식성 염분회색토, 소택지 토양

삼림분포도: 53%

3. 주요 유용광물

이탄, 점토, 건축용 석재, 석회암, 유리용, 규토용 모래, 생수 등이 있다.

III. 정치시스템

1. 역사

도시 요쉬카르-올라의 탄생은 마리 지방의 역사에서 큰 사건인 마리 민족의 러시아 국가로의 편입과 관련된다. 이는 16세기 중반, 까잔 한국의 몰락 이후에 일어났다. 도시는 표도르 이바노비치(Фёдор Иваннович)황제의 칙령에 의해 1584년 요새로 건립되었다. 요새는 처음에 꼬크사쥐스끄로 알려졌고 이후에는 소도시 꼬크사쯔스끄, 그 다음에는 짜료보꼬크샤이스끄로 알려졌다. 1708년부터 도시는 까잔 현에 소속되었고 1781년부터는 향의 중심도시가 되었다.

꼬크사그에 있던 짜료프 시는 오랫동안 목조로 남아있었다. 19세기 말 도시에는 6개의 교회(5개는 석조건물)와 여자 수도원(1890년 건설)이 있었고, 186개의 목조건물과 8개의 석조건물이 있었던 것으로 집계된다. 양조장과 피혁공장이 가동되었다.

1919년 도시 짜료보꼬크사이스끄는 크라스노꼬크사이스끄, 1928년에는 마리 언어로 붉은 도시를 의미하는 요쉬까르-올라로 개명되었다. 1936년부터 1990년까지 요쉬까르-올라는 마리 자치소비에트 사회주의공화국의 수도였으며, 현 시점에는 마리 엘 공화국의 수도이다. 오늘날까지 이 도시에는 오래된 건물들이 보존되고 있다. 상인 쁘첼린의 집(1756년), 보즈네센스크 교회(1759년), 찌호빈스끄 교회(1779년), 19세기의 석조 및 목조 건물들이다.

1936년 중앙광장에 대학이 세워졌고 1960년에는 호텔 ‘소베트스까야’가 세워졌다. 중앙로에는 행정관청이 들어섰다. 1948년 작성된 도시 재건축 계획에 따라 5층짜리 건물들이 주를 이루게 되었고 이후에는 9층 건물이 들어서게 된다.

마리 자치구는 1920년 11월 4일 구성되며 마리 자치소비에트 사회주의공화국의 형성은 1936년 12월 5일에 이루어졌다. 1996년에는 마리 엘 공화국이 구성되었다. 공화국의 수도는 1584년 세워진 요쉬까르-올라 시이다.

2. 정치

1) 정치 일반

(1) 행정부

공화국의 정부와 집행권력기관이 집행권력을 실현한다. 공화국의 대통령은 집행권력체계에서 최고의 지도자로서 4년 임기로 선출된다. 현재 대통령은 끼슬리찐(В. А. Кислицын)이다. 대통령의 행정을 보좌하는 대표적인 부서 및 책임자들은 다음과 같다.

부서 및 직위	책임자
대통령 행정실의 장	스미르노프(Смирнов А.А.)
수석 부 정부수반	쥘린(Жилин С.Г.)
국가비서, 수석 부 정부수반	가브릴로프(Гаврилов Н.Н.)
부 정부수반	아브라모프(Абрамов А.Н.)
	꼬멜린(Комелин В.И.)
	무스따예프(Мустаев Г.М.)
	삐사레프(Писарев Г.П.)

(2) 입법부

공화국의 입법권력기관은 국회(Государственное Собрание)이다. 국회는 67명의 의원으로 구성된다. 50명은 소선거구에서 선출되며, 나머지 17명은 공화국의 각 라이온과 도시에서 선출된다. 선출된 의원들의 임기는 4년이다. 국회의장은 쥬꼬프(М. М. Жуков)이다.

입법부와 행정부 기관간의 상호작용은 공화국의 헌법에 준한다.

요쉬까르-올라에서의 지방자치는 지방문제에 관한 주민들의 활동의 조직화의 독자적인 체계이다. 시 의회는 지방자치 대의기관이다. 소선거구제로 4년 임기로 선출되는 35명의 의원으로 구성된다. 시의회는 지방예산, 지방세 확보, 도시의 발전 프로그램 등을 심의, 의결하는 권한을 갖는다. 또한 시 소유재산의 운영과 관리절차의 확립, 시 행정부 및 공직자 활동의 통제권한 등을 갖는다.

2)선거

마리 엘 공화국의 국회에 의해 1995년 7월 25일 <마리 엘 공화국 국회의원 선거에 관하여> 법이, 그리고 1996년 8월 20일 <마리 엘 공화국 대통령 선거에 관하여> 법이 채택되었다. 요쉬까르-올라시에 위치하고 있는 마리 엘 공화국의 선거관리위원회가 선거를 관할한다. 선거는 러시아연방 법률과 지방자치 규정에 의하여 실시된다.

(1) 마리 엘 공화국 대통령 선거

공화국 대통령 선거는 1996년 12월에 실시되었다. 6명의 입후보자들이 경쟁한 이 선거에서 어느 누구도 50% 이상을 획득하지 못했다. 러시아연방 국가두마의원인 마르껠로프(Л. И. Маркелов)와 끼슬리찐을 대상으로 한 결선투표가 1997년 1월 4일 실시되었다. 결선투표 결과 다수의 지지를 획득한 러시아공산당 소속의 끼슬리찐이 대통령으로 당선되었다. 2001년 1월에 차기 대통령 선거가 실시된다.

(2) 마리 엘 공화국 국회의원 선거

의원선거는 평등한 유권자수에 따라 50개의 소선거구와 공화국내의 각 지역 및 도시를 단위로 구성되는 17개의 행정-영토 선거구에서 실시된다. 제2기 국회는 전체 의원수의 2/3이상인 58명의 의원이 선출된, 1996년 10월 6일의 선거 이후에 형성되었다. 같은 해 11월 공화국 국회의장으로 쥬꼬프가 선출되었다. 의원을 선출하지 못한 지역에서의 선거가 계속되었다. 1996년 12월 22일 8개 지역선거구 및 1997년 1월 12일 1개 선거구에서 재선거가 실시되어 9명의 의원이 새로 선출되었다. 한편 1997년에는 2명의 의원들이 국회의원직을 사퇴했으며 6월 29일 새로 1명의 의원이 선출되었다. 현재 국회는 66명의 의원으로 구성되어 있다.

(3) 러시아연방 국가두마의원 선거

러시아연방 국가두마의원 선거가 1999년 12월 19일 실시되었다. 마이스크 선거구에서는 다수의 입후보가 대립하였으나, 2명의 후보로 압축되었다. 러시아연방 국가두마의원인 마르껠로프와 공산당 소속의 까잔꼬프(И. И. Казанков)가

경쟁한 결과 까잔꼬프가 37.75%를 획득하여 당선되었다.

정당별 투표에서 5% 이상을 획득한 정당들은 다음과 같다.

정당명	득표율(%)
단결(메드베드)	21.33
지리놉스끼 블록	6.90
조국-전러시아	8.96
러시아공산당	31.14
우파연합	7.24.

(4) 러시아연방 대통령 선거

러시아연방 대통령 선거가 2000년 3월 26일 전국적으로 실시되었다. 마리엘 공화국에서 선거는 평온한 상황에서 실시되었으며 공화국 유권자의 60% 이상이 참가했다. 유권자들이 보여 준 후보별 지지도는 다음과 같다.

후보명	득표율(%)
뿌친	44.51
쥬가노프	39.99
야블린스끼	3.74
지리놉스끼	2.78
뚤레예프	2.48
모든 후보에 대한 반대	1.78

Ⅳ. 경제 시스템

1. 경제개황

마리 엘 공화국은 7개의 연방지구 중 볼가연방지구에 속하고 12개의 러시아 경제지역 중 볼가-뱌트까 경제지역에 속한다. 마리 엘 공화국은 경제 규모가 크지 않은 지역이다. 즉 지역총생산이 그리 많지 않고 공업의 규모도 적은 편이다. 이것들이 각각 러시아에서 차지하는 비중이 0.3%와 0.2%에 불과한 반면 농업 규모는 러시아대비 비중이 0.7%로 평균수준을 유지하고 있다. 마리 엘 공화국의 농업은 볼가-뱌트까 경제지역의 중심이 되고 있다. 그리고 소매유통은 0.2%, 자본투자는 0.1%로 평균을 밑도는 작은 규모를 차지하고 있다.

러시아경제에서 차지하는 마리 엘 공화국의 경제비중 즉, 지역총생산과 1인당 지역총생산 등의 거시경제지표들을 살펴보면 다음과 같다.

마리 엘 공화국 지역총생산액 추이

항목 \ 년도	1996	1997	1998	1999
지역총생산	4,659	6,114	6,491	10,468
1인당 지역총생산	6,087	8,003	8,516	13,772
지역총생산 지수		101.9	95.6	100.2

http://www.infostat.ru/epub.htm (검색일: 2003.1.10)

마리 엘 공화국의 지역총생산의 주요 구성과 비율을 보면 공업부문과 농업부문이 주를 이루고 있다. 총 생산액 중공업과 농업은 각각 25.6%와 25.1%의 비율을 나타내고 있다. 그 외 유통이 7.4%, 건설이 5.3%, 운송이 1.5%를 나타내고 있다.

마리 엘 공화국의 기업부문의 지표 즉, 총 기업수와 소 기업수, 그리고 활동기업수를 연도별 표를 살펴보면 다음과 같다.

기업수 추이

항목 \ 년도	1997	1998	1999	2000
총기업수(연말)	9,481	9,923	10,506	11,334
소기업수(연말)	2,977	2,816	3,251	4,073
활동기업수	785	720	844	876

http://www.infostat.ru/epub.htm (검색일: 2003.1.10)

2. 산업

1) 공업

마리 엘 공화국의 공업은 대규모적이지는 못하지만 볼가-뱌트까 경제지역에서 중요한 몇 개의 분야를 담당하고 있다. 그것은 기계제작·금속가공부문과 전기전력, 그리고 식료품공업이다. 그리고 마리 엘 공화국은 경제통계에서 보이듯이 중심 산업 외 여타 공업생산부문의 비중이 높아 다양한 부문의 공업이 자급자족의 형태로 구성되어져 있다.

마리 엘 공화국의 공업에 대한 정보를 파악하기위해 먼저 총 공업생산량이 연도별로 성장하는 모습과 공업생산지수를 보면 다음과 같다.

총 공업생산량 추이

항목 \ 년도	1997	1998	1999	2000
총 공업생산량	3,747	4,166	6,741	8,585
공업생산 지수	108	103	105	103

http://www.infostat.ru/epub.htm (검색일: 2003.1.10)

마리 엘 공화국의 공업을 부문별로 구조분석을 해보면 기계제작·금속가공을 비롯한 몇 개의 산업이 기반산업으로 특화되어 있는 것을 알 수 있으며 기계제작·금속가공부문의 비중은 25.1%에 이르고 있어 가장 큰 역할을 하고 있다. 여타 공업 비중의 연도별 추이를 표로 살펴보면 다음과 같다.

주요 공업생산부문별 생산비율

생산부문	마리 엘 공화국 총공업생산 비율
전기전력	15.7%
연료공업	1.0%
철강업	0.8%
비철금속	0.1%
화학·석유화학	8.7%
기계제작·금속가공	25.1%
목재가공, 종이·펄프	12.6%
건재공업	4.8%
경공업	3.7%
식품공업	19.9%
기타	7.6%

http://www.infostat.ru/epub.htm (검색일: 2003.1.10)

2) 농업

마리 엘 공화국은 전 산업 중에서 농업의 활성화가 가장 중요시되는 지역으로 전 토지의 33%를 경지에 활용할 만큼 농업 비중이 크다고 할 수 있다. 마리 엘 공화국의 농업에서 가장 주요한 생산품은 가축사육이고 그 중 우유 생산에 중점을 두고 있다. 또 작물생산, 즉 감자와 곡물재배가 중요하고 특이하게 특용작물로서 마재배가 이루어지고 있다. 이 외에도 여타 채소와 달걀 등 다수의 생산품이 나오고 있어 인근지역의 농업중심지 중의 하나이다.

마리 엘 공화국의 농업을 전체적인 측면에서 알아보기 위해 먼저 농업생산량을 총량에서 보고 총 농업생산액 중 작물관련 생산액과 총 농업생산액 중 가축관련 생산액의 연도별 추이를 표로 살펴보면 다음과 같다.

농업생산량 추이

항목 \ 년도	1997	1998	1999	2000
총농업생산액	2,324.4	2,568.1	5,347.6	5,847.3
작물관련 생산액	1,104.1	1,215.0	2,780.0	2,979.8
가축관련 생산액	1,220.3	1,353.1	2,567.6	2,867.5
농업생산 지수	102	94	97	91

http://www.infostat.ru/epub.htm (검색일: 2003.1.10)

마리 엘 공화국의 총 경지면적에서 파종면적을 보면 2000년을 기준으로 50만 500 헥타르이다. 여기에 주로 파종되는 작물의 종류를 보면 곡물이 44.9%, 사료용 식물재배가 43.7%이고 특용작물이 1.8%, 감자와 채소가 9.6%를 차지하고 있다.

마리 엘 공화국의 농업생산에 있어 2000년의 주요 품목의 생산량을 살펴보면 다음과 같다.

곡물-23만 6,400 톤; 감자-44만 2,500 톤; 채소-10만 7,400 톤; 가축과 닭(도살 후 무게)-4만 300 톤; 우유-25만 3,600 톤 등이다.

마리 엘 공화국의 가축사육과 관련해서 2000년 년말기준으로 사육되고 있는 소는 19만 4,000 두이며 그 중 암소는 9만 3,800 마리이다. 그리고 돼지의 수도 11만 3,700 마리에 이르고 있어 가축사육이 활발히 이루어지고 있음을 알 수 있다.

3. 자원 등 기타

마리 엘 공화국은 수자원이 매우 풍부한 곳이다. 가장 주요한 수상동맥으로는 볼가강과 그 지류들이 있다. 이것들은 마리 엘 공화국의 영토의 155km를 경유하고 있으며 공화국 전체로는 476개의 강이 있고 전체적인 수로의 길이는 7,000 km에 달하며 600개의 호수와 155개의 저수지들이 있다. 전체적으로 공화국내의 호수가 차지하는 면적은 200㎢에 달한다. 가장 큰 호수는 150 헥타르 규모의 얄리칙 호수이며 가장 깊은 호수는 깊이 55m의 따바쉰스크 호수이다.

마리 엘 공화국의 많은 강과 호수에는 가치 있는 많은 어종이 있으며 철갑상어, 메기, 연어, 잉어, 황어 등이 있다. 이 어류들은 공화국내의 수요를 충족시킬 뿐만 아니라 러시아의 다른 지역으로도 공급된다. 마리 엘 공화국은 이러한 풍부한 어종을 보호하기 위하여 수산자원 보호기금을 조성하고 있으며 합리적으로 어류를 이용하는 계획을 세우고 있다.

마리 엘 공화국의 산림자원 역시 매우 중요한 천연자원이다. 산림이 차지하는 면적은 전체의 50%에 해당한다. 산림의 분포는 지역적으로 매우 차별화되어 있어 낄레마르스크 지역은 전체면적의 70%인 반면 세르주르스크 지역의 경우는 11%에 불과하다. 마리 엘 공화국의 산림은 대부분이 처녀지로 손을 대지 않은 숲으로 덮여져 있다. 이 산림에는 1,400 종의 식물들이 서식하고 있고 그 중 107 종의 식물은 희귀식물로 러시아정부가 지정한 희귀보호식물 목록에 포함되어 있기도 하다.

마리 엘 공화국의 동물자원도 매우 풍부하여 이 지역의 주민들은 매년 전통적인 사냥을 하고 있다. 사슴, 멧돼지와 숫멧닭 등 유제류 동물들에 대한 사냥이 매우 발달되어 있다.

마리 엘 공화국의 풍부한 동・식물계와 강, 호수 등은 향후 이 공화국을 레크레이션과 휴양지로서 역할을 높여 나가는데 있어 중요한 역할을 할 것이다.

V. 문화시스템

1. 지역정체성

1) 인구

2001년 현재 마리 엘 공화국의 인구는 755,000명으로 러시아연방 전체의 0.52%, 89개 주체 중 66위이다. 공화국의 인구 상황은 1996년 766,000명을 기점으로 점차 감소추세를 보이고 있다. 2001년 현재 공화국 인구가 가장 많았던 1996년 대비 1.45%, 2000년 대비 0.53% 감소했다. 이러한 인구감소는 전적으로 자연 감소율에 기인한다고 보겠다.

마리 엘 공화국 인구변동 추이

연도	1990	1992	1993	1994	1995	1996	1997	1998	1999	2000	2001
인구수 (1,000명)	754	762	764	765	766	766	765	763	761	759	755

Российский статистический ежегодник. Госкомстат России. М., 2001. С. 82.

마리 엘 공화국의 자연 증가율은 1993년도에 이미 마이너스를 기록, 2000년도에는 사망률이 출생률을 62.7%를 상회한다. 만일 이런 추세가 지속된다면 마리 엘 공화국의 인구상황은 심각한 위기를 맞게 되어 정부차원의 대책이 절실하다고 보겠다.

마리 엘 공화국 출생자수, 사망자수, 자연증가율

연도	출생자수(명)	사망자수(명)	자연증가율(명)
1990	11,953	7,775	4,178
1992	9,227	8,330	897
1993	8,019	9,622	-1,603
1994	7,851	10,788	-2,937
1995	7,337	9,999	-2,662
1996	6,952	9,495	-2,543
1997	6,782	9,625	-2,843
1998	6,657	9,623	-2,966
1999	6,597	10,674	-4,077
2000	6,784	11,040	-4,256

Российский статистический ежегодник. Госкомстат России. М., 2001. С. 114.

2000년 현재 마리 엘 공화국의 경제활동인구는 총 370,000명으로 전체인구의 약 50%이다. 그 중 실업자 수는 42,000명, 실업률은 11.3%이다. 공화국의 실업률은 1995년부터 10%대를 기록한 후 거의 변함없이 비슷한 수준을 유지하고 있다.

마리 엘 공화국 경제활동인구(취업자, 실업자), 실업률

연도	경제활동인구 (1,000명)	취업자수 (1,000명)	실업자수 (1,000명)	실업률(%)
1992	373	356	18	4.7
1993	373	355	18	4.8
1994	365	331	34	9.4
1995	354	313	42	11.8
1996	325	288	37	11.3
1997	334	274	60	11.8
1998	330	287	43	13.1
1999	378	339	39	10.3
2000	370	328	42	11.3

Россий ский статистический ежегодник. Госкомстат России. М., 2001. С. 137.

2) 민족

마리 엘 공화국에는 약 50여 민족이 거주하며, 그 중 토착민족은 43.3%이다(마리인은 총 670,000명으로 그 중 약 50%는 마리 엘 공화국외의 CIS지역에 분산 거주하고 있다). 그 외에 공화국에는 러시아인 47.5%, 따따르인 5.9%, 추바슈인 1.2%, 우끄라이나인 0.7%, 우드무르트인 0.3%, 모르드바인 0.2%, 벨라루스인 0.2% 등으로 구성되어 있다.

3) 교육

마리 엘 공화국은 젊은 세대 및 성인 교육을 위한 광범위한 교육망을 갖추고 있다. 다양한 교육기관을 통해서 공화국에 필요한 각 부문의 전문가를 양성하고 있다.

과학기술 연구소로는 공화국 훈장을 받은 바씰리예프 언어, 문학, 역사 연구소, 마리 교육연구소, 마리 농업연구소, 마리 인력 재교육 센터, 과학기술 정보 센터, 종이연구소 등이 있으며, 고등교육기관에는 1972년 개교하여, 1

만여 명의 전문가를 배출한 마리 국립대학, 마리 국립대학 통신교육센터, 마리 국립공과대학, ㄲ루프스까야 마리 국립사범대학, 까잔 국립 의과대학 소속 요슈까르-올린스크 교수법 연구센터, 국제법 및 국제무역 대학, "리크" 사립대학, 악쑈노프 비즈니스 스쿨, 마리 언어, 문학 연구소, 러시아 통계청 산하 국립 마리 교육센터, 모스크바 개방대학 마리 분교, 전러대외무역 아카데미 등이 있으며, 직업교육기관으로는 볼슈스크 의료학교, 마리 공화국 문화예술대, 마리 방사능 기술학교, 마리 제지기술학교, 마리 농업대학, 오르샨 사범대학, 요슈까르-올린스크 농업대학, 요슈까르-올린스크 의과대학, 빨란따야(Палантая) 요슈까르-올린스크 음악학교, 요슈까르-올린스크 건축학교, 요슈까르-올린스크 기술대학, 요슈까르-올린스크 미술대학, 요슈까르-올린스크 전기공학대학 등이 있다.

2. 지역문화

1) 문화개괄

마리 엘 공화국의 수도인 요슈까르 올라는 학문과 문화 예술의 현대적 중심지이다. 공화국 밖 멀리까지도 이 시의 극장과 박물관, 문화의 집, 오락 센터, 역사적 유적들은 널리 알려져 있다. 1990년 이 시는 '역사적'이란 칭호를 얻게 되고 그 이후 러시아의 수많은 역사적 시 중의 하나로 간주되기 시작했다. 이 시는 핀-위그르 문화의 중심지가 되어 성장 발전하고 있으며 전통과 현대가 잘 융화되어 있는 곳이다. 이 시는 옛날과 마찬가지로 그림같이 아름다운 공원과 작은 정원들로 둘러싸였으며 역사적 유물 또한 매우 다양하고 풍부하다.

18세기 초 건축된 빠찌글라바야 트로이츠까야 교회는 매우 아름다운 교회였지만 유감스럽게도 1920년대 말 붕괴되고 말았다. 최근 복원된 찌호빈스까야 교회는 좀 더 상황이 좋은 경우로 '문화 휴식 공원' 내에 위치하고 있다. 찌호빈스까야 교회는 1774년에 건립되어 거의 3세기 동안 신도들에게 신앙과 정의를 심어주고 있으며, 아름다운 이콘들을 많이 소장하고 있다. 바스ㄲ레센니이 교회는 1960년대에 완전히 붕괴되었지만 바즈네센스끼 사원은 요슈까르 올라의 가장 오래된 거리인 바즈네센스끼 거리에서 황금빛 십자가를 빛내고 있다. 이 바즈네센스끼 사원은 18세기 건축 유적이 있는 곳이다.

사베츠까야 거리에는 이 층에 원주가 있는 아름다운 흰색의 건물이 서 있다. 이것은 상인 불리긴(Булыгин)의 집인데 1918년 이 곳에 혁명 군부 소비에트가 자리를 잡았다. 이밖에도 수도 요슈까르 올라에는 적지 않은 역사적 건물들이 공화국의 주요 사건들을 기념하여 세워졌다. 마리 엘의 조각가들이 만든 많은 동상들은 요슈까르 올라의 거리들을 아름답게 장식하고 있다. 마리 엘의 고전문학가인 차바이누(С. Г. Чавай ну)를 기념한 듀줴프(Б. Дюжев)의 동상이 세워졌으며, 희곡작가인 쉬케탄(М. Шкетан)의 흉상은 그의 이름을 딴 극장 옆에 있는 소공원에 서있다. 마리 엘 최초의 작곡가 클류치니꼬프 빨란따이(И. С. Ключиников-Палантай)를 기념하여 1991년 박물관이 개관되었다.

2) 문화시설

마리 엘 공화국은 많은 다양한 문화 사업을 펼치고 있으며 그 사업 중 하나는 16개의 분관을 가진 4개의 큰 박물관이다.

조형예술 박물관(요슈까르 올라시 소재)

이 박물관은 작은 전시실을 바탕으로 하여 1980년에 개관되었다. 이곳에는 매우 많은 양의 작품들이 소장되어 있으며 전시실에는 흥미로운 전시회와 전람회가 열리곤 한다.

그리고리예프 기념 조형예술 박물관 (꼬지모제미얀스크시 소재)

이 박물관에는 아이바조프스끼(И. Ай вазовский), 수드꼬프스끼(Р. Судковский), 네프(Т. Нефф)와 꼰찰로프스끼(П. Кончаловский), 마쉬꼬프(И. Машков) 등의 진품 풍경화가 소장되어 있다.

싸라에프(Э. Сараев) 기념 마리 엘 국립 오페라와 발레 극장

이 극장은 1968년 세워졌으며 당시에는 음악 연극 극장이었다. 이 무대에 올려진 최초의 오페라는 사빠예프의 '악빠뜨이르'와 루뽀프(А. Луппов)의 민속 발레 '숲의 전설'이었다. 이 극장의 대표적 작품으로는 차이꼬프스끼 (П. Чайковский)의 오페라 '예브게니 오네긴'과 레온까발로 (Р. Леонкавалло)의 '광대들', 푸치니의 '토스카', 차이꼬프스끼의 '호두까기인형', 아단(А. Адан)의 '지젤'을 들 수 있다.

유적

요슈까르 올라의 옛 명칭 차레바콕샤이스크는 외딴 시골마을의 상징이었다. 도시 전체가 푸른 풀과 숲으로 덮이고 태양은 교회 지붕 위에서 빛난다. 이 도시는 지난 몇 세기의 역사적 숨결을 보존하고 있고 그것을 현대적 특성이나 젊음, 미래와 조화롭게 융화시키고 있다. 도시의 건물과 거리, 작은 섬들 사이엔 옛 차레바콕샤이스크의 역사적 중심이 보존되어 있다.

쁘촐린의 집

수많은 교회와 사원들의 하늘색 둥근 지붕 이외에도 요슈까르 올라에는 부유한 상인이나 수공업자들이 세운 아름다운 옛 건물들이 많이 남아있다. 그 중 하나가 쁘촐린의 집인데 이 건물은 이 도시에 지금까지 남아있는 가장 오래된 석조 건물이다. 이 건물은 특징은 그 형태의 엄격함과 간결함, 창들의 아름다움과 균형이 있다는 점이다.

도서관

차바인(С. Г. Чавайн) 기념 민족 도서관

1992년 설립된 공화국 내의 가장 큰 도서관으로서 12개 분과로 나뉘어 있으며 약 100만 점 이상의 도서와 문서를 소장하고 있다.

마리 엘 국립대학 과학도서관

이 도서관은 50만 점 이상의 작품을 소장하고 있는데 이 중 39만점은 책이고 11만점은 정기간행물이다. 도서관련 출판물은 만 5천권에 달한다. 이 모든 서적과 간행물들은 대학의 학생들과 연구원들의 연구 작업에 이용된다.

모르도비야 공화국
Республика Мордовия

Ⅰ. 개황

1. 기초정보

공화국 성립일: 1993년.

- 1991년 - 모르도비야 소비에트 사회주의 공화국
- 1934년 12월 20일 - 모르도비야 자치 공화국
- 1930년 1월 10일 - 모르도비야 자치주

수도: 싸란스크(Саранск)

인구: 920,000명(2001년 현재: 러시아연방 전체의 0.63%, 89개 주체 중 60위)

인구밀도: 35.11명/㎢

면적: 26,200㎢(러시아연방 전체 면적의 0.15%; 89개 주체 중 72위)

소속지구: 볼가연방지구; 볼가-뱌트까 경제지구

한국과의 시차: -6시간

2. 상징

모르도비야 공화국 문장

모르도비야 공화국의 문장은 위로부터 아래로 진홍색, 백색, 남색의 3색 띠가 수평으로 그려져 있는 방패형으로, 중앙에 싸란스크시의 문장이 묘사되어 있다.

방패는 모르드바 민족의 농업애호사상을 상징하는 금빛의 밀 이삭과 여성의 금빛 장신구가 감싸고 있다. 밀 이삭은 진홍색, 백색, 남색의 3색 리본에 의해 엮여 있으며, 여성 장신구에는 공화국 도시의 수를 상징하는 7개의 문양이 장식되어 있다. 이 장신구 위에는 붉은 태양을 상징하는 8각 태양광선이 묘사되어 있다.

문장의 주 요소 중 하나인 8각 태양광선은 태양과 열, 선(善), 개방을 상징한다. 이는 아울러 모크샤(Мокша), 에르쟈(Эрзя), 따따르(Татар)족 및 러시아 민족 간의 평등, 안정 및 불굴성을 상징한다.

방패 중앙에 있는 싸란스크시 문장에는 붉은 여우와 아래쪽을 향한 3개의 화살이 묘사되어 있는데, 이는 싸란스크성 성립 당시(1641년)의 주민생활이

수렵활동이었음을 증명하고 있다. 모르도비야 공화국의 문장은 1995년 3월 30일 채택되었다.

모르도비야 공화국 국기

모르도비야 공화국 국기는 위로부터 아래로 진홍색, 백색, 남색의 3색 띠가 수평으로 그려져 있는 장방형 천으로 되어 있다. 진홍색 띠와 남색 띠의 너비는 깃발 전체 너비의 1/4로 동일하다. 국기의 가로, 세로 비율은 3:2이다. 모르도비야 공화국 국기는 1995년 3월 30일 채택되었다.

3. 주요도시

싸란스크(Саранск): 인구 311,800명; 북위 54°11′, 동경 45°10′
루자예프까(Рузаевкс): 인구 51,800명; 북위 54°4′, 동경 44°57′
꼬빌끼노(Ковилкино): 인구 22,800명; 북위 54°1′, 동경 43°38′
(인구: 2002년 현재)

4. 주요 산업 및 농업

공화국의 주요 산업으로 기계제작(자동제어 덤프차, 굴착기, 금속가공기구), 전기공업(할로겐 전구, 석영전구, 크세논 램프 등 각종 램프), 화학공업, 석유화학공업, 임업, 제지업, 목재가공업, 건축업, 경공업, 식료품 산업 등이 발달했고, 농업부문은 축산 및 곡물생산. 낙농업, 양금 등이 발달했다.

Ⅱ. 자연환경

1. 지리적 위치와 구성

모르도비야 공화국은 22개 행정구, 7개 시, 19개 도시형마을, 418개의 농촌마을로 구성되어 있으며, 동유럽 평원 볼가강 유역에 위치한다.

추바시야 공화국, 니제고로트주, 뻰자주, 랴잔주, 울리야노프스끼주와 경계를 이룬다. 남북간의 거리는 100㎞, 동서간의 거리는 300㎞이다.

주요 하천은 볼가강 지류인 쑤라강, 오까강 지류인 모끄샤강이다.

수도 싸란스크와 모스크바 간의 거리는 642㎞이다.

2. 기후조건

온난기후대, 대륙성 온난기후

1월 평균기온: -11℃

7월 평균기온: 19℃

연강수량: 500㎜

식물 생장 기간: 140일

식생: 혼합림 지대

토양: 흑토, 회색삼림토, 부식성 염분회색토

삼림분포도: 26%

3. 주요 유용광물

석회암, 백운석, 이탄, 백약, 이회암, 점토, 사암, 미네랄 염료, 가연성 편암, 인회토 등이 있다.

Ⅲ. 정치시스템

1. 역사

사란스끄는 1641년 모스크바국가 남동지역의 군사요새로 건설되었다. 1651년부터 사란스끄는 향의 중심도시가 되었다. 현의 구성에서 1708년 도시는 아조프 현에 그리고 다음에는 까잔 현, 심비르스끄 현, 1801년부터는 뻰젠스끄 현에 편입되었다. 3세기 동안 도시에는 많은 사건이 발생하였다. 1670년 사란스끄 요새는 스쩬까 라진의 부대에 포위되어 점령당했고, 라진 부대의 기지들 가운데 하나가 되기도 했다. 1774년에는 뿌가쵸프 (Е.И.Пугачев)가 자신의 부대를 이끌고 도시로 들어와 환영을 받기도 했다.

18세기에 도시는 점차 유통-산업 중심지로 바뀌었고 수공업이 발전했다. 그러나 경제적 번창은 도시의 외관을 변모시키지는 못했다. 사란스끄는 시대에 뒤떨어진 시골풍의 불편한 상태로 계속 남아있었다. 짜르정부는 도시에 부족한 자원을 공급하면서 도시의 상태를 개선하는 데에는 거의 신경쓰지 않았다. 19세기 말 사란스끄를 통과하여 모스크바-까잔 철로가 지나갔다. 이는 지역의 경제적, 정치적 생활에 활기를 불어넣었다. 도시는 매우 빠르게 성장했고 볼가연안 중부지역의 대규모 유통 중심지가 되었다. 이 지역에서 러시아의 많은 도시와 현으로 농산물이 실려나갔고, 뻬쩨르부르그, 모스크바, 니즈니 노브고로드, 까잔, 뻰자, 하리코프로부터 각종 상품이 반입되었다.

1921년에 사란스끄의 많은 산업체들은 연료, 원료의 부족으로 작동을 멈추었고, 다수의 공장들이 파괴되었다. 도시에는 440개 이상의 파괴된 건물, 그리고 완공되지 못한 건축물들이 있었다. 도시의 산업복구는 겨우 1928년에야 이루어지게 되었다. 이는 교육, 보건, 문화의 발전을 위한 토대가 되었다. 두개의 전문학교, 즉 교육연구소와 산업연구소가 활동하게 시작했고 농업 및 문화부문에서 고등교육 및 연구기관이 문을 열었다. 두개의 영화관, 지역 박물관, 클럽, 의료기관 등이 일하기 시작했다.

1930년대에는 사란스끄의 경제 및 문화의 빠르고 전면적인 발전이 시작된다. 아스팔트 도로, 버스가 처음 등장한다. 2-3층짜리 주거용 건물, 중앙우체국, 중앙도서관의 새 건물이 세워진다.

사란스끄는 중부-볼가 주의 소속으로 1928년 구성된 모르도비야 구, 중부-

볼가 변강주의 소속으로 1930년 구성된 모르도비야 자치주의 중심도시였다. 모르도비야 자치주는 1934년 모르도비야 자치소비에트 사회주의공화국으로 개편되었고 사란스끄는 수도가 되었다.

1940년경 사란스끄에는 1917년 18개에 대비되는 57개의 산업체와 건설기관이 있었다. 상품유통량은 혁명이전 시기와 비교하면 22배가 성장했다. 2차 세계 대전 기간에 이 지역 역시 파괴되는 수난을 겪었다. 전후 주민들의 적극적인 노력으로 도시는 복구되었고 지역의 산업과 문화, 교육발전은 새로운 전기를 맞았다.

러시아연방의 주체로서 모르도비야 공화국은 1930년 모르도비야 자치주 - 1934년 모르도비야 자치소비에트 사회주의공화국 - 1990년 모르도비야 소비에트 사회주의공화국 - 1993년 모르도비야 공화국으로 전환되는 과정을 겪었다. 대규모 산업중심지인 사란스끄 시를 수도로 하며 모르도바어와 러시아어를 동시에 사용한다. 주민의 1/3이 모르도바어를 사용하는 것으로 집계된다.

2. 정치

1) 정치 일반

모르도비야 공화국은 민주적인 법치국가로서 러시아연방의 주체이다. 공화국에서 국가권력은 입법, 집행, 사법권력으로 실현된다. 입법, 집행, 사법기관은 독자적이다.

모르도비야 공화국의 최고 집행권력기관은 공화국 행정부이다. 행정수반은 공화국 운영의 효율성을 위해 업무를 보좌할 수 있는 보좌진과 행정부 부처의 지도자를 임명한다. 모르도비야 공화국의 최고 대의 및 입법권력기관은 4년 임기로 선출되는 국회이다. 의장은 께치낀(В. А. Кечкин)이다. 모르도비야 공화국 국가권력기관에서는 법원이 들어간다. 공화국의 최고재판소 소장은 꾸리셰프(Г. А. Курышев)이다.

2) 선거

(1) 모르도비야 공화국 행정수반 선거

1998년 2월 15일 모르도비야 공화국 행정수반 선거가 실시되었다. 유권자의 75.6%가 참가한 이 선거에서 절대다수인 90.78%의 지지를 획득한 메르꾸쉬낀(Н. Меркушкин)이 당선되었다. 유일한 경쟁자인 사로프(А. Шаров)는 3.21%의 득표에 그쳤다. 3.61%가 모든 후보에 대한 반대에 투표했다.

(2) 모르도비야 공화국 국회의원 선거

러시아연방 주체인 공화국의 국회의원 선거가 1999년 12월 19일 실시되었다. 선거구에 따라 유권자의 60%에서 85%가 투표에 참여했다. 국회는 4년 임기로 선출되는 75명의 의원으로 구성된다. 70개의 선거구에서 선거가 성립되었으나, 5개의 선거구에서는 선거가 성립되지 못했다. 1999년 12월 27일의 국회 제1차 회의가 열리면서 의원들의 활동이 시작되었다.

(3) 러시아연방 국가두마의원 선거

러시아연방 국가두마의원 선거가 1999년 12월 19일 실시되었다. 모르도비야 선거구에서는 그리쉰(В. И. Гришин)이 당선되었다. 그는 조국-전러시아 소속이었다. 정당별 투표에 의해서는 이 지역 출신이고 러시아공산당 소속으로서 러시아연방 국가두마의 여성-가족-청소년 위원회에서 활동하고 있는 꼬스쩨린(Е. А. Костерин)이 당선자에 포함되었다.

(4) 러시아연방 대통령 선거

2000년 3월 26일 러시아연방 대통령 선거가 실시되었다. 모르도비야 공화국에서는 유권자의 79.4%가 선거과정에 참여했다. 주요 후보들의 득표율은 다음과 같다.

후보명	득표율(%)
뿌친	60
쥬가노프	30.80
야블린스끼	1.3
지리놉스끼	2.0
뚤레예프	1.1
찌또프	0.8
기타	0.9
모든 후보에 대한 반대	0.8

Ⅳ. 경제 시스템

1. 경제개황

모르도비야 공화국은 7개의 연방지구 중 볼가연방지구에 속하고 12개의 러시아 경제지역 중 볼가-뱌트까 경제지역에 속한다. 모르도비야 공화국은 경제 활성화가 매우 높은 지역으로 모르도비야 공화국이 속해 있는 볼가-뱌트까 경제지역에서 공업과 농업의 역할이 중요한 지역이다. 특히 공업에서는 기계제작·금속가공부문이 특화되어 기반산업으로 자리하고 있다.

러시아경제에서 차지하는 모르도비야 공화국의 경제비중에서 상대적으로 농업이 큰 비중을 가지고 있으며 약 1.1%의 비중을 가지고 있다. 공업은 0.4%이고 지역총생산의 비중은 0.3%에 이르고 있다. 또 소매유통은 0.3%, 자본투자는 0.2%에 머무르고 있다.

모르도비야 공화국의 거시경제지표들을 살펴보는 것은 경제 상황 전반을 이해하는 데 도움이 될 것이다. 먼저 지역총생산에 관한 자료를 연도별 표로 살펴보면 다음과 같다.

모르도비야 공화국 지역총생산액 추이

항목 / 년도	1996	1997	1998	1999
지역총생산	7,605	8,677	9,084	14,076
1인당 지역총생산	7,977	9,158	9,655	15,075
지역총생산 지수		104.9	95.6	101.7

http://www.infostat.ru/epub.htm (검색일: 2003.1.10)

모르도비야 공화국의 지역총생산의 주요 구성과 비율을 보면 공업부문과 농업부문이 각각 26.2%와 22.9%로 단연 강세를 나타내고 있고 유통부문이 10.0%, 건설부문이 4.2%, 운송부문이 4.1%를 차지하고 있다.

모르도비야 공화국의 기업 중 사유화된 기업은 총 기업의 거의 2/3에 이르고 있으며 공업부문에서는 사유화기업이 약 310개 이상을 차지하고 있다. 그 외 기업부문의 지표를 연도별 추이로 보면 다음과 같다.

기업수 추이

항목 \ 년도	1997	1998	1999	2000
총기업수(연말)	11,926	12,153	12,469	13,342
소기업수(연말)	2,046	2,170	1,840	2,270
활동기업수	560	590	520	578

http://www.infostat.ru/epub.htm (검색일: 2003.1.12)

2. 산업

1) 공업

모르도비야 공화국의 공업은 몇 개의 분야에서 발달해 있는데 구체적으로 연료, 금속, 농기계, 목재가공기계, 경공업제품 등 기계금속을 중심으로 하여 화학・석유화학과 식품공업 등이 발달되어 있다. 모르도비야 공화국의 주요 공업중심지는 사란스크, 루자예쁘까, 쪰니꼬프, 꼬빌끼노, 께믈랴, 인사르 등이다.

모르도비야 공화국의 공업을 거시적으로 보기위해 총 공업생산량을 알아보면 다음과 같다.

총 공업생산량 추이

항목 \ 년도	1997	1998	1999	2000
총 공업생산량	5,775	6,147	9,885	14,977
공업생산 지수	106	102	116	119

http://www.infostat.ru/epub.htm (검색일: 2003.1.13)

모르도비야 공화국의 공업총량에 대해 공업을 몇 개의 부문으로 나누어 구조에 따른 비율을 살펴보면 기계제작·금속가공부문이 거의 절반을 차지하고 있다. 여타부문의 비율을 표로 보면 다음과 같다.

주요 공업생산부문별 생산비율

생산부문	모르도비야 공화국 총공업생산 비율
전기전력	10.5%
철강업	0.4%
화학·석유화학	13.8%

기계제작·금속가공	41.2%
목재가공, 종이·펄프	0.8%
건재공업	8.4%
경공업	1.5%
식품공업	19.1%
기타	4.3%

http://www.infostat.ru/epub.htm (검색일: 2003.1.13)

2) 농업

모르도비야 공화국의 농업은 훌륭한 농업적 기반을 가지고 있다. 먼저 모르도비야 공화국은 농업지역을 22개의 행정농업지역으로 나누고 그 속에는 약 400개의 협동농장과 농업주식회사, 협동조합 등의 경제체제를 구축하고 있다. 이곳에서는 모르도비야 공화국 경제인구의 약 15%가 종사하고 있고 농업구조에 있어서는 작물재배와 가축사육 즉 양금, 양돈, 목양 등 다양한 산업이 이루어지고 있다.

모르도비야 공화국의 작물재배에서는 곡물이 주요 품목이며 대표적으로 호밀, 쌀, 밀, 수수, 귀리 등의 곡물이 재배되고 있다.

모르도비야 공화국의 농업전체 상황을 파악하기 위해 먼저 총 농업생산량과 작물관련 생산액, 그리고 가축관련 생산액을 살펴보면 다음과 같다.

농업생산량 추이

항목 \ 년도	1997	1998	1999	2000
총농업생산액	3,088.8	3,596.1	6,056.9	8,688.1
작물관련 생산액	1,492.0	1,522.8	2,917.8	4,625.8
가축관련 생산액	1,596.8	2,073.3	3,139.1	4,062.3
농업생산 지수	104	92	97	110

http://www.infostat.ru/epub.htm (검색일: 2003.1.15)

모르도비야 공화국의 총 파종경지의 면적은 2000년 기준으로 86만 6,200 헥타르이고 여기에 주로 파종되는 작물 종류는 곡물이 거의 절반을 넘고 있으며 그 비율은 약 52.8%이다. 또한 사료용 작물재배도 38.3%로 거의 중심 품목을 차지하고 있다. 그 외 특용작물이 2.6%, 감자와 채소가 6.4%를 차지하고 있다.

모르도비야 공화국의 농업생산에 있어 2000년의 주요 생산물과 생산량을 살펴보면 다음과 같다.

곡물(수확 후 무게)-62만 500 톤; 감자-34만 2,600 톤; 채소-11만 1,800 톤; 가축과 가금류(도살 후 무게)-5만 1,800 톤; 우유-39만 8,300 톤 등이다.

3. 자원 등 기타

모르도비야 공화국은 벽돌과 도자기 생산을 위한 진흙과 모래 섞인 점토, 건축용 모래, 발열용 물질 생산을 위한 규조토, 시멘트생산을 위한 백묵, 석회석 등의 광물원료 자원들이 많다. 모르도비야 공화국에는 530개의 광물자원 매장지가 있고 그 면적은 1만 9,600 헥타르에 달하며 그 비축량은 3,580만 톤이다. 이 지역에서는 이탄의 개발과 생산량을 증가시키려 하는데 이는 동력자원으로뿐만 아니라 유기비료로 사용하기 위한 것이다.

모르도비야 공화국에는 규조토의 원료 매장지에 600만㎡을 초과하는 매장량이 있는 것으로 알려져 있다. 이 규조토는 현대적인 물질로 단열재, 필터, 정수물질로 사용되며 가스, 벤진, 기타 석유생산물의 정화제로 사용이 된다.

모르도비야 공화국에는 유산염화물의 미네랄수가 상당량 매장되어 있다. 이 물은 신장질환, 위염 등의 예방과 치료용으로 이용된다. 현재 하루 30㎥의 물이 채수되고 있고 그 양은 향후 더욱 증가할 예정이다.

모르도비야 공화국에는 울창한 숲이 있으며 초원과 늪지대, 강과 호수, 작은 산 및 흑토질 토양 등 자연은 무척 다양한 형태를 가진다. 모르도비야 공화국의 숲은 침엽수와 활엽수가 대부분으로 공화국 전체면적의 27.5%를 차지하고 있다.

모르도비야 공화국에는 1,000여 종이 넘는 식물들이 있으며 200종의 조류, 60여종의 포유류가 있다.

모르도비야 공화국에는 155개의 강이 있으며 전체적으로 그 강의 길이는 4.5km에 달한다. 이 외 139개의 호수가 있다. 이 호수들은 대부분 강의 침수지에 위치하고 있으며 이들 중의 많은 호수가 기념지로 지정이 되어 있다.

V. 문화시스템

1. 지역정체성

1) 인구

2001년 현재 모르도비아 공화국 인구는 920,000명으로 러시아연방 전체의 0.63%, 89개 주체 중 60위이다. 공화국 또한 여느 러시아연방 주체와 마찬가지로 1990년 초반부터 인구 감소추세를 맞고 있다. 인구가 가장 많았던 1993년 대비 2001년 인구 감소율은 4.56%(44,000명)으로 매우 높다. 이는 전적으로 낮은 출생률과 높은 사망률에서 기인한 높은 인구 자연감소율에 따른 것으로 풀이된다.

모르도비아 공화국 인구변동 추이

연도	1990	1992	1993	1994	1995	1996	1997	1998	1999	2000	2001
인구수 (1,000명)	963	963	964	962	965	955	950	944	937	929	920

Россий ский статистический ежегодник. Госкомстат России. М., 2001. С. 82.

모르도비아 공화국 인구의 자연 증가율은 이미 1990년대 초에 마이너스로 돌아서 1999년부터는 사망률이 출생률의 2배를 상회하고 있다. 이는 전체 인구 감소에 절대적인 영향을 미쳐 이러한 추세가 장기간 지속된다면 심각한 인구위기를 초래하게 될 것이다. 공화국 정부차원의 적극적인 인구대책이 절실한 상황이다.

모르도비아 공화국 출생자수, 사망자수, 자연증가율

연도	출생자수(명)	사망자수(명)	자연증가율(명)
1990	12,910	11,018	1,892
1992	10,215	11,574	-1,359
1993	9,276	13,217	-3,941
1994	8,916	14,748	-5,832
1995	8,589	13,460	-4,871
1996	7,883	13,579	-5,696

1997	7,493	13,631	-6,138
1998	7,469	13,116	-5,647
1999	6,994	14,200	-7,206
2000	7,148	14,838	-7,690

Россий ский статистический ежегодник. Госкомстат России. М., 2001. С. 114.

2000년 현재 모르도비야 공화국의 경제활동인구는 445,000명으로 전체 인구의 51.13%이다. 그 중 실업자 수는 42,000명, 실업률은 10.7%에 이른다. 1990년대 초 비교적 안정적인 추세를 보이던 실업률이 1995년을 계기로 10%대를 상회하기 시작, 1998년에는 13.7%의 고실업을 기록했다. 최근 들어 점차 하락하여 2000년도에는 비교적 안정적인 10.7%를 기록하기에 이르렀다. 1990년대 초반의 안정된 실업률로 복귀하기 위해서는 보다 적극적인 실업구제책을 마련해야 할 것이다.

모르도비야 공화국 경제활동인구(취업자, 실업자), 실업률

연도	경제활동인구 (1,000명)	취업자수 (1,000명)	실업자수 (1,000명)	실업률(%)
1992	474	453	18	4.57
1993	462	433	18	6.3
1994	454	418	34	8.1
1995	454	401	42	11.6
1996	446	387	37	13.1
1997	417	366	60	12.2
1998	409	353	43	13.7
1999	431	376	39	12.6
2000	445	398	42	10.7

Россий ский статистический ежегодник. Госкомстат России. М., 2001. С. 137.

2) 민족

모르도비야 공화국에는 약 50여 민족이 거주하고 있으며, 토착민족인 모르드바인은 32.5%를 차지하고 있고, 그 외에 러시아인 60.8%, 따따르인 4.9%, 우끄라이나인 0.7%, 벨라루스인 0.2%, 추바슈인 0.1% 등이 거주한다.

3) 교육

모르도비야 공화국의 과학기술 잠재력은 고등교육기관 및 산업에 의해 대표된다. 유수 고등교육기관으로 오가료프 모르도비야 국립대학, 예프쎄비예프 모르도비야 국립사범대학, 모스크바 국립 소비자연합 대학 소속 싸란스크 연구소 등을 들 수 있다.

산업부문 과학은 최첨단 기술집약 공장 및 과학연구소에 의해 대표되는데, 이들 연구소는 주로 싸란스크시에 위치하고 있다.

그러나 공화국의 과학, 기술 잠재력은 최근 수년 동안의 사회, 경제위기로 인해 매우 어려운 상황에 처하게 되었다. 각 업체로부터의 프로젝트 수탁 건수가 최소 10배까지 줄어들게 되었다. 그러나 대학의 기초과학 연구활동은 어느 정도 증가했으며, 공화국 정부의 주문에 따른 연구활동 또한 약간의 증가세를 보임으로써 위기상황은 어느 정도 완화되고 있다. 모드도비야 공화국의 경제, 사회 발전을 위한 연방 프로그램의 실행과 관련 2005년경에는 R&D 총액이 현저하게 증가할 것으로 예측된다.

2.지역문화

1)문화개괄

모르도비야 공화국은 문화 예술 분야의 발달된 인프라를 구축하고 있다. 수많은 극장과 콘서트 홀, 박물관, 도서관, 문화의 집, 음악학교, 창조의 집, 예술 학교 등이 그것이다. 이러한 문화, 오락 기관들의 세분화된 조직은 아동들과 청소년들의 미적 교육을 도울 뿐만 아니라 미래의 문화 예술 전문가 양성을 위해 노력하고 있다.

모르도비야 공화국의 특징 중 하나는 이 공화국 국민이 고유한 문화적 뿌리와 특별한 문화적 과거, 현재 그리고 독자적 발전 양상을 지닌 몇 개의 민족(모르드바인, 러시아인, 따따르인 등)으로 구성되어 있다는 점이다. 그래서 한 영토 안에서 다양한 문화가 자연스럽게 평화적이고 우호적으로 공존하게 되었다. 이것은 각각의 문화적 전통들이 상호영향을 받아 서로 풍요롭게 되는 결과를 낳았고 결과적으로 모르도비야 공화국의 통일된 문화적 토대를 창조하도록 만들었다.

모르도비아의 문화 예술은 러시아의 다른 지역과 마찬가지로 20세기 말 정치적 사회경제적 불안정으로 인한 후유증들을 많이 겪었다. 그러나 이들은 이 모든 것을 잘 견뎌내었고, 축적된 풍부한 경험들과 훌륭한 전통, 창조적 잠재력을 잃어버리지 않았다. 그리고 한 민족의 민족의식이 성장하여 창작적 자유의 지평을 넓힘에 따라 그것이 공화국을 대표하는 것으로 자리 잡게 되고, 이런 과정에서 모르도비아 여러 민족들의 문화·전통적 독자성을 보존하고 부활시키는 최적의 조건이 형성된 것은 매우 놀라운 사실이다.

그 예로 공화국의 민족 창작 페스티벌이 전통 페스티발로 자리 잡은 것을 들 수 있다. 모르도비아 공화국 지도자인 메르꾸쉬낀(Н. И. Меркушкин)의 주도로 '화합과 화해를 위한(За согласие и примирение)' 축제와 '모르도비아 민속(Фольклор земли мордовской)' 축제가 개최되었다. 축제 '승리의 축포'는 굉장히 고무적인 효과를 가져왔다.

창작 인텔리겐치아들의 수준 높은 전문적, 정신적 잠재력 덕분에 모르도비아 공화국 국민의 문화적 삶은 매우 풍요롭고 다채롭다. 문화유산의 보존과 개발은 오늘날 모르도비아 공화국의 중요한 과제 중 하나로 떠오르고 있다.

2)문화시설

에르지 모르도비아 공화국 조형예술 박물관

민족적인 토양위에서 탄생한 에르지 모르도비아 공화국 조형예술 박물관은 모르도비아 예술가들의 모든 형태의 예술 작품, 현대 조국의 작가들의 작품, 러시아 예술, 민속작품들, 장식실용예술품 등을 소장하고 있고 그 수를 늘려가고 있다. 현재 이 박물관의 유물은 만 개가 넘는다.

바슈꼬르또스딴 공화국
Республика Башкортостан

Ⅰ. 개황

1. 기초정보

공화국 성립일: 1992년.

- 1990년 10월 - 바슈꼬르또스딴 소비에트 사회주의 공화국
- 1919년 4월 23일 - 바슈꼬르또스딴 소비에트 사회주의 자치 공화국

수도: 우파(Уфа)

인구: 4,102,000명(2001년 현재: 러시아연방 전체의 2.83%, 89개 주체 중 7위)

인구밀도: 28.56명/㎢

면적: 143,600㎢(러시아연방 전체 면적의 0.84%; 89개 주체 중 29위)

소속지구: 볼가연방지구; 우랄경제지구

한국과의 시차: -4시간

2. 상징

바슈꼬르또스딴 공화국 문장

바슈꼬르또스딴 공화국의 문장은 민족 고유의 문양으로 테를 두른 원반을 배경으로 떠오르는 태양과 태양광선과 함께 쌀라바트 율라예프(Салават Юлаев) 동상을 형상화한 것이다. 하단부에는 바슈끼르인들의 전통악기를 형상화한 꽃과 공화국 국기에 사용된 색상으로 된 리본이 장식되어 있으며, 리본의 흰 바탕에는 '바슈꼬르또스딴'이라는 문구가 새겨져 있다.

쌀라바트 율라예프는 바슈끼르인들의 민족적 영웅이자 시인으로 자유와 정의의 전사로 묘사되어 있으며, 바슈꼬르또스딴 제 민족의 우호와 통합을 상징한다. 바슈꼬르또스딴 공화국의 문장은 1999년 7월 6일 채택되었다.

바슈꼬르또스딴 공화국 국기

바슈꼬르또스딴 공화국 국기는 위로부터 아래로 너비가 동일한 3색띠(청색, 백색, 녹색)가 수평으로 그려진 장방형 천으로 되어 있다. 백색띠 중앙에는 금빛 원형 엠블렘(직경: 국기 길이의 1/8)이 자리하고

있으며, 원 안에는 전통악기를 형상화한 꽃이 묘사되어 있다. 국기의 가로, 세로 비율은 3:2이다.

국기의 청색은 공화국 국민들의 사상적 청순함과 덕행을, 백색은 평화애호 정신과 협력에 대한 개방성과 준비성을, 녹색은 자유와 삶의 영원함을 상징한다. 전통악기를 형상화한 꽃은 7개의 꽃잎을 가지고 있으며, 이는 바슈꼬르또스딴 공화국 창립을 주도한 7개 종족과 그들의 우호를 상징한다. 바슈꼬르또스딴 공화국 국기는 1999년 7월 6일 채택되었다.

3. 주요도시

우파(Уфа): 인구 1,094,900명; 북위 54°49′, 동경 56°4′
스쩨를리따마크(Стерлитамак): 인구 267,000명; 북위 53°38′, 동경 55°57′
쌀라바트(Салават): 인구 156,900명; 북위 53°24′, 동경 55°53′
네프쩨깜스크(Нефтекамск): 인구 115,300명; 북위 56°7′, 동경 54°16′
옥짜브리스끼(Октябрьский): 인구 112,100명; 북위 54°28′, 동경 53°28′
벨로레쯔크(Белорецк): 인구 73,500명; 북위 53°58′, 동경 58°24′
이심바이(Ишимбай): 인구 70,800명; 북위 53°27′, 동경 56°3′
꾸메르따우(Кумертау): 인구 70,400명; 북위 52°46′, 동경 55°47′
뚜이마지(Туй мазы): 인구 63,600명; 북위 54°36′, 동경 53°42′
멜레우스(Мелеуз): 인구 62,900명; 북위 52°58′, 동경 55°56′
벨레베이(Белебей): 인구 60,700명; 북위 54°7′, 동경 54°7′
씨바이(Сибай): 인구 58,000명; 북위 52°43′, 동경 58°40′
비르스크(Бирск): 인구 39,800명; 북위 55°25′, 동경 55°33′
우찰리(Учалы): 인구 38,300명; 북위 54°18′, 동경 59°26′
주르쭐리(Дюртюли): 인구 30,700명; 북위 55°29′, 동경 54°53′
블라고베셴스크(Благовещенск): 인구 30,600명; 북위 55°2′, 동경 55°59′
야나울(Янаул): 인구 29,200명; 북위 56°17′, 동경 54°56′
다블레까노보(Давлеканово): 인구 25,000명; 북위 54°13′, 동경 55°1′
(인구: 2002년 현재)

4. 주요 산업 및 농업

공화국의 주요 산업으로 연료산업(원유채굴 및 가공), 화학공업, 석유화학공업(모터연료, 윤활유, 중유, 역청, 인조고무, 알콜, 합성수지, 플라스틱, 제초제, 가성소다, 황산, 암모니아), 기계제작(화학기계, 원유생산설비, 공작대, 자동차, 전기공학 설비), 제철업, 비철금속업, 소규모 전력에너지 산업, 식료품, 경공업 등이 발달했으며, 농업부문은 곡물생산, 시설재배, 감자, 야채재배, 양봉, 양금, 양마, 낙농업, 육류 및 모피용 목양 등이 발달했다.

Ⅱ. 자연환경

1. 지리적 위치와 구성

바슈꼬르또스딴 공화국은 54개 행정구, 20개 시, 41개 도시형마을, 932개의 농촌마을로 구성되어 있으며, 유럽과 아시아 경계지역에 위치하며, 동유럽 평원 동부변방과 남 우랄지역 산악지대, 우랄산맥 동쪽 고지대를 점하고 있다.

뻬름주, 스베르들로프스크(Свердловск)주, 첼랴빈스크(Челябинск)주, 오렌부르크주, 따따르스딴 공화국, 우드무르트 공화국과 경계를 이룬다. 남북간의 거리는 540㎞, 동서간의 거리는 420㎞이다.

주요 하천은 벨라야(Белая)강과 그 지류인 우파강과 제마강 이다.

수도 우파와 모스크바 간의 거리는 1,519㎞이다.

2. 기후조건

온난기후대, 대륙성 온난기후

1월 평균기온: -14 ~ 17℃

7월 평균기온: 16 ~ 20℃

연강수량: 300 ~ 600㎜

식물 생장 일수: 120 ~ 130일

식생: 혼합림, 삼림과 스텝의 중간 지대, 스텝 지대

토양: 흑토

삼림분포도: 40%

3. 주요 유용광물

미네랄 원료, 원유, 가스가 풍부하다.

주요산지:

갈탄 산지 및 채굴지: 꾸메르따우(남 우랄수계).

석유: 볼가-우랄 석유 가스 생산 지방에 속하는 아를란스크, 슈까뽀보, 뚜이마지, 우파.

청동 황철광: 씨바이.

Ⅲ. 정치시스템

1. 역사

13세기의 20년대에 바쉬끼르 영토는 징기스칸의 국가에 통합되었으며 16세기까지 그 통제 하에 있었다. 1552년 까잔한국이 러시아 국가에 의해 정복된 이후 바쉬끼르는 짜르정부의 제안에 따라 러시아 국가에 포함되었다.

16세기에 바슈꼬르또스딴은 러시아 국가에 자발적으로 종속된 상태였다. 짜르정부는 자신의 영향력을 강화시키는 방법으로 점차 바슈꼬르또스딴에서 이원적인 정책을 추진하였다. 공식적으로는 연합의 조건을 지지하면서 그를 파괴시키는 방법으로 나아갔다. 특히 17세기 중반부터 요새와 공장이 들어선 바쉬끼르 영토의 장악 정책이 시작되었다.

바슈꼬르또스딴 지역은 1774년 11월 말까지 계속된 농민전쟁의 주요 거점들 가운데 하나였다. 농민전쟁은 짜르정부로 하여금 바슈꼬르또스딴에서의 정책을 수정하도록 했다. 전쟁 이후 짜르정부에 의해 실시된 행정-영토 변화의 결과 그리고 바쉬끼르 세습영지의 장악 등과 같은 결과로 인해 18세기 중반 바쉬끼르는 자신의 영토 절반을 상실했다. 20세기 초반에 이르면 바쉬끼르는 자신의 영토의 20%가 채 되지 않는 것만을 가지게 된다. 농노제 폐지에 관한 1861년 2월 19일의 선언은 정치 및 사회-경제적 대변혁을 가져왔다. 이러한 과정을 거치면서 19세기 후반 이 지역의 경제는 매우 느리게 자본주의 상태로 전환되기 시작했다.

1917년 혁명이후 최초의 바쉬끼르 정부가 구성되었으며 1919년 러시아 중앙정부와 바쉬끼르 자치소비에트 공화국 구성에 관한 협정을 체결하면서 러시아에 포함되었다. 결국 바슈꼬르또스딴은 1919년 3월 23일 형성되었으며, 1990년에는 주권 공화국을 선언했다. 바슈꼬르또스딴 공화국은 자신의 공식적인 국가 상징과 국기를 가지고 있다. 러시아연방과 공화국의 상호관계는 양자간 체결된 쌍무조약에 기초한, 연방조약에 의해 규정되고 있다.

우랄지역의 평원을 중심으로 하는 바슈꼬르또스딴 공화국은 우파시를 수도로 하며, 바쉬끼르족, 러시아족, 따따르족 및 추바쉬족과 같은, 약 100개의 민족이 거주하고 있다. 따따르스딴을 비롯하여 러시아의 여러 연방주체들과 경계를 접하고 있다.

2. 정치

1) 정치 일반

(1) 행정부

바슈꼬르또스딴 공화국의 수반은 공화국 대통령이다. 공화국 대통령은 공화국의 주권을 수호하고 바슈꼬르또스딴의 경제 및 정치적 이익을 보호할 책임을 지고 있다. 공화국 대통령은 라히모프(М. Г. Рахимов)이다. 그는 4년 임기로 선출되었다. 집행권력의 수반인 대통령의 권한은 바슈꼬르또스딴 공화국 헌법에 명기되어 있다. 러시아연방 대통령과는 달리 바슈꼬르또스딴 공화국의 대통령은 합법적으로 선출된 국가권력기관의 활동을 중지시키거나 해산할 권리를 갖지 못한다. 바슈꼬르또스딴 공화국의 대통령은 국회 (Государственное собрание)인 바슈꼬르또스딴 공화국 국회에 의해 해임될 수 있다.

집행권력은 총리의 지도아래 내각이 직접 행사한다. 바슈꼬르또스딴 공화국의 대통령에 의해 내각이 조직되며, 국회의 동의하에 총리가 임명된다.

집행권력은 국회 및 공화국 대통령에 종속된다. 총리, 장관, 국가위원회 위원장 및 공화국 행정기관의 장들은 국무총리의 제청에 따라 공화국 대통령이 임면한다. 내각은 경제상황에 따라 신용 및 화폐제도를 조정하고 공화국 국가예산을 작성, 집행한다. 뿐만 아니라 학문 및 기술발전 방안을 채택하고 지하자원의 유용한 활용 및 생태자원 보존을 위해 노력하며 국가발전 계획안의 채택 및 현실화를 추진한다. 공화국 주민들의 문화적 가치 보존에 노력하고 연방과의 관계에서 연방 주체로서 공화국의 이익을 보호한다.

공화국에 속한 주요도시의 수장들은 다음과 같다. 우파시의 시장은 얄마뜨지노프(Ф. А. Ялматдинов)이고 스쩨를리따막시의 시장은 아흐메또프 (С. Г. Ахметов)이다.

(2) 입법부

공화국의 최고 입법 및 대의기관은 양원의 국회(Курултай)이다. 입법의회(Законодательная палата)는 40명의 의원으로 구성되며 상시적으로 활동한다. 대표자회의(Представительная палата)는 148명의 의원으로 구성되며 필요에 따라 1년에 네 번 이상 소집된다. 국회의장은 자이쩨프(М. А. Зайцев)이다. 대표자회의의 의장은 이쉬무라또프(М. М. Ишмуратов)이고, 입법의회의 의장은 라띄뽀프(Р. М. Латыпов)이다. 이들은 대통령과 마찬가지로 5년 임기로 선출된다.

(3) 사법부

공화국 영토에서 사법권력은 연방헌법과 법률에 기초해서 형성되고 활동하는 법원에 의해 실현된다. 공화국 최고의 사법권력기관은 헌법재판소 (Конституционный Суд)이다. 최고재판소(Верховный Суд)는 민사, 행정, 형사분야에서의 사법업무를 담당하는 최고 사법권력기관이다. 최고 중재재판소는 경제관련 재판기관이다. 또한 라이온 재판소들이 있다.

2)선거

(1) 바슈꼬르또스딴 공화국 대통령 선거

공화국 대통령선거가 1998년 6월 14일 실시되었다. 단지 2명의 후보자가 경쟁했다. 투표결과 유권자 70% 이상의 지지를 획득한 라히모프가 당선되었다.

Ⅳ. 경제 시스템

1. 경제개황

바슈꼬르또스딴 공화국은 7개의 연방지구 중 볼가연방지구에 속하고 12개의 러시아 경제지역 중 우랄경제지역에 속한다. 특이하게 바슈꼬르또스딴 공화국은 볼가연방지구에 속하면서 경제지역의 구분에서는 우랄경제지역에 속한다. 이처럼 경제지역과 정치적 행정지역에서 차이가 나는 지역이 몇 개 있다. 이것은 경제지역의 구분이 정치적 행정지역의 구분보다 더 작은 단위로 구분되어 나타나는 것이기도 하고 경제와 정치적 행정의 구분목적의 차이에서 오는 것이기도 하다.

러시아경제에서 차지하는 바슈꼬르또스딴 공화국의 경제비중은 매우 크다. 바슈꼬르또스딴 공화국은 인근지역에서 공업, 농업을 막론하고 전 산업의 분업비중을 충실히 행하고 있다. 바슈꼬르또스딴 공화국의 인근지역은 오렌부르크 주, 따따르스딴 공화국, 우드무르찌야 공화국, 뻬름 주, 스베르들로프스크 주 등이며 이 지역들과의 분업체계 속에서 긴밀한 관계를 가지고 있다.

바슈꼬르또스딴 공화국의 경제지역은 4개로 나누어지는데 그것은 중앙쁘리벨 지구, 서 바슈꼬르또스딴 지구, 북 바슈꼬르또스딴 지구, 고리 바슈꼬르또스딴 지구 등이다. 이 중에서 중앙 쁘리벨 지구가 가장 발달해 있으며 바슈꼬르또스딴 공화국의 중심이 되고 있다. 특히 공업에서는 이 지구 생산량이 대부분을 차지하고 있다. 그리고 서 바슈꼬르또스딴 지구는 석유채굴이 공업의 중심이 되고 있고 농업의 중심지이기도 하다.

바슈꼬르또스딴 공화국의 거시경제지표들을 살펴보면 먼저 지역총생산은 러시아전체 대비 2.8%로 매우 높은 편이고 공업생산량도 3.4%, 농업생산량은 3.6%로 매우 높은 수준이다. 소매유통거래와 자본투자도 각각 2.1%와 2.5%로 매우 높은 비중을 차지하고 있다. 바슈꼬르또스딴 공화국의 총량개념으로서의 지역총생산량을 연도별 추이를 보면 다음과 같다.

바슈꼬르또스딴 공화국 지역총생산액 추이

항목 \ 년도	1996	1997	1998	1999
지역총생산	55,574	64,734	64,188	114,145
1인당 지역총생산	13,551	15,756	15,601	27,723
지역총생산 지수		100.7	91.4	104.4

http://www.infostat.ru/epub.htm (검색일: 2003.10.10)

바슈꼬르또스딴 공화국의 지역총생산의 주요 구성과 비율을 보면 공업부문과 농업부문이 각각 39.4%와 10.7%로 단연 강세를 나타내고 있고 건설이 5.9%, 운송이 5.1%, 유통부문이 9.5%를 차지하고 있다.

바슈꼬르또스딴 공화국의 기업부문의 지표를 알아보기 위해 총 기업수를 중심으로 몇 개의 지표를 살펴보면 다음과 같다.

기업수 추이

항목 \ 년도	1997	1998	1999	2000
총기업수(연말)	48,695	50,788	53,585	56,796
소기업수(연말)	11,000	14,222	14,513	14,256
활동기업수	3,039	3,260	3,033	2,957

http://www.infostat.ru/epub.htm (검색일: 2003.10.10)

2. 산업

1) 공업

바슈꼬르또스딴 공화국은 우파를 중심으로 몇 개의 도시에서 공업이 매우 발달되어 있다. 주로 석유 채굴을 중심으로 하는 연료공업이 거의 절반을 차지하고 있고 또 화학·석유화학이 중심이 되고 있다.

바슈꼬르또스딴 공화국은 공업이 발달한 만큼 대외경제관계도 활성화되어 있으며 대표적인 관계를 갖고 있는 국가들을 보면 프랑스, 영국, 미국, 이탈리아, 핀란드, 캐나다, 벨기에 등이다.

바슈꼬르또스딴 공화국의 총 공업생산량을 살펴보면 매우 빠른 속도로 성장하고 있다. 공업생산지수와 함께 연도별로 추이를 보면 다음과 같다.

총 공업생산량 추이

항목 \ 년도	1997	1998	1999	2000
총 공업생산량	48,188	46,038	89,032	141,792
공업생산 지수	97	97	107	108

http://www.infostat.ru/epub.htm (검색일: 2003.11.10)

바슈꼬르또스딴 공화국은 공업의 중심지로서의 대단한 생산량을 기록하고 있는데 그 중심에 있는 것이 연료공업이다. 그 외에도 중요 산업이 몇 개 더 있으며 이것을 구조별로 분석할 필요가 있다. 2000년 기준으로 여타 공업과 그 비율들을 표로 살펴보면 다음과 같다.

주요 공업생산부문별 생산비율

생산부문	바슈꼬르또스딴 공화국 총공업생산 비율
전기전력	8.8%
연료공업	44.6%
철강업	1.9%
비철금속	2.6%
화학·석유화학	16.6%
기계제작·금속가공	10.5%
목재가공, 종이·펄프	1.3%
건재공업	2.1%
경공업	1.5%
식품공업	6.6%
기타	3.5%

http://www.infostat.ru/epub.htm (검색일: 2003.11.10)

2) 농업

바슈꼬르또스딴 공화국의 농업은 매우 방대한 규모로 조직적으로 이루어지고 있다. 특히 농업은 살라바트, 우파 벨레베이 등을 중심으로 대규모로 발달되어 있다. 바슈꼬르또스딴 공화국은 가축사육과 작물재배 등이 고루 발달되어 있고 이 생산량은 인근지역의 중심지로서 식량공급 창고로서의 역할을 하고 있다.

바슈꼬르또스딴 공화국의 농업을 전반적으로 파악하기 위해 총 농업생산량과 그 외 지표들을 표로 살펴보면 다음과 같다.

농업생산량 추이

항목 \ 년도	1997	1998	1999	2000
총농업생산액	12,985.2	10,727.1	23,156.2	27,917.7
작물관련 생산액	6,344.3	4,121.4	10,941.9	12,976.5
가축관련 생산액	6,640.9	6,605.7	12,214.3	14,941.2
농업생산 지수	105	73	105	98

http://www.infostat.ru/epub.htm (검색일: 2003.11.10)

바슈꼬르또스딴 공화국의 총 경지면적 중에서 파종 면적을 보면 2000년을 기준으로 374만 4,300 헥타르이고 여기에 주로 파종되는 작물 종류는 곡물이 53.0%, 사료용 작물재배가 38.3%이고 특용작물이 5.3%, 감자와 채소가 3.4%를 차지하고 있다.

바슈꼬르또스딴 공화국의 농업생산에 있어 2000년에 생산된 주요 품목과 생산량을 살펴보면 다음과 같다.

곡물(수확 후 무게)-252만 700 톤; 감자-71만 5,000 톤; 채소-22만 4,200 톤; 가축과 가금류(도살 후 무게)-20만 4,400 톤; 우유-153만 9,300 톤 등이다.

3. 자원 등 기타

바슈꼬르또스딴 공화국을 경유하는 주요 강으로는 우파강과 유류잔 강이 있다. 이 외에도 이 공화국의 주요 물 공급원으로는 지하수가 있으며 전 공화국에 골고루 풍부하게 분포되어 있다. 특히 볼가캄스크 수역은 지하수의 63%가 집중되어 있으며 이것의 92.5%는 식음용과 공업용수로 사용되고 있다. 최근에는 석유와 기타 광물광산의 개발이 진행되면서 지하수가 많이 오염이 되어 전체적으로 1.5% 정도가 오염된 상태이다.

바슈꼬르또스딴 공화국의 수산자원은 매우 중요한 위치를 차지하고 있다. 이 공화국의 강과 호수, 저수지에는 47종의 어류가 서생하고 있고 이 중 13종은 공화국이 지정한 희귀어종 목록에 들어 있다. 그 예로 철갑상어, 연어, 곤들메기 등이 있다.

바슈꼬르또스딴 공화국의 식물자원은 매우 풍부하다. 많은 숲이 있으며 숲의 주종을 이루는 것은 활엽수이다. 이러한 숲 속에는 보리수와 참나무, 사시나무가 많이 서식하고 있다. 전나무 등 침엽수는 활엽수에 비하여 훨씬 적게 분포하고 있으며 산지대는 널리 퍼져있다.

바슈꼬르또스딴 공화국은 전 면적의 2/3이 스텝지역이다. 또한 풀밭으로 덮인 많은 지역들은 목장으로 이용되고 있다.

바슈꼬르또스딴 공화국의 동물계는 다양하다. 검은 검둥오리, 흰자고새, 도요새, 검은 회색매 등 많은 조류들도 있다. 이 동물들은 공화국내의 많은 주민들의 사냥감이 되어 식량해결에 도움을 주고 있다.

또한 공화국에는 다양한 유용광물자원이 풍부하다. 총 200개의 석유, 가스 매장지가 있으며 10개의 갈탄 매장지, 20개 이상의 철광산 및 50개의 금광이 있다. 이 외에도 석탄, 보오크사이트, 크롬철광, 형성, 중토, 암염, 인산, 석회암, 백운석, 석고, 가연성, 내연성 점토, 이탄, 염소침전물, 지하담수 및 미네랄수가 있다. 지리학적 위치를 볼 때 향후 백금과 다이아몬드의 매장지도 출현할 가능성이 높다.

Ⅴ. 문화시스템

1. 지역정체성

1) 인구

바슈꼬르또스딴 공화국의 2001년도 인구수는 4,102,000명이다. 쏘비에트 연방 붕괴로 찾아온 사회, 경제적 위기로 공화국의 인구구조도 큰 변화를 겪었다. 다른 공화국으로부터의 인구유입이 있었으며, 인구의 도시집중 현상도 발생하였다.

바슈꼬르또스딴 공화국에서는 1993년 이후 인구 자연증가율이 지속적으로 하락했음에도 불구하고, 인구수가 2000년까지 지속적으로 증가하다가 2001년도에 다소 감소하는 추세를 보였다.

바슈꼬르또스딴 공화국 인구변동 추이

연도	1990	1992	1993	1994	1995	1996	1997	1998	1999	2000	2001
인구수 (1,000명)	3,956	4,001	4,034	4,048	4,073	4,089	4,098	4,104	4,110	4,110	4,102

Российский статистический ежегодник. Госкомстат России. М., 2001. С. 82.

바슈꼬르또스딴 공화국의 인구 자연증가율은 1993년부터 지속적으로 마이너스 성장을 보이고 있다. 출생자수가 지속적으로 감소한데 반해 사망자수는 지속적으로 증가한 결과이다. 하지만 인구의 사회적 유입에 따라 자연증가율 하락으로 인한 전체 인구수 감소현상은 크게 나타나지 않았다.

바슈꼬르또스딴 공화국 출생자수, 사망자수, 자연증가율

연도	출생자수(명)	사망자수(명)	자연증가율(명)
1990	63,899	38,157	25,742
1992	53,271	43,539	9,732
1993	46,772	50,738	-3,966
1994	47,296	54,267	-6,971
1995	45,622	51,734	-6,112
1996	45,228	49,600	-4,372

1997	43,776	49,354	-5,578
1998	44,465	48,470	-4,005
1999	41,368	52,650	-11,282
2000	41,642	53,550	-11,908

Россий ский статистический ежегодник. Госкомстат России. М., 2001. С. 114.

바슈꼬르또스딴 공화국의 경제활동인구 및 취업률, 실업률은 다음과 같다.

바슈꼬르또스딴 공화국의 실업률은 1998년까지 지속적으로 상승하다 1999년부터 하락추세를 보인다. 현재 공화국 정부에서는 실업률 하락 및 고용증대 정책을 수립하고 많은 예산을 할당하여 시행 중에 있다. 이 정책은 실업자들의 신속한 취업 지원과 개인 사업자나 중소기업에 대한 재정지원에 초점을 두고 있다. 이 정책으로 인해 향후 실업률이 지속적으로 하락할 것으로 전망하고 있다.

바슈꼬르또스딴 공화국 경제활동인구(취업자, 실업자), 실업률

연도	경제활동인구 (1,000명)	취업자수 (1,000명)	실업자수 (1,000명)	실업률(%)
1992	1,947	1,856	90	4.6
1993	1,921	1,838	82	4.3
1994	1,899	1,773	126	6.7
1995	1,917	1,768	149	7.8
1996	1,898	1,749	149	7.9
1997	1,814	1,610	204	11.2
1998	1,805	1,565	241	13.3
1999	1,939	1,704	234	12.1
2000	1,928	1,707	221	11.5

Россий ский статистический ежегодник. Госкомстат России. М., 2001. С. 137.

2) 민족

바슈꼬르또스딴 공화국에는 70여 민족이 거주하며, 주요 민족구성을 보면(1989년 기준), 원주민인 바슈끼르인이 21.9%, 러시아인 39.3%, 따따르인 28.4%, 추바슈인 3%, 마리인 2.7%, 우끄라이나인 1.9%, 모르드바인 0.8%, 우드무르트인 0.6%, 벨라루스인 0.4%, 독일인 0.3% 등이다.

3) 교육

바슈꼬르또스딴 공화국에서 학교교육이 처음 시작된 것은 10세기경에 이슬람교가 전파되고 사원 내에 종교학교가 설치되면서부터이다. 그러나 1917년 혁명이후 국민교육의 토대가 형성되어 과거와는 달리 원하는 모든 사람이 학교교육을 받을 수 있게 되었다.

오늘날에도 바슈꼬르또스딴 공화국에서는 교육부문에 많은 노력을 기울이고 있다. 예를 들면, 1996년도에는 예산의 22.4%를 교육부문에 할당하기도 하였다. 현재 공화국 내에는 3,300개 일반 중등학교가 설치되어 있으며, 그 가운데 69개는 김나지움, 37개는 특수학교이며, 197개 학교에서는 특화교육이 시행되고 있다. 교육과정에는 민족적 특성이 반영되어, 바슈꼬르또스딴의 문화, 역사, 지리, 환경 등이 교육되고 있으며, 전체 학생의 50.9%에 해당하는 바슈끼르족과 따따르족 아이들에게는 고유 민족어가 교육되고 있다.

이러한 러시아-바슈끼르 학교 외에, 민족학교로 따따르 민족학교, 추바슈 민족학교, 마리 민족학교, 우드무르트 민족학교, 바슈끼르-터키 특수학교, 아랍 특수학교 등이 설치, 운영되고 있다. 그리고 상급학교로는 중등 전문학교 76개, 대학교육 기관 11개가 운영되고 있다.

2. 지역문화

1) 문화개괄

바슈끼르인들은 10세기 이래 지속적으로 이슬람의 영향을 받아 왔다. 수도 우파는 서부 러시아와 중앙아시아를 제외한 시베리아의 이슬람 중심지로서 이슬람 본부가 이 곳에 있다. 예까쩨리나 2세에 의해서 우파에 이슬람 본부가 세워졌는데 10월 혁명 후 폐쇄되었다가 1943년에 다시 개원했다. 오늘날 대부분의 바슈끼르인들은 순니파 하나피계 이슬람교도들이다. 바슈끼르인으로서 기독교 그룹도 있는데, 이들은 나가이박인들로서 18세기에 기독교 정교로 집단 개종한 사람들이다. 그러나 이들의 대부분은 주변의 이슬람 집단들에 의해 이슬람 문화에 거의 동화되어 있다. 현재 바슈꼬르또스딴 공화국에는 약 120여 개의 이슬람사원이 있다.

바슈꼬르또스딴은 러시아에서 여가와 휴양을 위한 가장 좋은 자연적 환경을 가지고 있는 지역 중의 하나이다. 그래서 이 지역을 제2의 스위스라고 부르는 것도 무리는 아닐 것이다. 여기에서 휴양하는 사람들을 위해서 여행사들은 가능한 모든 여행 코스를 제안하고 있으며 숙박시설도 세워놓고 있다. 예를 들면 숙박 시설 '아기젤'은 1964년에 세워졌는데 백(白)강에서 까가 벨로레츠꼬이 지역으로 3킬로미터 떨어진 곳에 위치하고 있다. 바슈꼬르또스딴 공화국의 건축에는 현대의 다층의 건축 기념물들이 조화롭게 서로서로 보충하고 있다.

2) 문화시설

역사 지지박물관

역사-지지박물관

이 박물관은 1864년에 우펌지역 박물관으로 만들어졌다. 그 소장품의 중심은 지역의 산업과 고화폐들, 곤충들, 식물들, 동물들과 역사-건축 유물들로 구성되어 있다. 구루비취, 이바니츠키, 블라소프, 부흐, 빼께르가 이 박물관의 건립을 위해서 많은 힘과 시간을 바쳤으며 그들의 노력덕분에 박물관은 문을 열 수 있었다.

박물관은 여러 번 명칭을 바꾸어서 1993년에 현재의 명칭을 얻었다. 오늘날 역사-지지박물관은 바슈꼬르또스딴 공화국의 민족박물관의 주요 기관이 되었다.

네스쩨로프 예술박물관

이 박물관은 네스쩨로프의 지지와 협력에 의해서 1919년에 문을 열었다. 1920년 1월 5일에 지역 산림산업가인 라쁘쩨프의 집에 박물관의 건물이 들어섰으며 박물관의 소장품의 토대는 네스쩨로프가 시에 기증한 그림들로 구성되어 있다.

세월과 함께 수집품들은 예술가들의 작품에 의해 채워졌고 1927년과 1937년, 그 후에 작가의 후손들이 그림들을 가져왔다. 박물관은 여러 번 이름을 바꾸었는데 1994년에 현재의 이름을 얻었다.

오늘날 박물관은 6개의 관람실을 가지고 있는데 16-20세기의 러시아와 현대 조형예술의 작품들, 부를륙의 독특한 작품 컬렉션, 판화, 조각, 서구 유럽의 그림들, 러시아와 유럽, 동방의 도자기 컬렉션 등이 이에 속하고 있다.

뻬름주
Пермская Область

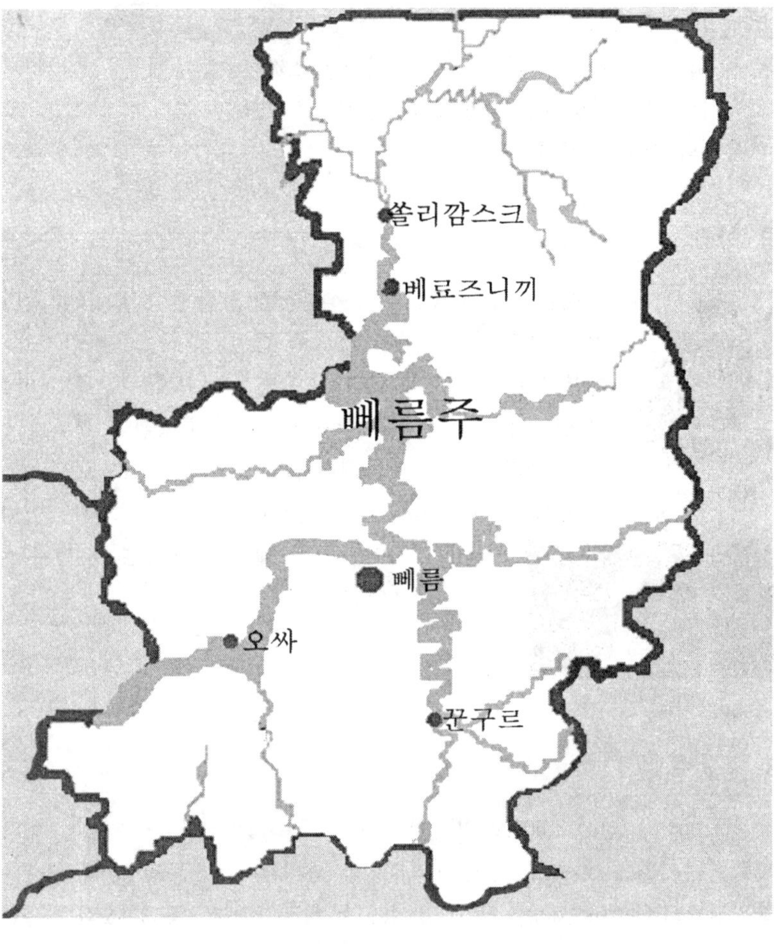

Ⅰ. 개황

1. 기초정보

주 성립일: 1943년 2월 6일 - 첼랴빈스크주에서 분리
주도: 뻬름(Пермь)
인구: 2,792,000명(2001년 현재: 러시아연방 전체의 1.92%, 89개 주체 중 14위)
인구밀도: 21.86명/㎢
면적: 127,700㎢(러시아연방 전체 면적의 0.75%; 89개 주체 중 31위)
소속지구: 볼가연방지구; 우랄경제지구
한국과의 시차: -4시간

2. 상징

뻬름주 문장

뻬름주의 문장은 붉은색 문장 방패에 은빛 곰이 걷고 있는 모습을 형상화한 것으로 곰의 등에는 8각 십자가가 장식된 금장 성서가 실려 있으며, 성서위에는 끝이 요면화 된 십자가가 놓여있다. 방패에는 공작의 왕관이 씌워져 있으며, 문장 주위는 안드레이 리본으로 엮인 화관으로 장식되어 있다. 뻬름주의 문장은 1995년 12월 28일 채택되었다.

뻬름 주기

뻬름 주기는 현재 제작 중에 있으며 옆의 그림은 그 초안이다.

3. 주요도시

뻬름(Пермь): 인구 1,002,500명; 북위 58°0′, 동경 56°14′
베료즈니끼(Березники): 인구 180,800명; 북위 59°25′, 동경 56°46′
쏠리깜스크(Соликамск): 인구 105,400명; 북위 59°38′, 동경 56°46′
차이코프스끼(Чайковский): 인구 89,800명; 북위 55°46′, 동경 54°5′

꾼구르(Кунгур): 인구 75,200명; 북위 57°26′, 동경 56°56′
리씨바(Лысьба): 인구 74,900명; 북위 58°7′, 동경 57°47′
끄라스노깜스크(Краснокамск): 인구 56,000명; 북위 58°5′, 동경 55°46′
추쏘보이(Чусовой): 인구 55,000명; 북위 58°17′, 동경 57°48′
도브랸까(Добрянка): 인구 38.300명; 북위 58°28′, 동경 56°25′
체르누슈까(Чернушка): 인구 37,600명; 북위 56°31′, 동경 56°4′
구바하(Губаха): 인구 30,900명; 북위 58°53′, 동경 57°33′
끼젤(Кизель): 인구 27,800명; 북위 59°4′, 동경 57°38′
오싸(Оса): 인구 26,400명; 북위 57°17′, 동경 55°26′
베레샤기노(Верещагино): 인구 25,000명; 북위 58°5′, 동경 54°39′
니트바(Нытва): 인구 22,800명; 북위 57°57′, 동경 55°19′
(인구: 2002년 현재)

4. 주요 산업 및 농업

주의 주요 산업으로 기계제작(제철설비, 원유, 석탄채굴 설비, 목재가공 및 제지설비, 전기기기, 선박, 터보발전기, 전화기 등), 화학공업, 석유화학, 임업, 제지업, 목재가공업, 연료산업(원유, 가스, 석탄), 소규모 건축자재업, 식료품산업, 경공업 등이 발달했으며, 농업부문은 낙농업을 위한 사료작물 재배, 양금, 양봉 발전. 도시근교에 곡물 및 감자재배 등이 발달했다.

Ⅱ. 자연환경

1. 지리적 위치와 구성

뻬름주는 36개 행정구, 25개 시 및 55개 도시형마을, 516개의 농촌마을로 구성되어 있으며 행정구역상 꼬미-뻬르먀크 자치구를 포함하고 있다. 동유럽 평원 북동부, 중부 및 북부 우랄 서사면에 위치한다.

뻬름주는 스베르들로프스크(Свердловск)주, 끼로프주, 바슈꼬르또스딴 공화국, 우드무르트 공화국, 꼬미 공화국과 경계를 이룬다.

주요 하천은 볼가강의 지류인 까마강과 그 지류인 추소바야, 꼬씨바, 비세라강 등이며 18개의 저수지, 800개의 호수가 있다.

수도 뻬름과 모스크바 간의 거리는 1,386㎞이다.

2. 기후조건

온난기후대, 대륙성 온난기후

1월 평균기온: -15 ~ 18℃

7월 평균기온: 16 ~ 18℃

연강수량: 450 ~ 800㎜

식물 생장 기간: 105(북부 지역) ~ 125일(남부 지역)

식생: 타이가와 혼합립, 삼림과 스텝의 중간 지대

토양: 염분회색토, 부식성 염분회색토

삼림분포도: 69%

3. 주요 유용광물

원유, 가스, 석탄, 칼리-마그네슘염, 크롬철광, 이탄, 금, 다이아몬드, 모래, 쇄석, 자갈 등이 있다.

주요산지:

칼리-마그네슘염: 베르흐네깜스크(Верхнекамск).

프쎄볼로도-빌벤스크(Всеволодо-Вильвенск).

석탄: 끼젤로프스크(Кизеловск).

III. 정치시스템

1. 역사

14세기 - 15세기 전반기에 모스크바 공국은 볼가강 지류인 카마강 상류지역의 점령을 꾀했다. 모스크바 공후들의 북동지역으로의 진출은 단일한 러시아 국가의 건설을 위한 투쟁의 한 부분이었다. 대(大) 뻬름에 그들이 참여하면서 15세기 초 첫 번째 러시아족 거주지가 생겨났다. 까마강 상류지역이 러시아 국가에 편입되면서 15세기 후반에는 이 지역에 대한 기독교화 작업이 진행되었다. 오래된 뻬름의 땅에 첫번째 사원들이 세워지기 시작했다.

1472년 이반 3세는 대 뻬름으로 대규모 군대원정을 조직한다. 대 뻬름의 땅은 우랄에서는 첫 번째 지역들 가운데 하나로 러시아 국가에 편입되었다. 동쪽에서 국경의 확장과 새로운 자연자원의 획득 가능성이 생겨났다.

보다 지역을 안정적으로 통치하기 위해 뾰뜨르 I세는 1708년에 구 통치체계를 도입했다. 중부우랄지역은 1717년까지 또볼스끄 시를 중심으로 하는 시비르스끄 현으로 들어갔으며 그후 뻬름 지역은 까잔 현으로 분리되어 나왔다. 1781년에는 예까쩨리나 II세의 명령에 의해 뻬름 관구가 구성된다.

1796년 12월 12일 빠벨 I세의 명령 '국가의 현 단위로의 재구획'에 의해 현과 향의 행정구획이 복원되었다. 뻬름 현이 출범하게 되었으며, 카마강 북부-중앙지역 및 우랄동쪽지역의 영토가 뻬름 현에 포함되었다.

뻬름 현은 19세기 말까지 러시아의 주요 산업지대로 존속했다. 여기에는 110개 광산자원 관련 공장들, 즉 주철, 강철 공장이 가동되었다. 지역은 오랫동안 주요한 광산자원의 공급지이기도 했다. 19세기 말경에는 철강산업 공장의 상당수는 기계제조 공장으로 변모했다.

1917년 혁명을 전후한 시기에 뻬름에는 학술기관이 들어섰다. 1916년 현의 행정부 주도하에 대학이 세워졌다. 사회주의 사회로의 변혁과정을 겪으면서 지방의 행정구역이 새롭게 정비되었다. 1938년 10월 3일 스베르들로프주의 구성에 분리되어 나와 뻬름주가 구성되었다.

우랄 경제지대에 포함되며 뻬름시가 중심인, 러시아연방의 대형 산업지역 가운데 하나이다. 뻬름시는 이 지역의 정치, 경제, 문화, 교육활동의 중심이며 다양한 산업체들이 활동하면서 지역경제를 이끌고 있다.

2. 정치

1) 정치 일반

(1) 행정부

뻬름주의 집행기관은 주행정부이다. 1996년 1월 12일 러시아연방 대통령 명령에 의해 이굼노프(Г. В. Игумнов)가 뻬름주 행정수반으로 임명되었고 2000년 12월에 선거로 선출되었다. 지방행정의 효율성을 위해 행정부내의 여러 기관과 위원회를 설치하고 있으며 중앙정부 차원에서는 지방과의 행정적 유대관계 차원에서 뻬름주 지역에 연방기관을 설치, 대표자를 파견하고 있다.

뻬름주 내의 행정단위 역시 자신의 영토공간에 행정관련 부서를 설치, 운영하고 있다. 대표적으로 주도인 뻬름시의 지방행정은 시장인 뜨루뜨네프(Ю. П. Трутнев)가 지도하고 있다.

(2) 입법부

뻬름주의 최고 입법기관은 주의회(Законодательное Собрание)이다. 1994년 3월 24일 최초의 의회선거가 실시되었고, 40명의 의원을 선출했다. 의장은 샤피로(Е. С. Шапиро)이다. 의회에서 뻬름주 헌장을 채택했다. 뻬름주 의회는 4개의 위원회(지방재정, 경제정책 및 세금, 지역정치, 사회정책 및 인권 위원회)를 두고 있으며, 공업 및 생활 업무 등과 같은 2개의 의원 그룹이 있다.

1997년 12월 14일 제2기 의회 의원선거가 실시되었다. 메드베제프 (Ю. Г. Медведев)가 의장으로 선출되었다. 입법기관인 의회가 제2기를 맞으면서 보다 폭넓고 다양한 입법활동이 추진되었다. 제2기 의회를 마감하고 제3기 의회의원들이 선출되어 현재 입법활동을 하고 있다. 특히 환경문제에 대한 인식과 함께 지방환경 개선을 위한 지방법률이 제정되었다.

2)선거

뻬름주의 모든 선거는 선거관리위원회에서 관장하고 있다. 선거관리위원회는 뻬름주의 국가 기관이다. 선거관리위원회의 활동은 러시아연방 중앙선거관리원회의 결정에 의해, 그리고 러시아연방 헌법과 법률 그리고 뻬름주 헌장과 법률에 따라 결정된다. 선거관리위원회는 1995년에 최초로 형성되었고, 4년 동안 지속되었다. 1999년 7월 28일부터 새롭게 14명의 위원으로 구성된 선거관리위원회가 활동하기 시작했다. 레베제프(А. Н. Лебедев)를 의장으로 하는 선거관리위원회는 주 의회와 행정부에 의해 구성된다.

(1) 뻬름주 의회의원 선거

제3기 뻬름주 의회 의원선거가 실시되었다. 이 선거에서 당선된 의원들은 다음과 같다.

№	의원	선거구
1	볼끄바제(Болквадзе Д.Х.)	뻬름시 끼롭스끼 라이온
2	꾸쟈예프(Кузяев А.Р.)	뻬름시 끼롭스끼 라이온
3	벨릐흐(Белых Н.Ю.)	뻬름시 제르진스끼 라이온
4	젬낀(Демкин Н.И.)	뻬름시 제르진스끼 라이온
5	벨로우소프(Белоусов Ю.В.)	뻬름시 레닌스끼 라이온
6	네우스뜨로예프(Неустроев И.Г.)	뻬름시 인두스뜨리알늬 라이온
7	추쁘라꼬프(Чупраков В.М.)	뻬름시 인두스뜨리알늬 라이온
8	보리소베쯔(Борисовец Ю.Л.)	뻬름시 스베르들롭스끼 라이온
9	부르쩨프(Бурцев О.Б.)	뻬름시 스베르들롭스끼 라이온
10	플레긴스끼(Флегинский А.Е.)	뻬름시 스베르들롭스끼 라이온
11	꼬벨레프(Кобелев В.Н.)	뻬름시 스베르들롭스끼 라이온
12	보이첸꼬(Бой ченко А.Ю.)	뻬름시 모또빌리힌스끼 라이온
13	오꾸네프(Окунев К.Н.)	뻬름시 모또빌리힌스끼 라이온
14	레비(Леви С.Р.)	뻬름시 오르드죠니끼젭스끼 라이온
15	쁘로호로프(Прохоров С.И.)	뻬름시 오르드죠니끼젭스끼 라이온
16	바라노프(Баранов В.И.)	끄라스노비쉐르스끼 라이온
17	사비로프(Сабиров Р.Х.)	솔리깜스끼 라이온
18	뚜쉬놀로보프(Тушнолобов Г.П.)	솔리깜스끼 라이온
19	꼬발료프(Ковалев О.А.)	베료즈니꼽스끼 라이온
20	지야꼬프(Дьяков С.П.)	베료즈니꼽스끼 라이온
21	사자노프(Сазанов В.С.)	끼젤롭스끼 라이온

22	오줴고프(Ожегов А.И.)	구바힌스끼 라이온
23	스베뜰라꼬프(Светлаков Б.И.)	고르노자보드스끼 라이론
24	쁠류스닌(Плюснин В.Б.)	도브랸스끼 라이온
25	까멘스끼흐(Каменских А.А.)	추솝스끼 라이온
26	간쥔(Ганьжин В.А.)	릐시벤스끼 라이온
27	쉴랴예프(Шиляев А.М.)	끼세르츠끼 라이온
28	릐바낀(Рыбакин В.И.)	꾼구르스끼 라이온
29	스끄리바노프(Скриванов Д.С.)	꾼구르스끼 라이온
30	빠스뚜호프(Пастухов И.В.)	바르딤스끼 라이온
31	가브질린(Габдуллин Р.Ф.)	체르누신스끼 라이온
32	제뱌뜨낀(Девяткин Н.А.)	오신스끼 라이온
33	치첼로프(Чичелов В.А.)	차이꼽스끼 라이온
34	슈빈(Шубин И.Н.)	오체르스끼 라이온
35	바흐린(Вахрин В.М.)	뻬름스끼 라이온
36	라주뜨지노프(Разутдинов Р.З.)	끄라스노깜스끼 라이온
37	곤차르(Гончар Ю.В.)	늬뜨벤스끼 라이온
38	엘로호프(Елохов Ю.Г.)	베레샤긴스끼 라이온
39	븨꼬프(Быков Н.А.)	꾸딤까르스끼 라이온
40	시삐찐(Шипицин В.П.)	꾸딤까르스끼 라이온

출처: http://www.parliament.perm.ru/deputats/(검색일: 2003.12.10)

2000년 3월 26일 4개의 선거구에서 뻬름주 의회의원 재선거가 실시되었다. 꾼구르스끄 선거구에 거주하는 유권자수는 59,145명이며 이들 가운데 43,533명이 투표에 참여했다. 6명의 후보들 중 스끄리바노프(Д. С. Скриванов)가 42.24%를 획득하여 당선되었다. 체르누쉰스끄 선거구에 거주하는 유권자는 58,938명이며, 이 가운데 41,021명이 투표에 참여했다. 3명이 입후보하여 경쟁한 결과 58.14%를 획득한 제뜨낀(В. В. Деткин)이 당선되었다. 꾸딤까르스끄 선거구(No.39)에 거주하는 유권자는 49,542명이며, 이 가운데 34,249명이 투표에 참여했다. 6명이 입후보하여 경쟁한 결과 43.69%를 획득한 끌리모프(С. А. Климов)가 당선되었다. 꾸딤까르스끄 선거구(No.40)에 거주하는 유권자는 48,179명이며, 이 가운데 34,031명이 투표에 참여했다. 2명이 입후보했고 76.76%를 획득한 쉬삐찐(В. П. Шипицин)이 당선되었다.

(2) 러시아연방 국가두마의원 선거

1999년 12월 19일 러시아연방 국가두마의원 선거가 실시되었다. 이 선거에서 뻬름주 유권자들이 보여준 투표성향은 정당별 투표와 후보별 투표로 나누어 살펴보면 다음과 같다.

정당별 득표

정당	득표율(%)
단결	19.78
우파연합	15.22
러시아공산당	14.12
조국-전러시아	10.01
지리놉스끼 블록	7.5
야블로꼬	6.96

후보별 득표

선거구	당선자	득표율(%)	후보수(명)
베레즈니꼬프	세보스찌야노바(Севостьянова В.Б.)	20.12	7
꾼구르스끄	샤흐라이(Шахрай С.М.)	22.40	9
레닌	아노힌(Анохин П.В.)	20.56	11
스베르들로프	뽀흐멜낀(Похмелкин В.В.)	22.40	12

(3) 러시아연방 대통령 선거

2000년 3월 26일 러시아연방 대통령 선거가 실시되었다. 유권자 66.90%가 선거에 참여했고 뻬름주에서는 뿌친이 압도적인 지지를 얻었다.

후보명	득표율(%)
뿌친	60.79
쥬가노프	19.97
야블린스끼	7.31
지리놉스끼	3.47
모든 후보에 대한 반대	1.80

Ⅳ. 경제 시스템

1. 경제개황

뻬름주는 7개의 연방지구 중 볼가연방지구에 속하고 12개의 러시아 경제지역 중 우랄경제지역에 속한다. 뻬름주는 볼가지구에서 산업중심지의 하나로서의 역할을 충분히 하고 있는 지역이다. 특히 공업은 분업체계의 역할수행에 충실해 인근지역뿐만 아니라 세계 여러 국가들과의 관계가 활성화되고 있다.

뻬름주의 주요산업은 연료공업과 화학·석유화학공업으로 이것들은 인근의 대공업도시인 끼로프 주와 우드무르트 공화국, 그리고 스베르들로프스크 공화국 등과의 관계를 긴밀히 맺으면서 산업의 전·후방효과를 높이고 있는 중요 업종들이다.

이 외 뻬름주의 공업은 여러 공업이 골고루 발달되어 있는 것이 특징이다. 연료공업과 화학·석유화학공업 외에 전기전력, 철강업, 비철공업, 기계제작·금속가공, 식료품공업 등은 하나같이 뻬름주의 성장에 기여해 온 부문들이다.

뻬름주의 지역총생산의 러시아대비 비율은 2.3%로 매우 높은 편이다. 거시지표로서 몇 가지 더 보면 공업생산량은 2.7%, 농업생산량은 1.9%의 높은 수준을 기록하고 있다. 또 소매유통거래와 자본투자도 각각 1.8%와 2.2%의 높은 수준을 유지하고 있다.

뻬름주의 전체적 경제상황을 알아보기 위해 먼저 지역총생산과 1인당 지역총생산을 연도별 표로 살펴보면 다음과 같다.

뻬름주 지역총생산액 추이

항목 \ 년도	1996	1997	1998	1999
지역총생산	43,495	50,040	55,523	94,894
1인당 지역총생산	14,482	16,724	18,616	31,928
지역총생산 지수		107.9	93.5	107.4

http://www.infostat.ru/epub.htm (검색일: 2003.1.10)

뻬름주의 지역총생산의 주요 구성에 따른 비율을 보면 공업부문이 절반을 차지하고 있으며 공업도시로서의 면모를 보여주고 있다. 그 비율은 44.8%이고 그 외 농업부문은 7.8%, 그리고 건설이 5.2%, 또 운송과 유통이 각각 8.0%와 8.3%를 기록하고 있다.

빼름주의 기업부문에서의 지표인 총 기업수와 소 기업수, 그리고 공업 활동기업수를 연도별 표로 보면 다음과 같다.

기업수 추이

항목 \ 년도	1997	1998	1999	2000
총기업수(연말)	36,970	39,425	41,873	45,182
소기업수(연말)	9,224	9,587	11,026	8,181
활동기업수	2,240	2,376	2,527	1,997

http://www.infostat.ru/epub.htm (검색일: 2003.1.10)

2. 산업

1) 공업

빼름주의 공업은 빼름을 비롯해 꾼구르, 베레즈니끼 등 대규모의 공업도시를 중심으로 인근지역의 중심 공업지역으로서 입지를 구축하고 있다. 빼름주에는 연료공업과 석유·화학공업을 중심으로 규모의 경제에 의한 실익을 얻기 위한 부문들이 대체로 발달되어 있다. 이러한 부문들은 당연히 과점기업들을 성장하게 만들었고 그리하여 이 지역에는 굴지의 대기업이 많이 있다.[1])

빼름주의 공업을 전체적으로 알아보기 위해 총 공업생산량을 연도별 추이로 보면 다음과 같다.

총 공업생산량 추이

항목 \ 년도	1997	1998	1999	2000
총 공업생산량	38,608	41,582	75,865	110,377
공업생산 지수	108	92	114	112

http://www.infostat.ru/epub.htm (검색일: 2003.1.10)

앞의 표에서처럼 빼름주의 공업은 그 규모가 매우 크고 발전속도가 매우

---

1) 몇 개의 대기업들을 들어보면 먼저 석유 · 가스채굴회사인 ЗАО 'ЛУКОЙЛ-Пермь', ОАО 'ЛУКОЙЛ-Пермнефть', 그리고 화학 · 석유가공회사인 ООО 'ЛУКОЙЛ-Пермнефтеоргсинтез', ОАО 'Пермский завод смазок и СОЖ', 기계제작 등을 생산하는 ОАО 'Пермэнерго', АО 'Пермская ГРЭС РАО', 'ЕЭС России' 등이다.

빠름을 알 수 있다. 뻬름주의 공업부문별 구조를 살펴보면 대체로 모든 공업부문이 골고루 발달되어 있으며 그 중 연료공업과 화학·석유화학부문이 우세하다. 각 부문별 비율들을 표로 살펴보면 다음과 같다.

주요 공업생산부문별 생산비율

생산부문	뻬름주 총공업생산 비율
전기전력	10.7%
연료공업	23.3%
철강업	5.4%
비철금속	5.2%
화학·석유화학	20.1%
기계제작·금속가공	12.4%
목재가공, 종이·펄프	8.3%
건재공업	2.0%
경공업	1.3%
식품공업	6.5%
기타	4.8%

http://www.infostat.ru/epub.htm (검색일: 2003.1.10)

2) 농업

뻬름주의 농업은 대규모로 행해지고 있다. 먼저 뻬름주의 총 경지면적에 대한 뻬름주의 총 파종면적은 2000년을 기준으로 128만 9,000 헥타르이고 여기에 주로 파종되는 작물종류는 곡물이 45.1%, 사료용 식물재배가 48.5%이고 특용작물이 0.2%, 감자와 채소가 6.2%를 차지하고 있다.

뻬름주의 농업을 전체적으로 보기위해 농업생산량을 총 농업생산량과 작물관련 생산액, 가축관련 생산액을 연도별 추이를 보면 다음과 같다.

농업생산량 추이

항목 \ 년도	1997	1998	1999	2000
총농업생산액	5,848.0	5,803.9	13,058.9	14,976.5
작물관련 생산액	3,028.2	2,701.8	6,995.7	7,975.3
가축관련 생산액	2,819.8	3,102.1	6,063.2	7,001.2
농업생산 지수	103	98	108	99.9

http://www.infostat.ru/epub.htm (검색일: 2003.1.17)

뻬름주의 농업생산에 있어 2000년의 주요 생산물과 양을 살펴보면 다음과 같다.

곡물(수확 후 무게)-56만 3,600 톤; 감자-69만 1,400 톤; 채소-44만 700 톤; 가축과 가금류(도살 후 무게)-9만 7,500 톤; 우유-62만 5,400 톤 등이다.

뻬름주의 가축사육과 관련해서 2000년 말 기준으로 사육되는 소는 46만 6,000 두이며 그 중 암소는 21만 2,500 마리이다. 그리고 돼지의 수도 27만 6,700 마리에 이르고 있다.

3. 자원 등 기타

뻬름주는 오래전부터 암염매장지에서의 채취가 진행되어오고 있다. 베르스네깜 매장지에서는 전략적으로 염화칼륨, 마그네슘, 나트륨의 채굴을 진행하고 있다. 이 매장지의 면적은 1,800㎢이다. 이 매장지에는 암염이 집중적으로 매장되어 있으며 이 양은 러시아 전체 암염보유량의 절반에 이른다.

탄화수소원료는 뻬름주의 전 지역에 걸쳐 매장되어 있다. 현재 89개의 석유매장지가 개발되고 있고 3개의 가스매장지 그리고 18개의 가스석유매장지에 대한 작업이 진행되고 있다. 북쪽지방의 경우는 아주 깊은 지역에 석유가 매장되어 있으며 암염의 아래층에 분포하고 있다. 주로 채유는 중앙 및 남부 지역에서 진행이 되고 있다. 가장 활발한 석유 및 가스 매장지로는 팔라즈넴스크, 끄라스노캄스크, 꾸에진스크, 오신스크, 떼로누쉔스크 매장지이다.

석탄의 매장지로 유명한 지역은 끼젤로 석탄역이 있으며 200년 이상이나 채굴이 진행되고 있다. 크롬철광으로 가장 주요한 사라노프 매장지는 러시아에서 크롬철광이 채굴되고 있는 유일한 지역이다. 또한 유명한 10개의 유생금속과 희유금속의 매장지가 있고 금과 백금 등 보석류의 매장지도 분포되어 있다.

북부지역인 크라스노비쉐르스크 지역에는 품질이 매우 높은 마이아몬드가 채굴되고 있으며 이 다이아몬드의 대부분이 보석으로 가공되고 있다. 또한 석영, 대리석 등의 매장지도 유명하며 석고, 진흙, 석회석 등의 건축자재도 많이 분포되어 있다.

뻬름주는 유명한 3개의 자연기념관이 있을 정도로 산림자원이 풍성하다. 뻬름주의 면적의 71%는 산림으로 덮여 있으며 북쪽지방은 전나무가 많고 북서지역은 소나무, 남부지역의 경우는 참나무 등 잎이 넓은 활엽수가 많다. 그리고 뻬름주의 전 지역에 걸쳐 잎이 좁은 활엽수인 자작나무와 사시나무가 분포되어 있다.

뻬름주에는 약 60여 종의 포유류가 분포되어 있고 200종이 넘는 조류, 40종에 달하는 어류가 서생하고 있으며 그 중 30여종이 넘는 포유류에 대해서는 사냥이 허가되어 있다.

뻬름주의 수자원은 막대하다. 이 지역을 경유하는 모든 강들은 1,805 킬로미터에 달하는 까미해와 접해 있다. 가장 큰 호수는 북부에 위치해 있는 추소브호수로 그 면적은 19.4㎢이다. 또한 이 지역에는 800개가 넘는 늪이 있으며 이 지대에는 많은 양의 이탄이 매장되어 있다.

뻬름주는 자연조건이 매우 다양하므로 이로 인하여 지하수의 종류도 다양하다. 최근에는 쁘리카미에에서 수십 종의 미네랄수가 발견되었으며 이들 중 많은 부분은 치료용으로 사용할 수 있다. 따라서 요양소의 건설도 고려하고 있는 중이다.

V. 문화시스템

1. 지역정체성

1) 인구

뻬름주의 2001년도 인구수는 2,792,000명이다. 1992, 1993, 1994년에는 인구 자연증가율이 큰 폭으로 하락하였다. 그러나 인구수는 인구의 사회적 유입으로 1993년부터 작은 폭이나마 지속적으로 하락하는 추세를 보이다, 2001년에는 큰 폭으로 하락했다.

뻬름주 인구변동 추이

연도	1990	1992	1993	1994	1995	1996	1997	1998	1999	2000	2001
인구수 (1,000명)	2,883	2,885	2,883	2,869	2,857	2,844	2,834	2,824	2,819	2,806	2,792

Россий ский статистический ежегодник. Госкомстат России. М., 2001. С. 82.

뻬름주의 인구 자연증가율은 1992년부터 마이너스를 기록하고 있으며, 시기적으로 불규칙적인 양상을 보인다. 그러나 출생자수는 1990년부터 1999년까지 지속적으로 감소하였으며, 사망자수는 불규칙적인 양상을 보인다. 2000년에는 전년대비 출생자수와 사망자수 모두가 증가했다.

뻬름주 출생자수, 사망자수, 자연증가율

연도	출생자수(명)	사망자수(명)	자연증가율(명)
1990	39,523	31,716	7,807
1992	31,333	35,643	-4,310
1993	27,361	42,939	-15,578
1994	27,201	48,618	-21,417
1995	25,966	45,140	-19,174
1996	25,891	41,298	-15,407
1997	25,246	39,013	-13,767
1998	26,722	37,478	-10,756
1999	25,295	41,384	-16,089
2000	26,049	43,614	-17,565

Россий ский статистический ежегодник. Госкомстат России. М., 2001. С. 116.

빼름주의 경제활동인구 및 취업률, 실업률은 다음과 같다.

빼름주의 실업률은 1992년부터 1999년까지 지속적으로 상승하다, 2000년 들어 하락추세를 보이기 시작했다.

빼름주 경제활동인구(취업자, 실업자), 실업률

연도	경제활동인구 (1,000명)	취업자수 (1,000명)	실업자수 (1,000명)	실업률(%)
1992	1,612	1,535	76	4.7
1993	1,591	1,499	91	5.7
1994	1,503	1,378	126	8.4
1995	1,479	1,345	133	9.0
1996	1,429	1,303	126	8.8
1997*	1,376	1,227	149	10.8
1998	1,410	1,233	177	12.6
1999	1,407	1,207	200	14.2
2000	1,400	1,252	148	10.6

* 1996년까지는 꼬미-뻬르먀크 자치구의 수치가 포함된 것이고, 1997년부터는 빼름주만의 수치이다.

Россий ский статистический ежегодник. Госкомстат России. М., 2001. С. 38.

2) 민족

빼름주에는 70여 민족이 거주하며, 주요 민족구성을 보면(1989년 기준), 원주민인 바슈끼르인 21.9%, 러시아인 39.3%, 따따르인 28.4%, 추바슈인 3%, 마리인2.7%, 우끄라이나인 1.9%, 모르드바인 0.8%, 우드무르트인 0.6%, 벨라루스인 0.4%, 독일인 0.3% 등이다.

3) 교육

빼름주 정부는 교육여건 개선을 위해 투자 프로그램을 마련하고 교사들의 임금을 대폭 인상하는 등 다양한 노력을 기울이고 있다.

빼름주에는 30개 이상의 과학, 기술 연구소들이 있으며, 그중 주요 연구소로 금속분말 야금 연구소, 백신 연구소 등을 들 수 있다. 학교로는 9개 대학교와 5개 대학 분교가 있으며, 우랄 인문대학 등 3개 사립대도 설치되어 운영 중에 있다. 대학생 수는 국립대에 48,200명, 사립대에 1,156명이다. 그 외에 각종 전문학교 64개, 일반 중등학교 150여 개가 설치되어 운영되고 있다.

2. 지역문화

1) 문화개괄

뻬름주는 고유의 문화적 전통, 극장, 박물관으로 유명한 주이다. 주에는 10개의 전문 극단, 18개의 박물관이 있으며 주의 중심지에는 서커스와 필하모니, 우랄 지역에서 유일한 천문대가 있다. 뻬름주의 문화생활은 매우 다양하고 풍부하다고 할 수 있다. 주에서는 휴식을 취하고 예술을 즐길 수 있으며 청소년의 영혼을 살찌우는 10개의 전문 극장이 있다. 드라마 극장에는 무용단 '러시아 스포츠 리듬(Спортивные ритмы России)'이 공연하는데 꼬를랴꼬바야(М. А. Корлякоовая)가 지도하고 있다. 이것은 고전과 쇼 무용을 체조와 혼합한 특이한 전문 무용단이다.

드라마 극장 무용단의 공연모습

뻬름주에는 화강암으로 만든 공원 조각에 관한 전 러시아 차원의 심포지엄이 열린다. 관람객들은 이러한 인상적인 광경을 목격하고자 고리끼 기념 시립 어린이 공원을 찾고, 이에 참가자들은 관람객들의 눈앞에서 작업을 하게 된다. 또한 이 공원에서는 세계적인 눈과 얼음 조각 축제가 자주 열린다.

주의 중심지에는 환상적인 것을 좋아하는 관객을 위한 클럽 '살랴리스'와 '풍자만화가 클럽'이 개장되었다. 대대로 내려오는 뻬름의 전통 예술로는 조각, 석조 공예와 보석 공예가 있다.

2) 문화시설

차이꼬프스끼 뻬름 오페라 발레 극장

주의 중심지에는 차이꼬프스끼 뻬름 오페라 발레 아카데미 극장과 젊은 관객을 위한 극장, '예브게니 빤필로프(Евгений Панфилов)' 발레 극장, '다리 옆'시립 극장, 아카데미 드라마 극장, 인형 극장, '아이러니한 모임'극장 등이 있다. 이밖에 리씨바시, 베료즈니끼시, 차이꼬프스끼시, 꾸드임까르시에도 드라마 극장들이 있다.

차이꼬프스끼 뻬름 오페라 발레 아카데미 극장은 러시아에서 가장 오래된 극장들 중 하나이며 러시아의 대표적인 음악 극장에 포함된다. 이 극장의 발레단은 세계적 명성을 얻었다. 뻬름 무용학교의 많은 졸업생들이 이 무대에 서게 되는데 이들은 이미 발레 학교계에서 인정받고 있다. 극장에서는 발레 예술가들의 콩쿠르인 '아라베스크'가 개최되어 외국의 예술가들도 참가하고 있다. 뻬름 오페라 발레 극장은 현대 오페라의 연구소로도 이름이 높다.

'예브게니 빤필로프 발레' 극장은 상대적으로 짧은 기간에 뻬름시 극장분야의 중요한 부분을 차지하게 되었다. 이 극장은 사립이며 수준 높은 현대 발레 전문 극장으로 자처하고 있다. 이 극장은 수도와 해외 여러 나라에서 성공적으로 순회공연을 마쳤고 권위 있는 국제적 축제에도 참가하였다. 뿐만 아니라 국제적 콩쿠르에서 수상하기도 했다.

뻬름 예술 박물관

뻬름주에서 가장 유명한 박물관은 뻬름 예술 박물관이다. 이곳에는 세계적으로 유명한 뻬름 목조상들이 보관되어 있다. 뻬름에서 멀지 않은 까마 강가에 우랄에서 단 하나뿐인 건축 민속학 박물관 겸 보호구역 '호흘로브까'가 위치한다. 그 면적은 42헥타르에 이른다. 주의 북쪽에서 이곳으로 17-19세기의 독특한 목조 건축물들이 이전되었다. 매해 여름 박물관에는 열린 하늘 아래 민속 축제가 열린다. 러시아의 많은 주에서 이 축제에 참가하기 위해 사람들이 모여들곤 한다.

뻰자주
Пензенская Область

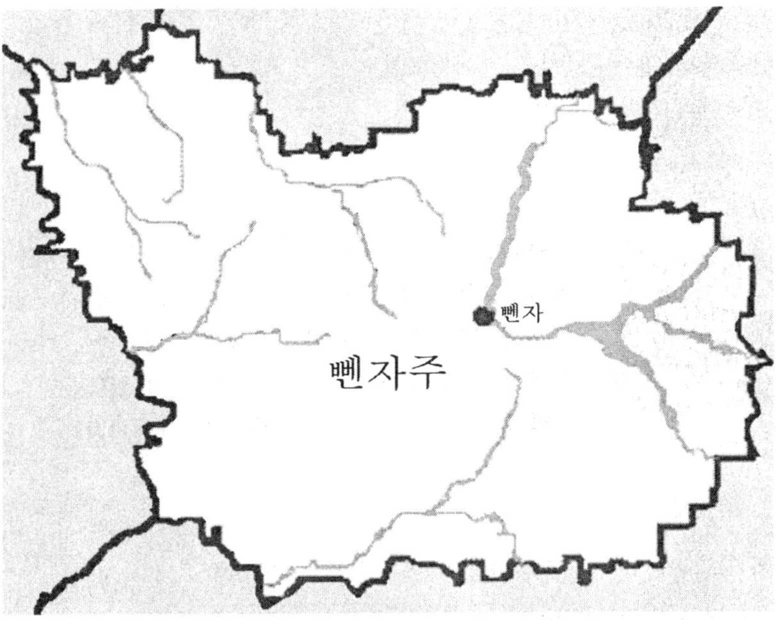

Ⅰ. 개황

1. 기초정보

주 성립일: 1939년 2월 4일.
주도: 뻰자(Пенза)
인구: 1,518,000명(2001년 현재: 러시아연방 전체의 1.04%, 89개 주체 중 32위)
인구밀도: 35.1명/㎢
면적: 43,200㎢(러시아연방 전체 면적의 0.25%; 89개 주체 중 59위)
소속지구: 볼가연방지구; 볼가경제지구
한국과의 시차: -6시간

2. 상징

뻰자주 문장

뻰자주의 문장은 가로, 세로 8:9의 녹색 바탕의 문장 방패에 붉은 리본으로 엮인 3개의 금빛 곡식단을 형상화한 것이다. 문장은 또한 레닌훈장을 상징하는 리본으로 엮인 금빛 참나무 잎사귀로 장식되어 있다.

뻰자주의 문장은 1999년 1월 14일 채택되었다.

3. 주요도시

뻰자(Пенза): 인구 530,400명; 북위 53°12′, 동경 45°0′
꾸즈네쯔크(Кузнецк): 인구 96,200명; 북위 53°7′, 동경 46°34′
자레치니(Заречный): 인구 62,400명; 북위 53°8′, 동경 46°35′
까멘까(Каменка): 인구 43,900명; 북위 53°11′, 동경 44°2′
쎄르도프스크(Сердовск): 인구 41,000명; 북위 52°27′, 동경 44°12′
니주니 로모프(Нижний Ломов): 인구 26,000명; 북위 53°32′, 동경 43°40′
니꼴스크(Никольск): 인구 25,500명; 북위 53°43′, 동경 46°5′
(인구: 2002년 현재)

4. 주요 산업 및 농업

주의 주요 산업으로 기계제작(기기, 전산장비, 시계, 파워디젤, 석유화학설비, 농기계, 경공업 설비), 경공업(모피, 메리야스, 신발), 식료품산업(육류, 동물성 기름, 설탕 등) 등이 발달했으며, 곡물생산, 밀, 곡물사료 작물. 시설재배, 야채재배, 낙농업, 양봉 등이 발달했다.

Ⅱ. 자연환경

1. 지리적 위치와 구성

뻰자주는 28개 행정구, 11개 시 및 16개 도시형마을, 375개의 농촌마을로 구성되어 있으며, 중부 볼가지대에 위치하고 있다.

울리야노프스크주, 싸라또프주, 땀보프주, 랴잔주, 모르도비야 공화국과 경계를 이룬다.

주요 하천은 볼가강 지류인 쑤라(Сура)강과 오까강 지류인 모끄샤강, 돈강 지류인 호뾰르강과 그 지류인 보로나강이다.

수도 뻰자와 모스크바 간의 거리는 709㎞이다.

2. 기후조건

온난기후대, 대륙성 온난기후

1월 평균기온: -12℃

7월 평균기온: 19℃

연강수량: 600㎜

식물 생장 기간: 140일

식생: 활엽수림, 소나무숲, 스텝 지역

토양: 흑토(영토의 2/3)

삼림분포도: 21%

3. 주요 유용광물

주형용 왕모래, 이회암, 백악 등이 있다.

주요산지:

주형용 왕모래: 차다예프스크(Чаадаевск).

이회암, 백악: 쑤르스크(Сурск).

Ⅲ. 정치시스템

1. 역사

뻰자주의 지역에서 인간활동의 가장 이른 흔적은 신석기시대에 관련된다. 15세기부터 러시아족이 이주해오며 특히 16세기에 이것은 강화된다. 1552년 이반뇌제에 의한 까잔 점령과 까잔한국의 몰락이후 현재의 뻰자주 지역은 러시아국가로 귀속되었다.

17세기 중엽 러시아족의 개척자들은 뻰자강이 수라강으로 합쳐지는 지점에 접근해 들어갔다. 여기에 짜르 알렉세이 미하일로비치의 명령에 의해 1663년 뻰자시가 건설되었다. 1663년까지 뻰자는 크지 않은 마을이 있는 촌락이었다. 동년 5월 짜르의 명령에 의해 도시 건설이 시작되었다. 1719년 뻰자는 까잔현 소속 뻰자군의 중심지가 되었다. 1870년에 뻰자는 관구의 중심이 되었으며, 1796년에는 현의 중심이 되었다. 1797-1801년부터 뻰자는 사라또프현의 향 중심도시였고 1801년에 원로원의 결정에 따라 다시 현 중심도시로 선언되었다.

1850년을 전후한 시기부터 도시의 발전이 시작되었다. 건축 및 도로 확충작업이 이루어졌다. 1874년 뻰자를 통과하여 시즈란스끄-뱌젬스끄 철도가 놓여졌고 1895년에는 모스크바-까잔 선이, 1986년에는 랴잔-우랄 선이 놓여졌다. 이러한 조건은 모두 산업은 물론 문화의 중심지로 도시가 빠르게 발전하기 위한 여건이 되었다. 이외에, 이 시기에는 두개의 수도원(남, 여), 26개의 정교회의 교회와 루터교회 등이 문을 열었고 여러 종류의 교육기관이 일을 했다. 은행과 시장이 있었고 160개 이상이 크지 않은 공장들이 작동하고 있었다.

1928년부터 뻰자는 중부볼가 변강주, 이후에는 꾸이비셉스끄 변강주에 속하는 뻰자구의 중심이었고, 1937년부터는 땀보프주에 속하게 되었다. 1939년 땀보프주로부터 뻰자주가 분리되어 나와 독자적인 영토-행정단위로 구성되었으며 뻰자가 주도가 되었다.

파시스트 군대의 침략을 격퇴하는데 주의 주민들이 큰 역할을 했다. 전쟁시작 직후 겨우 이틀 만에 5천명의 자원자가 전선에 나가겠다는 의사를 밝혔다. 1942년 전부 460명으로 구성된 4개의 부대가 구성되었다. 모든 노동능력이 있는 주민들은 공장과 농장에서 일하면서 나라의 방위능력을 강화시키는데 기여했다.

전후의 어려운 시기에도 불구하고 도시에서는 교육, 문화, 의료기관이 계속 문을 열었다. 또한 산업이 발전했고 새로운 기업들이 들어섰으며 이전의 기업들은 생산을 확장하고 신상품을 생산했다. 1967년 6월 소련 최고소비에트 상임위원회의 명령에 의해 산업 및 농업의 발전에서 노동자들이 이룬 성공과 문화건설에서의 성공에 대해 뻰자주에 레닌훈장이 수여되었다. 1985년 2월 14일 소련 최고소비에트 상임위원회는 뻰자주에 붉은노동훈장을 수여했다.

소련의 붕괴와 동시에 러시아의 행정주체로 성장된 뻰자주는 약 80개의 민족으로 구성된 다민족 공동체이다. 러시아족 86.2%, 모르도바족 5.7%, 따따르족 5.4%, 우크라이나인 1.0%, 추바쉬족 0.5% 등의 민족구성을 보인다. 뻰자주는 볼가 경제지대에 포함되며 다양한 지하, 천연자원을 보유하고 있다.

2. 정치

1) 정치 일반

뻰자주의 집행권력은 라이온, 시, 주 행정부, 연방대통령 대표부가 실현한다. 뻰자주는 러시아연방과의 관계를 위해 모스크바에 뻰자주 정부의 대표부를 설치하고 있다. 뻰자주에서 최고 집행기관은 주 행정부이며 주지사를 수장으로 한다. 뻰자주 지사는 보치까레프(В. К. Бочкарев)이다. 그는 1987년 4월 라이온 집행위원회 위원장으로 선임되었으며, 1991년에는 젤라즈노다로즈늬 라이온의 행정담당 수장이었다. 1996년 12월의 선거에서 주 행정수반으로 당선되었다. 주지사를 수장으로 하여 주 행정부에는 전문부서 및 기구가 설치, 운영된다.

뻰자주에서 입법권력은 주의회와 시두마에 의하여 실행된다. 1994년 1월 30일 형성된 주의회는 연방주체의 대의기관이다. 제2기 의회의원들이 입법활동을 수행하고 있으며, 의장은 베치까소프(Ю. Вечкасов)이다.

2)선거

(1) 뻰자시 행정수반 선거

2000년 12월 24일 뻰자시장 선거가 실시되었다. 3명이 입후보했고 유권자

40.12%가 투표에 참여했다. 64.36%를 득표한 깔라쉬니꼬프(А. С. Калашников)가 당선되었다.

(2) 뻰자주 지사 선거

1998년 4월 12일 뻰자주 지사 선거가 실시되었다. 현직 주지사인 꼬블랴긴(А. Ковлягин)과 뻰자시 젤라즈노다로즈느이 라이온 행정담당 수장인 보치까레프간의 대결로 압축되었다. 투표결과 보치까레프가 59.53%를 득표하여 당선되었다.

(3) 뻰자주 의회의원 선거

1997년 12월 7일 뻰자주 의회의원 선거가 실시되었다. 246명의 후보자들 가운데 45명의 의원이 선출되었다.

(4) 러시아연방 국가두마의원 선거

1999년 12월 19일 러시아연방 국가두마의원 선거가 실시되었다. 젤라즈노다로즈느이 선거구에서는 6명의 후보들이 경쟁했다. 리진(Ю. Лыжин)을 제압하고 루덴스키(И. Руденский)가 당선되었다. 뻬르보마이스끼 선거구에서는 9명의 후보들이 경쟁했다. 루즐랴예프(В. В. Рузляев)를 제압하고 일류힌 (В. И. Илюхин)이 당선되었다.

(5) 러시아연방 대통령 선거

2000년 3월 26일 러시아연방 대통령 선거가 실시되었다. 뻰자주에서는 73.5%의 유권자가 투표에 참가했다.

후보명	득표율(%)
뿌친	49.34
쥬가노프	38.34
야블린스끼	3.31
지리놉스끼	2.48
뚤레예프	1.50
찌또프	1.36
모든 후보에 대한 반대	1.33

Ⅳ. 경제 시스템

1. 경제개황

뻰자주는 7개의 연방지구 중 볼가연방지구에 속하고 12개의 러시아 경제지역 중 볼가경제지역에 속한다. 뻰자주는 공업과 농업이 발달된 인근지역에 둘러싸인 지역이며 공업이 크게 발전하지는 못해 인근지역에서 공산품을 수입하는 실정에 있다. 공업은 러시아 대비 0.4%에 이르고 기반산업으로 기계제작·금속가공업, 그리고 전기전력, 식품공업을 갖고 있다.

이에 비해 농업은 상당한 실적을 가지고 있으며 러시아대비 약 1.0%의 비중을 가지고 있다. 농업에서의 기반산업은 곡물품목이다. 이 곡물은 인근지역에 수출되고 있으며 이 외에도 뻰자주에서는 사료용 작물도 다량 재배되어지고 있다.

뻰자주의 경제에서 지역총생산은 러시아대비 약 0.5%를 차지하고 있어 경제의 규모는 그리 크지 않는 지역이다. 이 외에도 소매유통은 0.6%, 자본투자는 0.3%에 이르는 등 평균이하의 규모를 가지고 있다.

뻰자주의 지역총생산을 보면 뻰자주의 전체적인 경제규모를 확인할 수 있을 것이다. 표로 연도별 추이를 살펴보면 다음과 같다.

뻰자주 지역총생산액 추이

항목 \ 년도	1996	1997	1998	1999
지역총생산	11,391	11,898	11,437	19,687
1인당 지역총생산	7,307	7,667	7,400	12,817
지역총생산 지수		101.7	88.1	112.1

http://www.infostat.ru/epub.htm (검색일: 2003.12.10)

뻰자주의 지역총생산의 주요 구성 비율을 보면 공업부문과 농업부문이 각각 25.9%와 20.2%로 거의 절반을 차지하고 있고 이 외에도 건설은 5.6%, 운송은 5.2%, 그리고 유통부문은 10.4%에 이르고 있다.

뻰자주의 총 기업수와 소 기업수, 그리고 공업 활동 기업수의 연도별 추이를 보면 다음과 같다.

기업수 추이

항목 \ 년도	1997	1998	1999	2000
총기업수(연말)	17,732	17,989	18,622	19,611
소기업수(연말)	4,277	4,644	5,523	6,093
활동기업수	1,330	1,335	1,506	1,500

http://www.infostat.ru/epub.htm (검색일: 2003.12.10)

2. 산업

1) 공업

뻰자주의 공업은 주로 뻰자시에 집결되어 있다. 기계제작·금속가공업을 중심으로 해서 식품공업, 화학·석유화학업, 전기전력 등 몇 개의 중요한 기반산업을 가지고 있다. 이 외에도 규모가 크지는 않지만 매우 다양한 산업들이 활동하고 있는데 예를 들면 연료공업, 철강업, 비철금속, 목재가공업, 경공업, 건재공업 등이다. 그러나 규모가 크지는 않아 대외로 수출하기에는 생산량이 부족하여 대부분 자체 소비에 충당되어지고 있다.

뻰자주의 총 공업생산량과 1인당 공업생산량을 보면 전체 공업상황을 알 수 있을 것이다. 연도별 추이를 보면 다음과 같다.

총 공업생산량 추이

항목 \ 년도	1997	1998	1999	2000
총 공업생산량	8,279	7,596	12,674	17,895
공업생산 지수	98	97	123	103

http://www.infostat.ru/epub.htm (검색일: 2003.12.10)

뻰자주의 공업의 중요 부문이 얼마나 많은 기여를 하고 있는지를 보는 것은 매우 유용하다. 기반산업으로서의 기계제작·금속가공업을 비롯하여 여타 공업의 비율을 살펴보면 다음과 같다.

주요 공업생산부문별 생산비율

생산부문	뻰자주총공업생산 비율
전기전력	12.4%
연료공업	0.3%

철강업	1.2%
비철금속	0.1%
화학·석유화학	8.1%
기계제작·금속가공	34.4%
목재가공, 종이·펄프	7.9%
건재공업	3.5%
경공업	3.5%
식품공업	23.8%
기타	4.8%

http://www.infostat.ru/epub.htm (검색일: 2003.12.10)

2) 농업

뻰자주의 농업은 천혜의 자연적 조건으로 인해서 오래전부터 매우 발달해 왔다. 그래서 인근지역의 식량창고로서의 역할을 하고 있다. 뻰자주의 농업은 뻰자시를 비롯한 여러 지역에서 행해지고 있고 주로 생산되는 품목을 보면 다음과 같다.

곡물(수확 후 무게)-82만 300 톤; 감자-46만 7,900 톤; 채소-16만 2,100 톤; 가축과 가금류(도살 후 무게)-5만 4,000 톤; 우유는 43만 5,900 톤 등에 이르고 있다.

뻰자주의 농업을 전체적으로 알아보기 위해 총 농업생산량을 비롯해 농업관련 거시지표를 연도별 추이로 보면 다음과 같다.

농업생산량 추이

항목 \ 년도	1997	1998	1999	2000
총농업생산액	3,666.3	3,103.3	7,151.3	7,882.5
작물관련 생산액	2,198.9	1,561.7	4,025.6	4,545.5
가축관련 생산액	1,467.4	1,541.6	3,125.7	3,337.0
농업생산 지수	108	81	109	105

http://www.infostat.ru/epub.htm (검색일: 2003.10.10)

뻰자주의 총 경지면적에서 재배되는 작물 면적비율을 살펴보면 주요 농산물과 기여도를 파악할 수 있다. 뻰자주의 총 파종면적을 보면 2000년을 기준으로 50만 500헥타르이고 여기에 주로 파종되는 작물 종류를 보면 다음과 같다.

곡물이 55.4%; 사료용 식물재배가 30.6%; 그 외에도 특용작물이 9.8%, 감자와 채소가 4.3%를 차지하고 있다.

3. 자원 등 기타

뻰자주는 산림자원이 풍부하고 수자원, 토지자원, 지하자원이 풍부하다. 이 지역의 식물은 매우 다양한데 이것은 뻰자주가 세 개의 자연지대로 나누어지기 때문이다. 이 자연지대는 숲, 숲과 스텝의 중간지대, 스텝지대이다. 뻰자주의 북부지역은 가문비나무와 전나무 숲으로 구성되어 있고 참나무가 섞인 곳도 있다. 남쪽지역은 활엽수 지대이며 서남쪽지역은 스텝지역이다.

이 지역의 수상동맥으로는 수라강이 있는데 이 강은 길이가 120km로 볼가강의 오른쪽 지류이다. 또 하나의 흥미로운 강으로 모끄솨 강이 있으며 그 길이는 80km이다. 이 강의 바닥에는 검은 참나무가 있는 것으로 알려져 있다. 이 검은 참나무는 다양한 색상을 가지며 매우 견고하고 오랫동안 변하지 않는 특성을 지녔기 때문에 각종 기념품 및 귀중품함, 세공마루 등의 제작에 쓰인다.

뻰자주는 수자원이 풍부하여 이를 통한 경제활동을 활발하게 영위하여 왔지만 다른 지역과 비교했을 때 유용광물자원의 보유량은 현저히 적은 편이다. 이 지역의 주요 광물자원은 주로 석교, 진흙, 유리가루, 망간, 백묵 등이 있다. 그러나 동력자원인 석탄과 가스 등의 자원은 이 지역에는 분포되어 있지 않으므로 기타 러시아의 다른 지역에서 공급을 받고 있다.

V. 문화시스템

1. 지역정체성

1) 인구

뻰자주의 2001년도 인구수는 1,518,000명이다. 1992년부터 인구수 증가의 기반이 되는 인구 자연증가율이 마이너스를 기록함에 따라 전체 인구수 증가가 둔화하기 시작하였고, 이에 따라서 인구수는 소폭으로 증가하다, 1996년 이후부터는 지속적으로 감소하는 추세를 보인다. 인구 자연증가율의 하락이 뻰자주 인구수 감소추세의 주요인이 되고 있다.

뻰자주 인구변동 추이

연도	1990	1992	1993	1994	1995	1996	1997	1998	1999	2000	2001
인구수 (1,000명)	1,548	1,554	1,562	1,563	1,566	1,563	1,556	1,549	1,542	1,531	1,518

Российский статистический ежегодник. Госкомстат России. М., 2001. С. 82.

뻰자주의 인구 자연증가율은 1990년대의 사회, 경제적 상황이 악화됨에 따라 1992년부터 마이너스를 기록하며, 현재까지 지속적으로 하락하고 있다. 이 기간 중 출생자수는 지속적으로 감소한 반면, 사망자수는 지속적으로 증가했다. 이러한 자연증가율 하락현상은 사회적 인구유입으로도 보충되지 않아서, 전체 인구수 감소로 이어지고 있다.

뻰자주 출생자수, 사망자수, 자연증가율

연도	출생자수(명)	사망자수(명)	자연증가율(명)
1990	18604	18431	173
1992	14963	19106	-4143
1993	13772	22939	-9167
1994	13500	25158	-11658
1995	12817	23427	-10610
1996	11999	23018	-11019
1997	11517	23050	-11533
1998	11568	22516	-10948
1999	11034	24820	-13786
2000	11172	25331	-14159

Российский статистический ежегодник. Госкомстат России. М., 2001. С. 116.

뻰자주의 경제활동인구 및 취업률, 실업률은 다음과 같다.

뻰자주의 실업률은 1990년대 들어 지속적으로 상승했으며, 1998년에 최대치를 보이다 1999년부터는 점차 하락추세로 돌아섰다.

뻰자주 경제활동인구(취업자, 실업자), 실업률

연도	경제활동인구 (1,000명)	취업자수 (1,000명)	실업자수 (1,000명)	실업률(%)
1992	764	727	37	4.8
1993	746	698	48	6.4
1994	731	666	65	8.9
1995	738	635	103	13.9
1996	728	620	108	14.9
1997	698	615	84	12.0
1998	707	584	122	17.3
1999	734	655	80	10.8
2000	768	682	86	11.2

Российский статистический ежегодник. Госкомстат России. М., 2001. С. 138.

2) 민족

뻰자주에는 60여 민족이 거주하며, 그중 주요 민족의 분포를 보면(1989년 기준), 러시아인 86.2%, 모르드바인 5.7%, 따따르인 5.4%, 우끄라이나인 1%, 추바슈인 0.5%, 벨라루스인 0.2%, 집시 0.2%, 유태인 0.1%, 아제르바이잔인 0.1%, 아르메니아인 0.1% 등이다.

3) 교육

뻰자주에서는 현재 지역의 산업 발전에 기여할 수 있는 전문가 양성을 위한 고급 직업교육을 활성화하는 데 주력하고 있다. 현재 뻰자주에는 900여개 일반 초, 중등학교, 11개 김나지움, 8개 특수학교, 32개 직업학교와 8개 특수직업학교가 운영되고 있다. 뻰자시에는 2개 대학교, 2개 아카데미, 2개 연구소, 14개 전문학교, 14개 직업학교, 9개 김나지움과 특수학교, 78개 일반 중등학교, 143개 취학전아동교육기관이 설치, 운영되고 있다. 뻰자주내의 각 대학에서는 25,000명 이상의 대학생들이 수학하고 있다.

현재 사회변화에 맞추어 새로운 학교가 다수 설립되고 있으며, 이미 설립되어 운영 중인 학교에서는 새로운 전공과목을 개설하여 변화된 경제, 사회적 현실에 맞는 전문가를 양성하는 데 주력하고 있다.

뻰자주에는 7개 부문별 연구소가 있으며, 조종사 실습설비, 무선통신 설비, 정보의 수집-가공-분배 시스템 등의 전자, 기계제작 부문에 대한 연구가 발전되어 있다.

2. 지역문화

1) 문화개괄

뻰자주는 문화적 전통이 풍부한 지역이며 많은 유명한 사람들의 요람이었다. 러시아의 시인인 레르몬또프는 이 지역에서 자신의 유년기와 청년기를 보냈다. 뻰자 지역은 많은 사상가, 예술가, 문학가들이 살면서 창작 활동을 한 곳이다. 그들은 라지셰프, 벨린스끼, 자고스낀, 라제취니꼬프, 살띠꼬프 쉬드린, 끌류체프스끼, 다비도프, 오가료프, 부슬라에프, 꾸쁘린, 말리쉬낀, 메이에르홀드, 모주힌, 사비츠끼, 렌뚤로프, 부르젠꼬, 필라또프, 자하린, 야블로취꼬프 등이었으며 또한 정치인으로는 스뻬란스끼, 꾸라낀, 골리친과 같은 유명한 인물들이 있다.

이 인물들과 인연이 있는 역사적인 장소들은 모든 러시아인들의 가슴에 특히 뻰자인들의 가슴에 중요한 비중을 차지하고 있다. 그 장소들은 소중하게 간직되어 있고 주 주민의 문화적인 교류와 휴식을 위한 장소가 되었다.

뻰자주는 이전부터 아름다움과 독특한 풍경으로 사람들의 관심을 끌었다. 이곳에는 18-19세기의 건축물들과 역사적 기념물들, 현대 건축물들이 잘 보존되어 있다. 훙미로운 건축물들이 독특하게 배열되어 있는 것은 독창적인 모습을 연출하고 있다. 오늘날까지 보존되고 있는 교회 예술의 가장 독특한 기념물은 성 삼위일체 여자 수도원인데 이 건축물은 1690년에 세워졌다.

뻰자 지역은 많은 유명한 인물들과 인연이 있는데, 이들과 뻰자의 풍부한 역사에 관해서는 주의 많은 박물관에 있는 자료들이 보여주고 있다. 주의 중심에는 10개의 박물관이 있는데 이것들은 지지박물관, 메이에르홀드 예술무대 박물관, 문학 박물관, 끌류체프스끼 박물관-집, 아카데미 부르덴꼬의 박물관-집, 민속 예술 박물관 등이다.

박물관이외에도 뻰자주에는 3개의 극장이 있는데 그 중에 하나는 드라마 극장으로 이 극장은 가장 오래된 러시아 극장(1793년)이며 나머지 두개는 필하모니 극장이다. 그리고 사비츠끼 그림 갤러리와 10개의 문화 센터가 있고 66개의 박물관과 다른 문화 기관이 있다.

또 뻰자 지역은 민속 공예가 발달한 곳이다. 수정세공 기술자들과 목공예가들은 수백 년 전처럼 자신의 아버지나 할아버지가 하던 일을 계속해서 하고 있다.

뻰자주에는 열성적으로 일하는 사람들이 있는데 이들 덕분에 도시에서 뿐만이 아니라 크지 않은 시골에서도 화랑이 열리고 있다. 이들 중의 한 명은 뻰젠 기술대학의 부교수인 마누일로프인데 그는 러시아 회화의 가치를 잘 아는 사람으로 그의 노력에 의해 네베르끼노 마을의 화랑인 '시골 뜨레쨔꼬프미술관'이 열렸다. 이 미술관에 뻰자시 그리고 나중에는 모스크바, 쁘스꼬프, 쌍뜨-뻬쩨르부르크와 그 외의 러시아의 도시들에서 재능 있는 미술가들의 그림이 많이 들어왔다.

2) 문화시설

루나차르스끼 극장

루나차르스끼 드라마 극장

루나차르스끼 드라마 극장은 러시아에서 가장 오래된 극장 중의 하나인데 이것은 1793년 11월 23일 세워졌다. 창립자는 그 당시 부 주지사로 있던 돌고루꼬프였다. 이 부지사 덕분에 100개의 관람석이 있는 특별한 건물이 세워졌다. 이 극장은 최초의 시즌을 '사기꾼들'이라는 코미디를 상연하면서 열었다. 오랜 세월동안 극장의 무대에는 많은 훌륭한 배우들이 거쳐 갔다.

오늘날 이 드라마 극장의 레퍼토리는 어린이들과 청소년들을 위한 약 20개의 연극을 포함하고 있다. 이 극장은 많은 외국과 전 러시아 극장 페스티벌에 참가했다.

국립 따르한 레르몬또프 박물관 보호구역

따르한 레르몬또프 박물관

이 국립 박물관은 독특한 박물관 보호구역인데 레르몬또프의 고향인 뻰자 땅에 1939년에 세워졌다. 전체 박물관은 약 99헥타르를 차지하고 있으며 여기에는 19세기 초의 회상 기념물들의 복합건물이 있는 아르세예프 영지가 있는데, 지주의 집, 마리야 에기베츠까의 영지 교회, 창고 관리인의 집, 보호구역 공원, 3개의 정원, 4개의 호수 등이 이 복합 건물에 속해 있다.

박물관에는 레르몬또프의 개인적인 물건, 그림, 생전과 사후의 출판물, 뛰어난 예술가들의 작품에 대한 삽화들이 보관되어 있다.

1997년에 대통령의 명령에 따라 박물관 보호구역은 러시아 연방 문화의 국보로 지정되었다. 매년 6월의 첫 번째 일요일에 따르한에서 전 러시아 레르몬또프 축제가 열리는데 이곳에 위대한 시인의 숭배자들이 수천 명이 찾아와서 현대의 유명한 시인과 작가, 민속음악가, 다른 분야의 예술가들을 만난다.

참고 : 레르몬또프의 시

「조국」

나는 사랑하네 조국을
그러나 이상한 사랑으로!
나의 이성이 사랑을 이기지 못하네.
...
무엇 때문인지 나 자신도 모르지만, 나는 사랑하지
조국의 초원의 차가운 침묵을
조국의 숲의 끝없는 진동을
바다와 같은 강의 범람을
마차를 타고 시골길로 가는 것을 좋아하며
천천히 밤 그림자를 응시하고
숙소를 동경하며, 슬픈 시골의

여기저기서 흔들리는 불빛을 만나는 것을 좋아하지.
그리고 좋아하지, 그루터기의 연기를
초원에서 자고 있는 짐마차를
누런 들판사이 동산 위
한 쌍의 흰 자작나무를.

많은 사람들은 알지 못하는 기쁨으로
나는 바라보네, 가득 찬 탈곡장을
짚으로 덮여진 농가를
조각된 덧문이 있는 창을...
축제일, 이슬 젖은 저녁에
술 취한 농부들의 이야기를 들으며
자정까지 기꺼이 바라보고 있지
발을 구르고 휘파람을 불면서 추는 춤을.

싸라또프주
Саратовская Область

Ⅰ. 개황

1. 기초정보

주 성립일: 1936년 12월 5일.

• 1934년 1월 10일 - 싸라또프 변강주 성립

주도: 싸라또프(Саратов)

인구: 2,696,000명(2001년 현재: 러시아연방 전체의 1.86%, 89개 주체 중 16위)

인구밀도: 1.30명/㎢

면적: 100,200㎢(러시아연방 전체 면적의 0.59%; 89개 주체 중 36위)

소속지구: 볼가연방지구; 볼가경제지구

한국과의 시차: -6시간

2. 상징

싸라또프주 문장

싸라또프주의 문장은 하늘색 바탕의 문장방패에 3마리의 철갑상어가 묘사된 형상으로, 방패 위에는 다섯 개의 톱니 모양의 돌기가 나 있는 왕관이 씌워져 있으며, 방패 주위에는 리본으로 엮인 금빛 참나무, 월계수 나뭇가지와 이삭으로 된 화관이 장식되어 있다. 싸라또프주의 문장은 2001년 5월 23일 채택되었다.

싸라또프 주기

싸라또프 주기는 위로부터 아래로 백색과 적색 띠가 가로로 나 있는 장방형의 천으로 되어 있다. 백색띠와 적색띠의 너비는 2:1이다. 백색띠의 중앙에는 싸라또프주의 문장이 묘사되어 있다.

주기에 묘사된 문장의 너비(화관 포함)는 주기의 길이의 1/4이며, 주기의 가로, 세로 비율은 3:2이다. 싸라또프 주기는 2001년 5월 23일 채택되었다.

3. 주요도시

싸라또프(Саратов): 인구 867,900명; 북위 51°33′, 동경 46°0′

발라꼬보(Балаково): 인구 205,100명; 북위 52°0′, 동경 47°47′
엔겔스(Энгельс): 인구 189,200명; 북위 51°29′, 동경 46°8′
발라쇼프(Балашов): 인구 96,300명; 북위 51°32′, 동경 43°10′
볼스크(Вольск): 인구 69,900명; 북위 52°3′, 동경 47°22′
르찌셰보(Ртищево): 인구 44,800명; 북위 52°16′, 동경 43°47′
뿌가초프(Пугачёв): 인구 42,400명; 북위 52°1′, 동경 48°48′
뻬트로프스크(Петровск): 인구 33,600명; 북위 52°19′, 동경 45°23′
마르크스(Маркс): 인구 32,900명; 북위 51°43′, 동경 46°43′
아트까르스크(Аткарск): 인구 28,700명; 북위 51°53′, 동경 44°59′
크라스노아르메이스크(Красноармей ск): 인구 25,700명; 북위 51°2′, 동경 45°41′
에르쇼프(Ершов): 인구 25,300명; 북위 51°21′, 동경 48°15′
깔리닌스크(Калининск): 인구 20,000명; 북위 51°30′, 동경 44°28′
(인구: 2002년 현재)

4. 주요 산업 및 농업

주의 주요 산업으로 기계제작(트랙터, 냉장고, 트롤리버스, 베어링), 화학공업, 석유화학공업, 건축자재(시멘트, 철근콘크리트), 섬유산업, 내의산업, 식료품 산업 등이 발달했으며, 농업부문은 낙농업, 모피용 산양사육, 곡물생산, 양금 등이 발달했다.

Ⅱ. 자연환경

1. 지리적 위치와 구성

싸라또프주는 38개 행정구, 17개 시, 34개 도시형마을, 597개 농촌마을로 구성되어 있으며 동유럽 평원 남동부 및 볼가 하류 지대에 위치한다.

볼고그라트주, 땀보프주, 뻰자주, 싸마라주, 보로네슈주, 울리야노프스크주, 까자흐스딴과 경계를 이룬다.

주요 하천은 볼가강과 그 지류인 볼쇼이 이르기스, 메드베지짜(돈강의 지류)강 등이다.

수도 싸라또프와 모스크바 간의 거리는 858㎞이다.

2. 기후조건

온난기후대, 대륙성기후

1월 평균기온: -12℃

7월 평균기온: 22℃

연강수량: 450㎜(우안) ~ 250㎜(좌안), 전체적으로 습기가 부족함.

식물 생장 기간: 150 ~ 160일

식생: 삼림과 스텝의 중간 지대(우안), 스텝 지대(좌안)

토양: 흑토

삼림분포도: 5.5%

3. 주요 유용광물

가스, 원유, 건축자재(백악, 이회암, 석회암, 모래, 점토), 인회토, 유화수소 등이 있다.

주요 산지:

가스: 엘샨스크(Елшанск), 쏘꼴로보고르스크(Соколовогорск), 우리쯔크(Урицк).

편암: 고르니(Горный), 오진끼(Озинки).

백악: 볼스크(Вольск), 흐발린스크(Хвалынск)시 주변, 까자늘라(Казанла), 졸로또크(Золоток), 멜로보예(Меловое) 마을 주변.

Ⅲ. 정치시스템

1. 역사

요새 싸라또프는 1590년 여름 군사령관인 자세낀(Г. О. Засекин) 공후와 그 친위병 수장인 뚜로프(Ф. М. Туров)에 의하여 구축되었다. 17세기 전반기에 싸라또프는 볼가연안의 꽤 큰 요새였으며 300명에서 400명의 친위병이 상시적으로 근무했다. 싸라또프가 성장하면서 어업에 종사하고 식료품 및 소금유통에 종사하는 촌락의 주민들이 큰 의의를 지니게 되었다. 1722년 6월에는 뾰뜨르 I세가 페르시아로 가는 도중 싸라또프에 체류하기도 했다.

1774년 8월 6일 뿌가초프(Е. Пугачев)의 주력부대가 싸라또프로 진입했으며, 뿌가초프의 습격이후 싸라또프는 부유한 상업도시로 성장했다. 19세기에 싸라또프는 현의 중심도시가 되었고 1780년에는 9개 향을 구성으로 하는 싸라또프 관구로 되었다고 바로 현으로 개편된다.

19세기 초반에 도시외곽에 독일족 거류지가 생겨났다. 또한 도시에는 주요도로가 구축되었고, 관공서 및 예술기관들이 세워졌다. 싸라또프의 경제 및 문화 발전이 계속되었다. 1903년에 스똘리삔(П. А. Столыпин 1862-1911)이 싸라또프 현의 최고책임자로 임명되었고 3월 새로운 지사는 자신의 거주지에서 시두마 구성을 수용했다. 1906년 4월 44세의 스똘리삔은 내무부장관으로 임명된다.

싸라또프주는 100년 전에는 러시아 중앙에서 멀리 떨어진 벽지였다. 현재의 싸라또프주는 러시아연방의 주체로서 중앙정부와 깊은 관련을 맺고 중요한 역할을 하고 있다. 싸라또프시를 주도로 하는 싸라또프주는 까자흐스딴 및 러시아의 여러 연방주체와 경계를 접하고 있다. 볼가지역의 철도는 싸라또프주를 러시아연방의 중심지, 우랄, 시베리아, 까프까즈, 중앙아시아와 연결시키며 수로를 통해서는 모스크바, 서부 우랄, 발틱해 연안, 흑해 및 백해로 연결된다.

2. 정치

1) 정치 일반

(1) 행정부

싸라또프주에서 최고 집행기관은 주 행정부이다. 주지사를 수반으로 한다. 현재 싸라또프주의 지사는 아야쯔꼬프(Д. Ф. Аяцков)이다. 국가권력기관과 사회단체간의 상호관계를 보장할 목적으로 주지사 산하에 공공위원회가 설립되어 있다. 이 위원회의 회의에서는 사회발전을 위한 활동의 효율성을 높이는 데에 필요한 문제들을 다루며 여러 정치사회단체들의 입장을 접목시킨다.

싸라또프주 행정부는 주의 정책에 대한 집행 및 운영기관이다. 주의 다른 행정기관들을 지도하며, 필요시 조직을 재편성하고, 그 활동을 통제하는 권한을 갖고 있다. 싸라또프주에 소속되는 행정단위들 역시 자신의 행정기관을 두고 있다. 러시아연방정부와의 관계를 위해, 싸라또프주에는 연방대통령 전권대표가 파견되어 있다. 현재 두르노프(А. В. Дурнов)가 이 직위를 맡고 있다.

(2) 입법부

입법권력의 최고기관은 싸라또프주 두마이다. 주두마는 35명의 의원으로 구성되어 있으며, 의장은 하리또노프(А. П. Харитонов)이다. 주의 기본법은 싸라또프주 헌장이다. 주두마와 그 산하 위원회들의 활동은 주단위의 법규의 채택에만 머무는 것은 아니다. 의원들은 연방의 법률안 심의에도 주의를 기울인다. 위원회는 사회영역, 경제, 국가구성에 관한 법률안을 세밀하게 검토한다.

2)선거

(1) 싸라또프주 지사 선거

2000년 3월 26일 러시아연방 대통령 선거와 동시에 싸라또프주 지사 선거가 실시되었다. 선거 결과는 다음과 같다.

후보명	득표율(%)
아야쯔꼬프(Аяцков Д.)	70.8
까라울로프(Караулов И.)	9
또나까냔(Тонаканян С.)	1% 미만
모든 후보에 대한 반대	15.8

(2) 러시아연방 국가두마의원 선거

1999년 12월 19일 러시아연방 국가두마의원 선거가 실시되었다. 싸라또프주 선거관리위원회의 집계에 의하면, 정당별 득표에서는 <단결>이 29.8%로 최다득표한 것으로 나타났다.

정당	득표율(%)
단결	29.8
러시아공산당	18
지리놉스끼 블록	9.9
야블로꼬	약 8
우파연합 및 조국-전러시아	6 이상

소선거구제로 각 선거구에서 실시된 투표결과와 당선자는 다음과 같다.

선거구	당선자	득표율(%)	소속
발라소프	꼬르구노프(Коргунов О.Н.)	43.94	우리집-러시아
발라꼬프	수호이(Сухой Н.)	38.77	조국-전러시아
싸라또프	라쉬낀(Рашкин В.Ф.)	31.68	러시아공산당
엔겔스	아파나시예프(Афанасьев С.Н.)	25.37	러시아공산당

(3) 러시아연방 대통령 선거

2000년 3월 26일 러시아연방 대통령 선거가 실시되었다. 유권자의 75% 이상이 투표에 참여했다.

후보명	득표율(%)
뿌친	58.29
쥬가노프	28.28
야블린스끼	3.65
지리놉스끼	2.18
모든 후보에 대한 반대	1% 이상

Ⅳ. 경제 시스템

1. 경제개황

싸라또프주는 7개의 연방지구 중 볼가연방지구에 속하고 12개의 러시아 경제지역 중 볼가경제지역에 속한다. 싸라또프주는 볼가경제지역의 중심지 중의 하나이며 공업은 물론이며 공업부문이 여러 지역과 관계를 가지면서 여타 분야에서도 구심적 역할을 하고 있다. 공업의 경우에는 여러 분야가 다양하게 발달되어 있으며 기계제작·금속가공부문과 화학부문, 석유가공과 식품부문이 주요한 분야가 되고 있다.

싸라또프주의 공업은 러시아 대비 약 1.0%의 규모를 가지고 있는데 비해 농업은 러시아대비 2.5%를 점하고 있어 대규모로 농업이 행해지고 있음을 알 수 있다. 싸라또프주의 러시아대비 지역총생산은 그 비율에 있어 약 1.2%에 이르고 있고 소매유통은 1.1%, 자본투자는 1.0%에 달하고 있다.

싸라또프주의 전체적인 경제상황을 살펴보기 위해 지역총생산과 1인당 지역총생산을 표로 살펴보면 다음과 같다.

싸라또프주 지역총생산액 추이

항목 \ 년도	1996	1997	1998	1999
지역총생산	24,780	30,264	29,402	48,595
1인당 지역총생산	9,064	11,103	10,801	17,888
지역총생산 지수		112.0	87.9	106.1

http://www.infostat.ru/epub.htm (검색일: 2003.1.10)

싸라또프주의 지역총생산의 주요 구성을 몇 개로 나누어 보고 그에 대한 비율을 보면 가장 기여도가 큰 것은 공업부문과 농업부문이며 각각 29.9%와 14.7%이다. 그리고 건설이 6.2%, 운송부문이 8.9%, 유통부문이 11.5%에 이르고 있다.

싸라또프주의 기업부문의 지표를 총 기업수와 소 기업수 그리고 공업활동 기업수의 측면에서 표로 살펴보면 다음과 같다.

기업수 추이

항목＼년도	1997	1998	1999	2000
총기업수(연말)	44,291	44,602	45,852	47,698
소기업수(연말)	9,911	13,068	11,116	10,848
활동기업수	1,611	1,596	1,850	2,090

http://www.infostat.ru/epub.htm (검색일: 2003.1.10)

2. 산업

1) 공업

싸라또프주의 공업은 여러 지역을 중심으로 발달되어 있으며 특히 싸라또프와 발라꼬프, 엔겔리스 등이 공업도시로서 주목되고 있다. 그리고 싸라또프주에는 대기업들이 많은 편이며 각 업종에 고루 펴져있다고 할 수 있다.[1)]

싸라또프주의 공업의 전체적 상황을 보면 공업생산량의 성장속도가 매우 빠름을 알 수 있다. 총 공업생산량과 공업생산지수의 연도별 추이를 표로 보면 다음과 같다.

총 공업생산량 추이

항목＼년도	1997	1998	1999	2000
총 공업생산량	16,792	17,562	29,584	41,878
공업생산 지수	102	102	111	120

http://www.infostat.ru/epub.htm (검색일: 2003.1.10)

싸라또프주의 공업의 부문별 구조를 살펴보면 몇 개의 부문이 기반산업으로 자리하고 있다. 기반산업으로는 기계제작·금속가공, 전기전력, 그리고 화학부문과 식품공업 등을 들 수 있다. 각 부문의 비율을 표로 살펴보면 다음과 같다.

---

1) 주요한 대기업들을 보면 Балаковская АЭС, ПО 'Химволокно', 'Капустин Яр', АО 'Саратовнефтегаз', АО 'Крекинг', Саратовская ГЭС и Балаковская АЭС, ОАО 'Саратовэнерго', 'Саратовэнерго', ДАО 'Газпром', АО 'Балаковские волокна' 등을 들 수 있다.

주요 공업생산부문별 생산비율

생산부문	싸라또프주 총공업생산 비율
전기전력	20.5%
연료공업	9.4%
철강업	2.0%
비철금속	0.2%
화학·석유화학	14.7%
기계제작·금속가공	20.7%
목재가공, 종이·펄프	1.9%
건재공업	5.2%
경공업	1.8%
식품공업	14.8%
기타	8.8%

http://www.infostat.ru/epub.htm (검색일: 2003.1.10)

싸라또프주는 공업지역으로서 여러 나라와 합작생산을 하고 있고 또 수출을 위해 관계를 맺고 있는 국가들이 매우 많은데 대표적인 국가들을 들어보면 오스트리아, 불가리아, 헝가리, 독일, 영국, 이탈리아, 에스파니아, 인도, 스위스, 유고슬라비아, 중국, 프랑스, 폴란드, 그리스, 가나다, 이스라엘 등이다.

2) 농업

싸라또프주의 농업은 그 규모가 매우 크다. 대표적인 농업지역으로 싸라또프와 볼스크, 발라소프 등을 들 수 있으며 이 지역들은 인근 여러 주체들과 긴밀한 관계를 가지고 있다. 식량공급처로서의 싸라또프주는 싸마라 주, 뻰자 주, 땀보프 주 등과 비교우위에 의해 농업생산물을 상호교환하고 있고 또 인근 공화국인 까자흐스탄 공화국과도 활발한 거래를 하고 있다.

싸라또프주의 총 파종면적을 보면 2000년을 기준으로 395만 5,700 헥타르이고 여기에 주로 파종되는 작물 종류는 곡물이 65.4%, 사료용 식물재배가 19.7%이고 특용작물이 13.2%, 감자와 채소가 1.7%를 차지하고 있다.

싸라또프주의 농업의 전체적인 모습을 보기위해 총 농업생산량과 총 농업생산액 중 작물관련 생산액과 총 농업생산액 중 가축관련 생산액을 살펴볼 필요가 있다. 표로 살펴보면 다음과 같다.

농업생산량 추이

항목 \ 년도	1997	1998	1999	2000
총농업생산액	8,051.5	5,614.2	12,799.4	19,732.8
작물관련 생산액	5,042.1	2,268.1	6,739.4	12,158.5
가축관련 생산액	3,009.4	3,346.1	6,060.0	7,574.3
농업생산 지수	135	58	125	119

http://www.infostat.ru/epub.htm (검색일: 2003.1.10)

싸라또프주의 농업생산에 있어 2000년의 주요 생산물과 양을 살펴보면 다음과 같다.

곡물(수확 후 무게)-286만 5,300 톤; 감자-58만 7,100 톤; 채소-18만 3,300 톤; 가축과 가금류(도살 후 무게)-12만 5,500 톤; 우유-82만 5,000 톤 등이다.

2000년 말 기분으로 싸라또프주에서 사육되는 소는 66만 500 두이며 그 중 암소는 31만 7,800 마리이다. 그리고 돼지의 수는 35만 600 마리에 이르고 있다.

3. 자원 등 기타

싸라또프주는 볼가강에 의해서 두개의 지역으로 나뉜다. 이 두 지역은 대륙성기후로 더운 여름과 매우 추운 겨울을 가진다.

싸라또프주에는 가스, 석유, 암염, 건축자재 등이 매장되어 있다. 싸라또프주는 엘산끼 지역에서 1940년에 처음으로 천연가스를 채굴하였다. 현재 이 지역에서 생산된 가스는 러시아뿐만 아니라 해외로 수출되고 있다. 싸라또프주에서 생산되는 천연가스는 94%가 메탄으로 구성되어져 있다.

자볼쥐 지역은 가연성슬레이트의 매장지로 유명하며 전체적인 매장량은 수 십억 톤에 달하는 것으로 알려져 있다. 또한 이 지역에는 100개의 이탄 매장지가 존재하는 것으로 알려져 있다. 그 지역은 호프라강의 유역과 메드베지쯔강, 그리고 그 지류 및 볼가강의 지류근처이다. 또한 싸라또프주에는 백묵, 모래, 석회석 등 많은 건축자재가 있다. 인산염의 매장지는 볼가강의 오른쪽 기슭의 지역에서 발견이 되며 인산염에는 20-22%의 인산무수 석고가 포함되어 있고 그 품질은 중등품이다.

싸라또프주의 미네랄수는 과거 백 년 동안 매우 유명한 자원이었다. 가장 큰 미네랄수의 매장지는 석유의 굴삭작업시에 발견되었다. 전체적으로 소금의 함유량은 1%에 달하며 요오드와 붕소, 취소를 함유하고 있다. 그러나 다른 지역의 미네랄수에 비해서 현저히 많은 방사능물질이 포함되어 있다는 단점이 있다.

싸라또프주는 넓은 토지자원을 가지고 있다. 토양의 성질로 볼 때 흑토질이 차지하는 비율이 50.4%로 전반적으로 비옥한 토양을 가지고 있다. 그러나 물과 바람에 의한 토양의 침식으로 인하여 농경지의 절반 이상이 침식되어 있다.

싸라또프주의 수자원은 풍부한 편이다. 싸라또프주를 경유하는 볼가강의 길이는 420km이며 180여개의 작은 강이 있고 이 강들의 총 길이는 만km에 이른다. 싸라또프주의 가장 큰 강은 볼가강으로 총 길이는 3,628km이다. 이 강은 가장 깊고, 가장 넓은 강이기도 하다. 위치에 따라 그 넓이가 20-25km에 달하기도 한다. 이 외에도 싸라또프주에는 테레쉬카 강이 있으며 이 강의 유속은 매우 빠르다. 또한 가장 깨끗한 강으로는 호뻬라 강이 있다.

싸라또프주의 숲의 70%는 사람에 의해 식목되었다. 인공적인 산림으로 가장 큰 규모로 가진 숲 중의 하나는 그라체브 다차로 그 길이는 10km이며 넓이는 2-5km이다. 싸라또프주의 산림의 3/4는 참나무로 이루어져 있다.

V. 문화시스템

1. 지역정체성

1) 인구

싸라또프주의 2001년도 인구수는 2,696,000명이다. 1992년도부터 1995년도까지 완만하게 증가했으나, 1996년도부터 완만한 감소세를 보이고 있다. 출생자수의 감소와 사망자수의 증가가 인구수 감소의 주요한 요인이 되고 있다.

싸라또프주 인구변동 추이

연도	1990	1992	1993	1994	1995	1996	1997	1998	1999	2000	2001
인구수 (1,000명)	2,698	2,709	2,720	2,726	2,737	2,737	2,726	2,721	2,719	2,709	2,696

Россий ский статистический ежегодник. Госкомстат России. М., 2001. С. 83.

싸라또프주의 인구 자연증가율은 1992년부터 마이너스를 기록하고 있으며, 1990년대 중반에 비해 1999년과 2000년에 큰 폭으로 하락하였다. 사망자수가 큰 폭으로 증가한 것이 주요인이 된다.

싸라또프주 출생자수, 사망자수, 자연증가율

연도	출생자수(명)	사망자수(명)	자연증가율(명)
1990	36,249	31,991	4,258
1992	28,545	33,807	-5,262
1993	24,828	39,794	-14,966
1994	25,659	43,282	-17,623
1995	24,356	39,841	-15,485
1996	22,514	38,909	-16,395
1997	21,547	38,324	-16,777
1998	22,008	38,363	-16,355
1999	21,414	41,376	-19,962
2000	21,979	44,389	-22,410

Россий ский статистический ежегодник. Госкомстат России. М., 2001. С. 117.

싸라또프주의 경제활동인구 및 취업률, 실업률은 다음과 같다.

싸라또프주의 실업률은, 대부분의 다른 연방 주체들에서와 마찬가지로, 1998년까지 점차 상승하다가 1999년부터 하락추세로 돌아서는 양상을 보인다.

싸라또프주 경제활동인구(취업자, 실업자), 실업률

연도	경제활동인구 (1,000명)	취업자수 (1,000명)	실업자수 (1,000명)	실업률(%)
1992	1,380	1,302	78	5.7
1993	1,337	1,258	78	5.9
1994	1,303	1,187	116	8.9
1995	1,312	1,175	137	10.4
1996	1,257	1,125	133	10.5
1997	1,259	1,061	199	15.8
1998	1,271	1,069	202	15.9
1999	1,327	1,185	142	10.7
2000	1,321	1,196	125	9.5

Россий ский статистический ежегодник. Госкомстат России. М., 2001. С. 138.

2) 민족

싸라또프주에는 80여 민족이 거주하며, 주요 민족 구성을 보면(1989년 기준), 러시아인이 85.6%, 우끄라이나인 3.8%, 까자흐인 2.7%, 따따르인 2%, 모르드바인 0.9%, 추바슈인(0.8%), 벨라루스인 0.7%, 독일인 0.6%, 아제르바이잔인 0.4%, 유태인 0.3%, 아르메니아인 0.2% 등이다.

3) 교육

싸라또프주는 대학생의 도시, 과학의 도시라고 불릴 정도로 오래 전부터 볼가강 유역에서 뿐 아니라 러시아 전체에서도 기초과학과 응용과학 발전에 기여하는 대학교육의 중심지로 여겨져 왔다. 주요 대학 교육기관으로는 싸라또프 국립대학교, 싸라또프 국립 공과대학교, 싸라또프 의과대학교, 싸라또프 국립 법률 아카데미 등 25개의 대학교, 대학들과 기타 사립대학들이 있다. 중등 전문학교로는 싸라또프 농업학교 등 14개가 설치, 운영 중에 있으며, 과학-기술 연구소로는 볼가 유역 신기술 정보 연구소등 많은 연구소가 있다.

2. 지역문화

1) 문화개괄

싸라또프주는 독특한 문화와 역사를 가진 지역이다. 1803년에 싸라또프에는 러시아에서 최초의 극장 중의 하나인 글라드꼬프 극장이 세워졌고 1890년에는 민속 극장이 세워졌다. 오늘날 주에는 13개의 극장(그 중에 3개는 아카데미 극장이다)이 운영되고 있고 그곳에서 15,000명의 창작자들이 활동하고 있는데 그 중에는 16명의 러시아연방의 국민예술가와 52명의 공훈예술가가 있다.

1831년에 싸라또프에 국립 대중 도서관이 최초로 세워졌다. 지금은 1060개의 국립 도서관이 있으며 그 이용객은 연간 백 구만 육백 명에 이른다. 싸라또프에는 최초의 러시아 민족 서커스가 1873년에 문을 열었다. 1998년에 이 서커스는 창립자인 니기찐 형제의 이름을 따왔고 서커스 건물은 완전히 개축되었다.

라지셰프 싸라또프 국립예술박물관

러시아에서 최초의 대중 예술박물관은 1885년에 싸라또프에서 문을 열었다. 이 박물관은 라지셰프 싸라또프 국립예술박물관인데 러시아에서 가장 훌륭한 박물관 중의 하나이다. 1912년 10월에 러시아에서 모스크바와 뻬쩨르부르크 다음으로 싸라또프 음악원이 웅장하게 문을 열었다.

보고류보프 싸라또프 예술 학교는 오래된 싸라또프 전통을 유지해오고 있다. 이 학교는 자신의 전문적 지식을 자랑하는 교육 기관 중에서 첫 번째이며 사실주의 예술의 비중 있는 학교로 명성을 누리고 있다.

러시아 민족 문화의 발전에서 싸라또프 예술가들이 기여한 것을 인정하여 1998년 싸라또프에서 러시아 예술아카데미의 볼가 유역 지부가 창립되었다. (러시아에서 두 번째로) 1918년 싸라또프에는 세계 최초로 어린이 극장이 문을 열었다. 오늘날 기셀로프 싸라또프 청소년 아카데미극장은 러시아를 넘어서까지도 유명하다.

오랫동안 연극, 음악, 예술 분야에서 독자적인 전통을 유지해오면서 싸라또프주는 높은 문화적인 잠재력을 보유하고 있다. 이러한 예술분야들에서

주의 극장 활동가, 작가들, 작곡가들, 예술가들, 영화 연출가들, 건축가들, 장식실용-예술 장인들, 영화 예술가들, 디자이너들의 연합 조직이 활동하고 있다.

싸라또프주는 문화 예술 기관들을 위한 자격 있는 인재들을 준비하는 센터 역할을 하고 있다. 여기에서는 사비노프 싸라또프 국립 음악원, 예술, 문화, 문예, 음악을 포함해서 7개의 중급 수준의 교육 기관들이 활동하고 있는데 매년 20개의 여러 가지 전공 분야에서 500명이 넘는 전문가들이 배출되고 있다.

어린이 음악 학교, 예술 학교, 문예 학교 연계망은 105개의 학교 교육 기관을 포괄하고 있다. 주의 필하모니와 1,060개의 도서관, 23개의 국립 박물관, 1,300개의 클럽이 주민들에게 봉사하고 있으며 6,600개의 클럽 기관이 활동하고 있고 685개의 영화관이 활동 중이다. 주에는 5천개가 넘는 역사 문화 기념물이 있다.

싸라또프에는 전통적으로 전 러시아 소빈 페스티벌이 개최되고 있으며 네이가우즈 전 러시아 음악 페스티벌, 브란뜨 종교 음악단 국제 콩쿠르, 루슬라노프 전 러시아 민요 페스티벌 등이 열리고 있다.

2) 문화시설

싸라또프 오페라 발레 아카데미 극장

싸라또프 오페라 발레 아카데미 극장

1875년 여름에 신문 '싸라또프소식지'에 유명한 극예술 활동가인 메드베제프의 지도아래 오페라 극단이 상연하는 연극에 대한 기사가 났다. 그 연극은 글린까의 오페라 '이반 수사닌'이었고 그것은 오페라 발레 아카데미 극장의 초연이었다.

오페라 극장의 무대에서 여러 해 동안 러시아의 훌륭한 성악가들인 보브로바, 인사로바, 빠스할로바 등이 노래를 불렀다.

싸마라주
Самарская Область

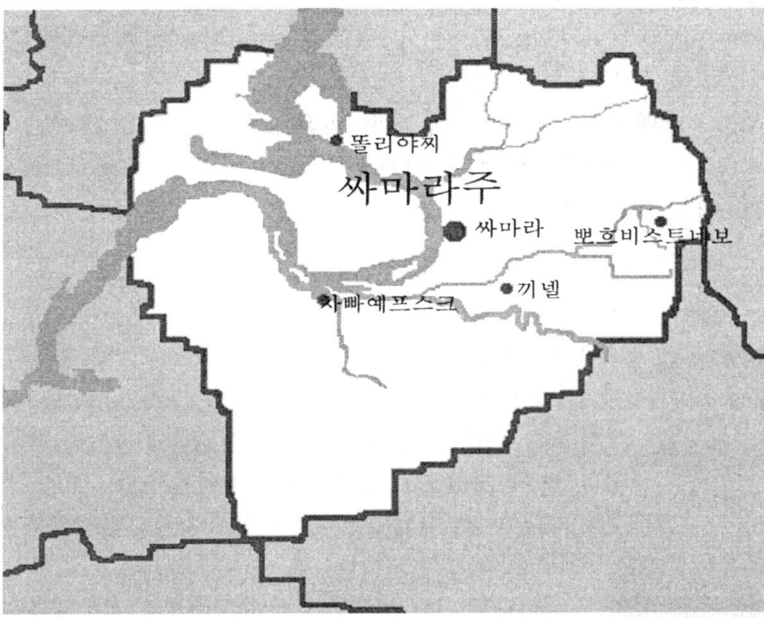

Ⅰ. 개황

1. 기초정보

주 성립일: 1991년.

- 1936년 12월 5일 - 꾸이비셰프주(1935~1991년 주도: 꾸이비셰프)
- 1935년 1월 27일 - 꾸이비셰프 변강주
- 1929년 10월 20일 - 중부볼가 변강주
- 1928년 5월 14일 - 중부볼가

주도: 싸마라(Самара)

인구: 3,279,000명(2001년 현재: 러시아연방 전체의 2.26%, 89개 주체 중 11위)

인구밀도: 61.1명/㎢

면적: 53,600㎢(러시아연방 전체 면적의 0.31%; 89개 주체 중 53위)

소속지구: 볼가연방지구; 볼가경제지구

한국과의 시차: -5시간

2. 상징

싸마라주 문장

싸마라주의 문장은 혁명이전의 싸마라현 문장을 바탕으로 제작되었다. 문장은 하늘색 바탕에 금빛 뿔을 가진 은빛 산양이 형상화되어 있다. 산양의 눈과 혀는 진홍색이며, 발굽은 검정색이다. 문장 방패 위에는 왕관이 씌워져 있으며, 주위는 금빛 참나무 잎사귀와 안드레이 리본으로 장식되어 있다. 싸마라주의 문장은 1998년 10월 13일 채택되었다.

싸마라 주기

싸마라 주기는 위로부터 아래로 동일한 너비의 3색띠(적색, 백색, 청색)가 그려져 있는 장방형 천으로 되어 있다. 주기의 중앙에는 높이가 주기 너비의 2/3 크기의 문장이 묘사되어 있다. 주기의 가로, 세로 비율은 3:2이다. 싸마라 주기는 1998년 10월 13일 채택되었다.

3. 주요도시

싸마라(Самара): 인구 1,150,000명; 북위 53°14′, 동경 50°10′
똘리야찌(Тольятти): 인구 727,600명; 북위 53°29′, 동경 49°31′
씨즈란(Сызрань): 인구 188,900명; 북위 53°10′, 동경 48°27′
노보꾸이비셰프스크(Новокуйбышевск): 인구 116,400명; 북위 53°6′, 동경 49°53′
차빠예프스크(Чапаевск): 인구 82,100명; 북위 52°58′, 동경 49°41′
오트라드니(Отрадный): 인구 53,100명; 북위 53°20′, 동경 51°22′
지굴료프스크(Жигулёвск): 인구 47,700명; 북위 53°25′, 동경 49°30′
끼넬(Кинель): 인구 34,300명; 북위 53°14′, 동경 50°37′
옥짜브리스크(Октябрьск): 인구 27,000명; 북위 53°10′, 동경 48°38′
뽀흐비스트네보(Похвистнево): 인구 27,000명; 북위 53°39′, 동경 52°7′
(인구: 2002년 현재)

4. 주요 산업 및 농업

주의 주요 산업은 기계제작(승용차, 베어링, 금속절단기), 연료산업(원유채굴 및 가공), 화학공업, 석유화학공업(인조고무, 합섬수지, 미네랄비료, 플라스틱), 전력에너지, 식료품산업 등이 발달했으며, 농업부문은 곡물생산과 낙농이 주를 이루며, 시설재배, 산양사육, 양봉 등이 발달했다.

Ⅱ. 자연환경

1. 지리적 위치와 구성

싸마라주는 27개 행정구, 11개 시 및 24개 도시형마을, 324개의 농촌마을로 구성되며 서시베리아 동유럽 평원 남동부, 볼가강 중류에 위치하고 있다.

오렌부르크주, 싸라토프주, 울리야노프스크주, 따따르스딴과 경계를 이룬다.

주요 하천은 볼가강과 그 지류인 싸마라, 쏘크, 차빠예프까, 볼쇼이 이르기스, 우파강 등이다.

수도 싸마라와 모스크바 간의 거리는 1,098㎞이다.

2. 기후조건

온난기후대, 대륙성 건조기후

1월 평균기온: -13℃

7월 평균기온: 21℃

연강수량: 400㎜

식물 생장 기간: 140 ~ 150일

토양: 흑토

삼림분포도: 12%

3. 주요 유용광물

원유, 가스, 편암, 유황, 석고, 석회암, 백운석 등이 있다.

주요산지:

원유: 총 130여곳에서 발견되어, 그 중 67곳에서 채굴되고 있다.

석회암: 시랴예프스크(Ширяевск).

천연유황: 보진스크(Водинск), 씨레이스코-까메노돌스크.

Ⅲ. 정치시스템

1. 역사

고고학 자료에 의하면 중부볼가지역에 인간의 첫 번째 거주는 구석기 후반기였다. 고대인류는 주로 수렵에 종사했다. 고대에 미래의 싸마라주의 영토에는 스키파-싸마라트 민족이 유목생활을 했으며 이에 대해서는 고고학적 발견물이 말해준다. 기원후 7세기부터 중부볼가지역은 하자르 한국의 영향력 하에 들어갔다. 그러나 10세기에 키예프의 스뱌토슬라프 공후에 의하여 이 국가가 붕괴된 이후 볼가지역 주민들은 하자르의 속박으로부터 풀려났다.

중세에 현재의 싸마라주 영토를 통과하여 볼가-까마 불가리야의 남쪽 경계가 지나갔다. 13세기 바뜨야 한의 몽골-따따르 군대가 유럽으로 침입한 이후 중부볼가지역은 오랫동안 낍차끄 한국에 속해 있었고, 이후에는 까잔한국에 들어갔다. 루시국가의 힘과 영향력 성장정책에 의해 특히 경제적 그리고 군사-전략적 시각으로 유리한 싸마라의 지역의 운영은 모스크바의 지배자의 측면에서 이 땅에 대한 큰 관심을 불러일으켰다. 까잔의 몰락이후 곧바로 짜르 표도르 요안노비치의 명령에 따라 1586년 싸마라 하구 지역은 유목민족의 침입을 막는 러시아 국가의 기지가운데 하나인 요새로 건설되었다. 싸마라의 첫 번째 군사령관은 자세낀이었다. 1688년에 싸마라는 도시(город)가 되었고 1708년부터 1773년까지 도시는 까잔현에 포함되었으며 이후에는 아스뜨라한에 들어갔다.

1850년 싸마라현은 독자적인 행정단위로 분리되었고, 곡물매매와 농업생산물의 중심지로 러시아 전역에 알려졌다. 여기에서는 국내 및 외국문화의 중요한 활동가들이 창작활동을 했으며 당시에 문화적 중심지가 되었다. 각종 학교가 건립되었고, 예술관과 극장이 개설되었다.

세 번에 걸친 혁명, 제1차 세계대전, 내전 등은 이 지역의 역사에도 깊은 흔적을 남겼다. 1935년 당시의 현실에 맞추어 도시 싸마라는 싸마라 지역에서 소비에트 권력을 지도한 유명한 혁명가의 이름을 따서 꾸이비세프 (Куйбышев)라는 이름을 얻었고 주 전체가 개명되었다. 현재의 경계를 갖는 주는 1936년 12월부터 존재한다.

이 주는 제2차 세계대전 기간에 기계제작 및 항공산업체들이 서부에서 여기로 철수하면서 대형 산업중심지 가운데 하나가 되었다. 1941년 말 꾸이비세프로 주요 행정관청 및 외교부서가 이전되면서 도시는 '후방의 수도'로 명명되었다.

전후기간에 주는 자신의 경제적 능력을 계속 성장시켰고 석유 및 우주항공산업, 정밀기계, 수력, 자동차산업을 발전시켰다. 오늘날 모스크바와 뻬쩨르부르그, 우랄과 함께 싸마라주는 러시아의 산업적 힘의 기반들 가운데 하나이다. 1990년 도시와 주에는 역사적인 명칭인 싸마라와 싸마라주가 복원되었다.

2. 정치

1) 정치 일반

(1) 행정부

싸마라주의 집행권력은 주지사를 중심으로 하는 주행정부가 실현한다. 주지사는 찌또프(К. А.Титов)이다. 그는 1996년 주지사 선거에서 당선되었으며, 2000년 7월 2일 실시된 선거에서도 재선에 성공했다. 2000년의 선거에서는 53%를 득표했다.

싸마라주의 국가기관은 최고지도자인 주지사의 활동을 보좌한다. 주행정부에는 129명의 공직자들이 근무하고 있다. 싸마라주 산하의 라이온들에는 자체의 행정부가 있다. 대표적으로 싸마라시 행정부를 보면, 시행정부는 시단위의 최고 집행기관이다. 4년 임기로 선출되는 시장은 1998년 10월 27일 선거에서 당선된 리만스끼(Г. С. Лиманский)이다. 시행정부는 도시발전에 필요한 각종 행정부 및 부서를 개설 운영하고 있다.

(2) 입법부

싸마라주에는 주두마(Самарская Губернская Дума)가 입법활동을 하고 있다. 주두마에서는 각종 법률을 심의, 제정하며 특히 1995년 12월 21일 주두마에서 채택된 주의 기본법인 <싸마라주 헌장>이 효력을 발휘하고 있다. 싸마라주 두마의 의장은 꼬발스끼(Л. И. Ковальский)이다.

2)선거

싸마라주에서 실시되는 선거는 선거관리위원회가 관장한다. 1999년 여름에 14명으로 싸마라주 선거관리위원회가 새롭게 구성되었다. 위원장으로 뻬쨔노프(Г. Н. Петянов)가 선출되었다.

(1) 싸마라주 지사 선거

2000년 7월 2일 싸마라주 지사 선거가 실시되었다. 후보들이 획득한 득표율은 다음과 같다.

후보	득표율(%)
찌또프(Титов К.)	53
따르호프(Тархов В.)	29
즈뱌긴(Звягин Г.)	9

(2) 러시아연방 국가두마의원 선거

1999년 12월 19일 실시된 러시아연방 국가두마의원 선거에서는 싸마라주 유권자의 61.75%가 투표에 참여했다.

① 후보별 투표

노보꾸이비셰프 선거구에서는 5명의 후보가 경쟁한 결과, 공산당 소속의 로마노프(В. С. Романов)가 45.06%를 득표하여 당선되었다. 투표참여 유권자의 8.92%가 모든 후보에 대한 반대에 투표했다.

쁘로믜슬렌늬 선거구에서는 11명의 후보가 경쟁한 결과, 우파연합의 레까레바(В. А. Лекарева)가 28.17%를 득표하여 당선되었다. 투표참여 유권자의 26.41%가 모든 후보에 대한 반대에 투표했다.

싸마라스끄 선거구에서는 10명의 후보가 경쟁한 결과, 도시의 군소정당에 의하여 추천된 벨로우소프(А. Н. Белоусов)가 당선되었다. 싸마라주 두마의 지방자치위원회 위원장인 그는 34.89%를 득표했다. 투표참여 유권자의 8.05%가 모든 후보에 대한 반대에 투표했다.

시즈란스끄 선거구에서는 4명의 후보가 경쟁한 결과, 싸마라주의 부지사인 무소속의 모끄릐(В. С. Мокрый)가 57.73%를 득표하여 당선되었다. 가장 강력한 경쟁자였던 사비쯔끼(O. B. Савицкий)는 27.97%를 획득했으며, 투표참여 유권자의 6.15%가 모든 후보에 대한 반대에 투표했다.

똘리야찐스끄 선거구에서는 14명의 후보가 경쟁한 결과, 조국-전러시아의 이바노프(A. C. Иванов)가 30.06%를 득표하여 당선되었다. 투표참여 유권자의 6.94%가 모든 후보에 대한 반대에 투표했다.

② 정당별 투표

정당별 투표에서 주요정당들의 득표율은 다음과 같다.

정당	득표율(%)
단결(메드베드)	19.98
지리놉스끼 블록	5.42
조국-전러시아	5.01
러시아공산당	26.13
우파연합	22.12

(3) 러시아연방 대통령 선거

2000년 3월 26일 러시아연방 대통령선거가 실시되었다. 싸마라주의 유권자수는 2,487,279명이며, 이들 중에서 68.45%가 투표에 참여했다. 싸마라주 유권자들이 보여준 후보별 지지도는 다음과 같다.

후보	득표율(%)
뿌친	40.83
쥬가노프	29. 85
찌또프	20.22
야블린스끼	2.79

Ⅳ. 경제 시스템

1. 경제개황

싸마라주는 7개의 연방지구 중 중앙연방지구에 속하고 12개의 러시아 경제지역 중 볼가경제지역에 속한다. 싸마라주는 러시아 경제에서 매우 중요하고 가치가 높은 지역이다. 그것은 싸마라주가 기계제작의 대표 지역이고 교역의 요충지역이기 때문이다.

싸마라주는 주도인 싸마라를 중심으로 해서 똘야찌, 시즈란 등의 대도시들에서 공업이 집중적으로 발달되어 있고 그 중 기계제작·금속가공이 기반산업으로 자리 잡고 있다. 이들 기반산업의 집중도가 매우 크다는 것에서 이 지역의 특징을 찾을 수 있다. 그리고 싸마라주는 국내 유통뿐만 아니라 인근 지역, 그리고 세계적 기업과도 교역이 매우 활발하며 이에 따른 러시아대비 유통 비율을 보면 여타 지역과는 비교도 안 될 정도의 비율인 3.7%를 기록하고 있다.

싸마라주의 지역총생산은 러시아대비 2.9%에 이르고 있으며 이것은 러시아 주체들의 평균을 훨씬 뛰어넘는 엄청난 규모의 생산액이다. 뿐만 아니라 공업은 3.9%로 공업지역다운 면모를 보여주고 있다. 농업의 규모도 평균을 훨씬 뛰어 넘고 있으며 대러시아 비율이 2.1%에 이르고 있다. 특히 싸마라주는 작물재배에 의해 농업을 특화하고 있고 곡물중심의 농업을 하고 있다.

싸마라주의 전체적인 경제상황을 볼 때 먼저 지역총생산을 살펴보는 것이 중요하다. 싸마라주의 지역총생산과 1인당지역총생산을 표로 보면 다음과 같다.

싸마라주 지역총생산액 추이

항목 \ 년도	1996	1997	1998	1999
지역총생산	59,476	73,173	73,456	121,328
1인당 지역총생산	17,964	22,107	22,201	36,736
지역총생산 지수		105.4	92.5	102.5

http://www.infostat.ru/epub.htm (검색일: 2003.1.19)

싸마라주의 지역총생산의 주요 구성 비율을 보면 주로 공업과 유통, 그리고 농업이 주요한 요소이고 그 비율은 각각 38.9%, 13.4%, 8.0%이다. 그리고 건설과 운송이 4.1%와 9.6%를 차지하고 있다.

싸마라주의 기업부문에서 총 기업수와 소 기업수의 지표를 연도별 추이로 보면 다음과 같다.

기업수 추이

항목 \ 년도	1997	1998	1999	2000
총기업수(연말)	56,608	61,549	67,512	74,499
소기업수(연말)	19,612	21,704	26,933	27,565
활동기업수	3,344	3,765	4,230	3,873

http://www.infostat.ru/epub.htm (검색일: 2003.1.19)

2. 산업

1) 공업

싸마라주의 공업은 대단한 역량을 지닌 분야로 특히 기계제작부문은 러시아 여타 지역의 추종을 불허하고 있다. 러시아대비 3.9%의 막강한 위력의 공업생산량, 이것의 절반이상을 생산하는 기계제작부문은 막대한 규모라 할 수 있다.

이 지역의 공업도시들을 둘러보면 공업단지의 커다란 규모에 놀라지 않을 수 없다. 싸마라주에는 기계제작부문을 제외하고도 몇 개의 부문이 더 활동하고 있으며 예를 들면 전기전력과 연료공업, 그리고 식품공업과 화학공업이 그것이다.

싸마라주의 공업전체상황을 알아보기 위해 총 공업생산량과 공업생산지수를 연도별 추이로 보면 다음과 같다.

총 공업생산량 추이

항목 \ 년도	1997	1998	1999	2000
총 공업생산량	56,864	57,317	108,387	161,001
공업생산 지수	108	89	114	111

http://www.infostat.ru/epub.htm (검색일: 2003.1.19)

싸마라주의 공업부문에서 기계제작부문을 위주로 발달분포의 편중성과 집약성을 살펴볼 필요가 있다. 여타 부문의 비율을 표로 살펴보면 다음과 같다.

주요 공업생산부문별 생산비율

생산부문	싸마라주 총공업생산 비율
전기전력	6.9%
연료공업	6.9%
철강업	0.2%
비철금속	2.9%
화학·석유화학	13.1%
기계제작·금속가공	56.5%
목재가공,종이·펄프	0.4%
건재공업	2.6%
경공업	0.2%
식품공업	9.0%
기타	1.3%

http://www.infostat.ru/epub.htm (검색일: 2003.1.20)

싸마라주는 공업이 발달한 만큼 대외관계도 충분히 확대되어 있어 매년 대외로 나가는 상품들은 20억 달러가 넘고 있다. 이 중 약 85%가 해외로, 그리고 독립국가연합지역으로 나가고 있다. 싸마라주로부터 나가는 수출품 중 석유와 석유가공품이 22.2%에 이르고 있고 알루미늄과 그 제품이 약 22.5%, 그리고 철강이 약 20% 등을 차지하고 있어 주요 수출품으로 자리하고 있다.

구체적인 수출대상 국가를 보면 미국이 19.8%로 그 비율이 가장 높고 그 외에도 독일, 영국, 라트비아, 네덜란드, 핀란드 등이 대표적인 교역상대국으로 관계가 매우 활성화하고 있다.

2) 농업

싸마라주의 농업은 규모가 매우 크다. 그것은 농업이 전 토지에 매우 활성화되었음을 의미하는데 이는 지리적 조건이 훌륭해 자연적인 혜택을 많이 받고 있는 것에 기인하고 있다.

싸마라주의 농업은 자연적인 요인 외에도 정책적으로 지원이 많아 성장할 수 있었다. 90년대를 넘어서면서 경제위기시에 농업도 어려움을 겪고 있었으나 주정부의 전략적인 농업육성 투자책으로 인해 차관을 받아들이고 해외 투자를 받아들여서 농업의 생산량이 점점 늘어나게 되었다.

싸마라주의 농업지표를 보면 이것은 명확히 드러나는 바, 특히 1999년의 성장은 괄목할만하다. 싸마라주의 총 농업생산량과 총 농업생산액 중 작물관련 생산액, 그리고 총 농업생산액을 살펴보면 다음과 같다.

농업생산량 추이

항목 \ 년도	1997	1998	1999	2000
총농업생산액	6,990.8	6,794.2	14,477.5	16,520.0
작물관련 생산액	4,459.9	3,897.3	8,997.0	10,016.4
가축관련 생산액	2,530.9	2,896.9	5,480.5	6,503.6
농업생산 지수	117	81	111	100.2

http://www.infostat.ru/epub.htm (검색일: 2003.1.20)

싸마라주의 총 파종면적을 보면 2000년을 기준으로 1,968.5천 헥타르이고 여기에 주로 파종되는 작물은 곡물이 62.3%로 절반이상을 차지하고 있어 싸마라주는 작물재배에 매우 강하고 또 곡물생산의 비교우위가 매우 크다는 것을 알 수 있다. 그 외에도 사료용 식물재배가 22.7%, 특용작물이 11.6%, 감자와 채소가 3.4%를 차지하고 있다.

싸마라주의 농업생산에 있어 2000년의 주요 생산물의 양을 살펴보면 다음과 같다.

곡물(수확 후 무게)-152만 9,300 톤; 감자-46만 4,700 톤; 채소-17만 8,100 톤; 가축과 가금류(도살 후 무게)-9만 800 톤; 우유-60만 4,000 톤 등이다.

3. 자원 등 기타

싸마라주는 대 초원의 중앙에 자리하고 있으므로 지리적으로 보았을 때 천연자원이 매우 풍부한 지역을 점유하고 있다. 광물자원과 탄화수소 원료가 풍부하고 광물 및 건축용 원료가 다양하다. 이 지역의 주요한 유용광물자원으로는 석유와 가스가 있다. 석유는 7-11%의 파라핀을 함유하고 있고 12.2%의 수지를 포함하며 현저히 많은 양의 경탄화수소를 함유하고 있다. 이 지역에서 생산되는 석유는 3-3.5%의 높은 유황함유량으로 인해 다른 석유와 차이를 보이고 있다. 따라서 이 석유는 화학연료와도 같은 중요한 역할을 한다. 또한 이 지역에는 350여개의 석유매장지에서 채유작업을 시작했다. 그러나 싸마라주의 석유자원은 그 채산성으로 인하여 대부분(83-85%)이 개발되지 않은 상태로 남아 있다.

석유를 제외하고 싸마라주에는 공업용의 광물 및 건축원료의 많은 양이 매장되어 있다. 건축용 돌, 모래-자갈 물질, 건축용 모래, 벽돌-기와 원료, 석고와 도자기 원료, 시멘트 원료 등 많은 자원들이 비축되어 있다. 이 외에도 주형용 모래를 비롯한 채광공학 원료들은 이 지역의 수요에 대해 향후 40년 이상을 보장할 만큼의 충분한 양을 가지고 있다. 또한 지리학으로 보았을 때 이 지역에는 불석과 벤톤 종류의 광물이 매장되어 있을 가능성이 매우 높다.

싸마라주에는 가연성 슬레이트가 풍부하며 가연성 슬레이트의 가공 및 채굴은 까쉬뻬르스크와 데르구노프 매장지에서 진행되고 있다. 비큠과 아스팔트는 효과적인 공학작업을 거쳐서 도로 건설에 적용이 될 수 있을 것이다. 또한 시랴에프 매장지에서는 석회석이 발견되었다.

이 외에도 지하수, 약용 및 식음용수, 미네랄수, 병리학적 용도의 물도 풍부한 것으로 알려져 있다.

V. 문화시스템

1. 지역정체성

1) 인구

싸마라주의 2001년도 인구수는 3,279,000명이다. 1996년까지 소폭의 증가세를 보이다 1997년부터 지속적으로 소폭 감소하는 경향을 보인다. 1990년대 후반 들어 출생자수는 소폭으로 감소한데 반해, 사망자수는 큰 폭의 증가양상을 보였다.

싸마라주 인구변동 추이

연도	1990	1992	1993	1994	1995	1996	1997	1998	1999	2000	2001
인구수 (1,000명)	3,236	3,253	3,270	3,280	3,302	3,309	3,308	3,307	3,305	3,295	3,279

Россий ский статистический ежегодник. Госкомстат России. М., 2001. С. 83.

싸마라주 인구의 자연증가율은 1992년부터 마이너스를 기록했으며, 1996년까지 지속적으로 하락하다 1997, 1998년에는 약간의 상승양상을 보였고, 다시 1999년부터 하락추세를 보이고 있다.

싸마라주 출생자수, 사망자수, 자연증가율

연도	출생자수(명)	사망자수(명)	자연증가율(명)
1990	39,918	35,964	3,954
1992	32,245	38,568	-6,323
1993	29,705	45,678	-15,973
1994	30,041	50,109	-20,068
1995	28,409	48,917	-20,508
1996	26,397	47,293	-20,896
1997	25,398	44,425	-19,027
1998	25,939	44,883	-18,944
1999	24,689	49,764	-25,075
2000	25,791	53,914	-28,123

Россий ский статистический ежегодник. Госкомстат России. М., 2001. С. 116.

싸마라주의 경제활동인구 및 취업률, 실업률은 다음과 같다.

싸마라주의 실업률은 1997년을 제외하고는 1990년대 내내 상승추세를 보였다. 다른 많은 연방 주체들과 마찬가지로 2000년부터는 다시 하락추세를 보이기 시작했다.

싸마라주 경제활동인구(취업자, 실업자), 실업률

연도	경제활동인구 (1,000명)	취업자수 (1,000명)	실업자수 (1,000명)	실업률(%)
1992	1,733	1,671	62	3.6
1993	1,708	1,630	78	4.6
1994	1,655	1,551	104	6.3
1995	1,626	1,495	131	8.0
1996	1,570	1,434	136	8.7
1997	1,597	1,448	149	9.3
1998	1,611	1,472	139	8.7
1999	1,727	1,517	210	12.1
2000	1,692	1,517	175	10.3

Российский статистический ежегодник. Госкомстат России. М., 2001. С. 138.

2) 민족

싸마라주에는 80여 민족이 거주하며, 주요 민족 구성을 보면(1989년 기준), 러시아인 83.4%, 추바슈인 3.6%, 모르드바인 3.6%, 따따르인 3.5%, 우끄라이나인 2.5%, 벨라루스인 0.6%, 까자흐인 0.5%, 유태인 0.4%, 독일인 0.3%, 바슈끼르인 0.2% 등이다.

3) 교육

싸마라주는 러시아의 거대 교육, 과학 중심지 중 하나이다. 어려운 경제상황에도 불구하고 주 정부의 노력으로 높은 과학-교육 잠재력이 유지되고 있다. 최근 전통적인 국립교육기관 외에 많은 사립교육기관이 설치되어 교육과정이 더욱 확대되고 있다. 1998년에는 러시아 최초로 싸마라 시립 행정대학이 개설되어 시정 전문가들을 양성하고 있다.

싸마라주의 러시아 과학아카데미 싸마라 과학센터에는 4개 아카데미 연구소가 통합 운영되고 있으며, 수 십 개 다양한 분야의 연구소, 실험실 및 72개 학술단체에서 기초 및 응용과학 분야에 대한 연구를 수행하고 있다. 특히 우주과학기술 분야의 중앙특수구조 연구소는 세계적으로 유명하다.

싸마라주에는 13개 국립대, 9개 사립대가 있으며, 중등 전문교육기관은 62개, 일반 중등학교는 국립이 1,112개, 사립이 16개 설치되어 운영되고 있다.

2. 지역 문화

1) 문화 개괄

싸마라의 문화적 기반을 살펴보면, 먼저 두 개의 아카데미극장이 운영되고 있는데, 싸마라 아카데미 오페라 발레 극장과 고리끼 아카데미 드라마 극장이 그것이며 그 외에도 어린이 극장 '삼아트', 알라빈 싸마라주 역사지지 박물관, 싸마라주 예술 극장, 필하모니 심포니 오케스트라, 장년 작가 조직, 예술 전문학교 등이 주에서 활동 중이다.

주의 문화 사업을 조직하는 역할은 싸마라주의 문화부에 속해 있다. 주의 전체적인 문화 프로그램인 '싸마라 지역에서 2002-2005년까지 항상적인 문화 발전의 잠재력 형성'이 최근 문화부의 활동 방향을 결정하는 기본적인 정책이다.

싸마라주에는 6개의 지부를 포함해서 26개의 박물관이 활동하고 있으며 박물관은 삼십 구만 오천점이 넘는 유물들을 소장하고 있다. 주의 도시와 농촌에서 지방 자치 박물관들을 건립하고자하는 계획이 실현되고 있으며 그러한 계획에 따라서 볼세체르니고프와 끄라스노야르스크 지역에서 박물관들이 문을 열고 있다. 주의 박물관 연계망에 싸마라의 지방자치 박물관인 '어린이 화랑'이 편입되었다. 싸마라주에서 박물관 연계망이 커짐에 따라 공동행동을 결정하기 위해서 싸마라 박물관 관장들의 위원회를 구성해놓았다.

싸마라주에는 국립과 지방의 폭넓은 도서관 연계망이 만들어졌고 이 망은 840개의 도서관들을 포괄하고 있으며 이 박물관들은 2백 10만 권의 책을 소장하고 있다. 도서관의 전체 이용자 수는 연간 120만 명에 달하고 있다.

노보꾸이비셰프시에 있는 시 중앙 도서관과 중앙 지구 도서관, 끌라블리노 지역 어린이 도서관은 새로운 장소로 이전했다. 1860년에 세워진 싸마라주 대학 학술 박물관은 도서관망의 중심에 속해있다. 이 도서관은 140주년을 맞이했고 도서관의 운영진들은 활발하게 활동하면서 신기술을 사용하며 이용자들의 편의를 위해서 새로운 도약을 꾀하고 있고, 다른 기관과의 관계를 확대하고 있다.

러시아의 도서관들뿐만 아니라 미국과 프랑스, 독일, 네덜란드, 폴란드와 다른 나라의 도서관들이 싸마라주 도서관에 관해서 알고 그들과 상호협력을 하고 있다. 도서관에는 4백만 권이 넘게 소장되어 있다.

싸마라주에서는 클럽의 활동에 상당한 주의를 기울이고 있고 클럽 기관의 수는 836개이다. 이 클럽의 광장에는 매년 만 이천 회의 콘서트와 많은 디스코 파티와 축제와 콩쿠르, 페스티벌이 개최되고 있다.

민속 작품 공연단에는 항상적으로 5만 명이 넘는 예술 활동가들이 종사하고 있다. 러시아에서 처음으로 싸마라주에서는 주에 살고 있는 100개가 넘는 민족들의 예술과 전통 풍속을 보존하고 알리는 역할을 하는 민족 우정의 집이 만들어졌다. 1990년에 이미 민족들을 하나의 조직으로 통합하자는 생각이 있었지만 2001년 9월 12에야 민족 우정의 집 건설에 대한 싸마라주의 주지사의 서명이 있었다. 우정의 집의 프로그램을 보면 매년 주의 예산에서 4백만 루블이 배정되도록 계획되어 있다.

2) 문화시설

알라빈 싸마라주 역사지지박물관

박물관은 타 공화국의 정부나 사회 조직, 박물관, 문화 센터와 동료적 관계를 유지하고 발전시키고 있다.

오늘날 캐나다 문명 박물관과 모스크바에 있는 괴테 독일 문화 센터, 러시아 주재 일본 대사관 산하의 문화 센터박물관 등이 이 박물관의 협력 박물관이다. 박물관 최초의 프로그램의 하나로 준비 프로그램을 시작했고 후에 싸마라주 150주년 기념식에 바쳐진 행사를 준비했다. 싸마라 주민 층의 연금생활자나 빈곤계층을 위해서 박물관과 영화관에서는 예술 영화를 공짜로 보여주고 있다.

싸마라 오페라 발레 아카데미 극장

오페라 발레 극장의 배우진

싸마라 오페라 발레 극장은 러시아에서 가장 큰 극장 중의 하나이다. 극장의 산하에는 합창단, 오케스트라 연주가, 성악가, 발레리나 등의 상설 예술가 집단이 있다. 오늘날 극장의 관장은 유명한 오페라 가수이며 러시아의 국민 배우이며 러시아 정부 상의 수상자이며 폴란드의 문화 공훈 예술가인 시비르체프가 맡고 있다. 주요 지휘자는 러시아의 공훈배우인 꼬발렌꼬이며, 주요 예술가는 엘린스끼이다.

싸마라 오페라 극장은 전통창작품들이 많은 극장이다. 극장의 최초의 시즌은 1931년 러시아의 위대한 작곡가인 무소르그스끼의 오페라 '보리스 고두노프'로 개막되었다. 세계와 러시아의 오페라와 발레 고전들은 오늘날까지 배우진의 주요 레퍼토리가 되고 있다.

오렌부르크주
Оренбургская Область

Ⅰ. 개황

1. 기초정보

주 성립일: 1934년 12월 7일.

• 1938년 - 1957년: 츠깔로프스크주

주도: 오렌부르크(Оренбург)

인구: 2,212,000명(2001년 현재: 러시아연방 전체의 1.52%, 89개 주체 중 22위)

인구밀도: 17.83명/㎢

면적: 124,000㎢(러시아연방 전체 면적의 0.73%; 89개 주체 중 32위)

소속지구: 볼가연방지구; 우랄경제지구

한국과의 시차: -4시간

2. 상징

오렌부르크주 문장

오렌부르크주의 문장은 상단부 은색 바탕에 달리고 있는 하늘색 담비를 형상화한 방패형상을 띠고 있다. 방패 하단부 붉은 바탕에는 두개의 깃발이 묘사되어 있다. 두 깃발 사이의 윗부분에는 그리스-러시아 십자가가 장식되어 있으며, 아랫부분에는 금빛 반달(半月)이 새겨져있다. 깃발 각각에는 1856년도 형 러시아의 독수리가 묘사되어 있다. 방패는 금빛 참나무 잎사귀가 감싸고 있으며, 하늘색 리본이 엮여 있다. 방패 상부에는 금빛 왕관이 씌워져 있다. 오렌부르크주의 문장은 1996년 12월 23일 채택되었다.

오렌부르크 주기

오렌부르크 주기는 붉은색 장방형 천으로 되어 있으며, 중앙에 오렌부르크주의 문장이 자리잡고 있다. 문장의 높이는 깃발의 6/10이며, 깃발의 가로, 세로 비율은 3:2이다. 오렌부르크 주기는 1997년 11월 17일 채택되었다.

3. 주요도시

오렌부르크(Оренбург): 인구 522,200명; 북위 51°47′, 동경 55°6′

오르스크(Орск): 인구 273,400명; 북위 51°13′, 동경 58°38′
노보뜨로이쯔크(Новотрой цк): 인구 109,600명; 북위 51°13′, 동경 58°12′
부줄루크(Бузулук): 인구 86,500명; 북위 52°47′, 동경 52°16′
부구루슬란(Бугуруслан): 인구 55,300명; 북위 53°40′, 동경 52°26′
메드노고르스크(Медногорск): 인구 33,000명; 북위 51°29′, 동경 57°35′
꾸반디크(Кувандык): 인구 30,600명; 북위 51°29′, 동경 57°21′
쏘로친스크(Сорочинск): 인구 30,400명; 북위 52°25′, 동경 53°9′
압둘리노(Абдулино): 인구 24,100명; 북위 53°41′, 동경 53°39′
쏠-일레쯔크(Соль-Илецк): 인구 23,700명; 북위 51°10′, 동경 54°59′
(인구: 2002년 현재)

4. 주요 산업 및 농업

주의 주요 산업으로 가스개발 및 가공, 철, 비철금속산업, 화학공업(미네랄 비료, 가성소다, 플라스틱, 합성수지), 기계제작(공작대, 도로건축설비) 등이 발달했고, 농업부문은 곡물생산(주로 밀), 낙농업, 양금, 모피용 산양 사육 등이 발달했다.

Ⅱ. 자연환경

1. 지리적 위치와 구성

오렌부르크주는 35개 행정구, 12개 시 및 26개 도시형마을, 580개의 농촌마을로 구성되어 있으며 남 우랄 지맥과 동 우랄 남단에 위치하고 있다.

북쪽으로 바슈꼬르또스딴 공화국, 첼랴빈스크주, 동남쪽에 까자흐스딴, 서쪽으로 싸마르주와 경계를 이룬다.

주요 하천은 우랄강과 그 지류인 싸끄마라, 싸마라강(볼가강 지류)이다.

오렌부르크시와 모스크바 간 거리는 1,478㎞이다.

2. 기후조건

온난기후대, 대륙성기후

1월 평균기온: -14 ~ 18℃

7월 평균기온: 19 ~ 22℃

연강수량: 300 ~ 450㎜

식물 생장 기간: 140 ~ 155일

식생: 스텝 지대, 삼림과 스텝의 중간 지대

토양: 흑토, 밤색토

삼림분포도: 4.5%

3. 주요 유용광물

중부와 서부지역에는 천연가스, 원유, 소금, 편암 등이 많으며 동부지역에는 철금속 및 비철금속이 많다.

주요산지:

가스칸덴세이트: 오렌부르크 매장지.

철광석: 할릴로프스크.

니켈광: 부르끄딸스크.

동광: 가이, 메드노고르스크.

식염: 솔-일레쯔크.
유황: 오렌부르크.
석면: 끼옘바예프스크.

Ⅲ. 정치시스템

1. 역사

오렌부르크는 250여년전 1743년 4월에 건설되었다. 처음부터 오렌부르크는 요새도시로 세워졌고 야이끄, 싸마라, 사끄마라에 대한 방어기지로서 러시아의 남동 국경을 방어했다. 동시에 도시는 동쪽 주민들과의 산업-경제적 교류의 중심지가 되어야 했다. 그래서 도시는 군사적 성격만이 아니라 유통의 성격도 지녔다. 도시와 요새의 성격을 동시에 반영하는 건축물들이 들어섰다.

1744년 안나 이바노브나 여제의 명령에 의해 오렌부르크현이 구성되었다. 현의 영토는 현재의 까자흐스딴, 바쉬끼리야, 따따르스딴, 첼랴빈스크, 싸마라주의 일부까지 포함하는 것이었다. 남부경계는 카스피해와 아랄해를 통과했다. 지리적 조건 덕분에 중앙아시아 및 동부지역 국가들과 유통 및 문화교류를 발전시킬 수 있었고, 특히 아시아지역 국가의 상인들과 활발한 무역관계를 맺을 수 있었다.

19세기 중반에 요새는 사실상 군사적 의미를 상실했으며 1862년 6월 11(23)일 오렌부르크 요새의 폐쇄에 대한 명령이 하달되었다. 1879년 새로운 계획, 이후에는 새로운 건설이라는 명칭 하에 도시계획이 추진되기 시작했다. 1906년에는 새로운 계획이 확대되어 현재의 쉐브첸꼬 거리까지 해당되었다.

1914년 제1차 세계대전의 시작과 함께 피난민으로 인해 도시인구가 증가했다. 인구증가와 함께 경제적 불평등이 심화되었고 주민들 사이의 대립관계가 표출되기 시작했다. 1920년부터 1925년에 걸쳐 오렌부르크는 끼르기즈(까자흐) 자치소비에트 사회주의공화국의 수도였고 현의 중심으로 남아있었다. 1928년 중부볼가주가 조직되었고 이 주는 이후 변강주로 개편되는데, 오렌부르크는 구의 중심도시, 1930년부터는 라이온의 도시가 되었다. 1934년 오렌부르크주는 중부볼가 변강주로부터 분리되어 나왔고 오렌부르크는 주의 중심도시가 되었다. 1938년 12월 26일부터 1957년 12월 4일까지 이 주는 치깔롭스끄로 명명되었다. 1930년대 중반에 다층건물이 건립되기 시작했다.

1910년 36개의 기업이 있었다면 1938년에는 이미 12개의 새로운 기업이 문을 열었고 대부분은 경공업이었다. 교회를 비롯한 다양한 문화, 예술 공간이 정비되기 시작했다.

1940-60년대에 공장들이 들어서면서 인구 역시 증가되었다. 각종 건물의 증축 및 도시의 정비 작업이 계속되었다. 1966년에는 오렌부르크 주변지역에 대단위 가스공장이 건립되면서 가스관련 산업이 발전되기 시작했다.

소련의 붕괴와 러시아의 부활 속에서도 오렌부르크시를 중심으로 오렌부르크주는 계속 발전하여 러시아의 연방주체로서 자립구조를 갖추었다. 오렌부르크를 주도로 하며 우랄 경제지대에 포함된다. 주는 유럽과 아시아의 연결지점에 위치하고 있으며, 아시아로 향하는 러시아의 '창(窓)'으로 인식되고 있다. 까자흐스딴, 러시아연방의 주체들과 경계를 접하고 있으며, 특히 까자흐스딴과 접하는 국경의 길이는 1876 킬로미터에 달한다.

2. 정치

1) 정치 일반

(1) 행정부

오렌부르크주는 우랄 남부지역의 대규모 공간을 차지하는, 러시아연방의 가장 넓은 주들 가운데 하나이다. 러시아연방 헌법에 따라 오렌부르크주에서는 직접적으로 발효되고 상위의 법적 효력을 갖는 헌장이 제정된다. 주에서는 내부적인 행정-영토적 구성문제가 규정되며 또한 발효 중인 주의 법령에 따라 국가권력기관체계에 관한 문제가 독자적으로 결정된다.

주 행정수반은 4년 임기로 선출된다. 권한영역 내에서 그리고 법령의 집행을 위해 발포되는 주 행정수반의 명령은 주의 전역에서 효력을 갖는다. 라이온 행정담당 수장의 임명은 주 행정수반이 실행한다. 시의 대의권력기관은 주 헌장과 연방헌법에 따라 선출된다.

주와 라이온 행정부의 수장들은 지역 예산의 구성과 승인, 시 소유재산의 운영, 지방세와 관련된 문제들, 그리고 지역 대의권력기관의 권한에 관계되는 문제들을 결정한다.

오렌부르크주 행정부는 국가권력의 집행기관이다. 주의 최고지도자는 주

헌장의 준수를 보장하는 주 행정수반이다. 주 행정부에는 또한 지역의 부문별, 기능별기관과 주 정부가 들어간다. 주 행정수반은 옐라긴(В. В. Елагин)이다.

오렌부르크시장은 1996년에 선출된 돈꼽쩨프(Г. П. Донковцев)이며, 노보뜨로이쯔끄 시장은 1996년에 선출된 따라소프(Н. П. Тарасов)이다.

(2) 입법부

오렌부르크주에서 입법권력은 새로운 법적 통치구조가 형성되는 1993년 말에 본격적으로 구성되기 시작했다. 오렌부르크주에서 최고 입법 및 대의권력기관은 의회(Законодательное Собрание)이다. 의회는 4년 임기로 지역주민이 선출하는 47명의 의원으로 구성된다. 의장은 그리고리예프(В. Н. Григорьев)이다. 의회는 주헌장을 비롯하여 주단위의 재정 및 사회-경제문제, 법률의 심의와 확정 등을 담당한다.

2)선거

오렌부르크주에서 선거는 주 선거관리위원회가 시와 라이온의 선거관리위원회, 그리고 거의 1,800개의 투표구별 선거관리위원회의 협조 하에 관장한다. 주에는 또한 러시아연방 국가두마의원 선거를 위해 세 개의 선거구별 선거관리위원회가 형성되어 있으며 오렌부르크주 의회의 선거를 위해서는 47개의 선거구별 선거관리위원회가 구성되어 있다.

(1) 오렌부르크주 의회의원 선거

오렌부르크주 의회는 1994년 3월 20일 실시된 선거 이후 47명의 의원으로 처음 구성되었다. 4년 임기로 입법활동을 한 제1기 의회는 주 단위의 정치, 경제, 사회발전에 필요한 148개의 법률, 122개의 명령, 302건의 안건을 심의, 의결했다. 이들이 심의를 거친 법규들은 대부분 주단위 국가행정구조 및 경제발전, 지방자치기관의 조직과 관련된 문제들이었다.

1998년 3월 22일 제2기 주의회 구성을 위한 의원선거가 실시되었다. 제2기 의회는 지방자치 및 지방재정에 관한 일련의 법률을 채택했다. 보건, 교육, 인구에 관련된 사회정책에 관한 법률을 심의했다. 의원들은 400개 이상의 오렌부르크주 법률을 비롯하여, 1,200개가 넘는 법규 문서를 채택했다. 이 가운데는 경제관련 법률이 상당량을 차지하고 있다.

제3기 의회의원 선거는 소선거구제에 기초하여 실시되었다. 이전에는 각 선거구에서 2-3명 심지어는 4명의 대의원을 선출하는 중선거구제로 실시되었다. 제3기 의회선거는 각 선거구에서 1명씩 선출하는 소선거구제가 적용되었다.

2002년 3월 24일 실시된 주 의회 의원선거에서는 41명이 선출되었고, 6개의 선거구에서는 6월 30일 재선거가 실시되었다. 그래서 의회는 전 성원이 구성될 수 있었다. 의장으로는 뜨로피모프(Ю. В. Трофимов)가 선출되었다.

(2) 오렌부르크 시장 선거

최근의 오렌부르크 시장 선거는 2000년 9월 10일에 실시되었다. 후보들의 득표율은 다음과 같다. 미세랴코프(Ю. Н. Мищеряков)가 시장으로 당선되었다.

후보명	득표율(%)
압둘린(Абдулин В.В.)	1.44
돈꼽쩨프(Донковцев Г.П.)	32.77
이델바예프(Идельбаев С.Х.)	0.43
미헤예프(Михеев Е.Г.)	0.60
스똘빡(Столпак С.П.)	0.40
뚤루뽀프(Тулупов С.Б.)	2.55
고랴촉(Горячок В.И.)	0.94
미세랴꼬프(Мищеряков Ю.Н.)	56.05

(3) 오렌부르크시 소비에트 대의원 선거

오렌부르크시 소비에트 대의원 및 그들의 직업은 다음과 같다.

선거구	대의원	직업
1	찌또바(Титова Т.В.)	교수(정치인)
2	아니께예프(Аникеев А.А.)	기업인(директор "Орентекс")
3	보예프(Боев А.М.)	의사
4	꼬간(Коган А.Б.)	기업인
5	샤피로(Шапиро Е.Г.)	의사

6	벨리꼬바(Беликова А.А.)	의사
7	마끄샨쩨프(Макшанцев С.С.)	의사
8	촐로얀(Чолоян С.Б.)	의사
9	까르뻬쯔(Карпец В.В.)	의사
10	셰프첸꼬(Шевченко А.А.)	기업인(директор РТИ)
11	꾸닐롭스끼(Куниловский А.А.)	기업인(директор "Ликос")
12	또끄마꼬바(Токмакова Л.М.)	중등학교장(директор школы)
13	깜네프(Камнев В.А.)	기업인(нач. цеха ПО "Стрела")

대의원들의 구성을 보면 의사가 6명으로 다수를 점하고 있으며, 5명의 기업인들을 비롯하여, 중등학교장, 정치인 등이 있다.

Ⅳ. 경제 시스템

1. 경제개황

오렌부르크주는 7개의 연방지구 중 볼가연방지구에 속하고 12개의 러시아 경제지역 중 우랄경제지역에 속한다. 오렌부르크주는 전통적으로 산업전반이 대체로 강한 지역이며 이것은 예로부터 오렌부르크주가 '아시아로 향하는, 금으로 만든 문'이라는 별칭을 가지게 하였던 주된 이유이다. 발달된 산업으로 아시아의 여러 나라들과 관계를 가지면서 상호 발전해 온 것이 이 지역의 성장과정이라 할 수 있다. 주로 중앙아시아와 카자흐스탄을 통한 교류를 중심으로 하여 농업은 물론 연료공업인 석유와 가스, 그리고 철강석 등의 수출이 대표적인 것이었다.

오렌부르크주의 전체적 경제상황을 나타낼 수 있는 지역총생산을 보면 러시아대비 약 1.4%를 차지하고 있으며 이것은 평균치를 훨씬 뛰어넘고 있다. 이것은 전반적인 경제규모가 비중 있는 크기라는 것을 나타낸다. 그리고 오렌부르크주의 공업은 러시아 대비 약 1.5%의 비중을 차지하고 있고 농업은 약 2.6%를 차지하고 있다.

공업에 있어서는 연료공업이 절반에 이를 정도로 중심 기반산업이라 할 수 있는데 실제 상대적 규모에 있어서도 세계적인 수준이라고 할 수 있다. 연료공업을 대표할 수 있는 석유의 매장량은 4억 1,000 톤, 게다가 잠재매장량은 15억 톤에 이르고 있다.

오렌부르크주의 지역총생산의 추이를 보는 것은 전체적 상황을 파악하는 데 큰 도움이 될 것이다. 오렌부르크주의 거시경제지표들을 연도별 추이로 살펴보면 대체로 다음과 같다.

오렌부르크주 지역총생산액 추이

항목 \ 년도	1996	1997	1998	1999
지역총생산	25,824	29,862	28,948	56,583
1인당 지역총생산	11,592	13,401	12,983	25,411
지역총생산 지수		105.7	86.3	109.0

http://www.infostat.ru/epub.htm (검색일: 2003.2.10)

오렌부르크주의 지역총생산의 주요 구성 비율을 보면 공업부문이 41.6%로 절반에 이르고 있어 공업지역다운 면모를 보여주고 있다. 그리고 농업부문 13.8%, 유통부문이 10.3%로 다음을 차지하고 있다. 그리고 건설과 운송이 6.2%, 4.6%를 각각 차지하고 있다.

오렌부르크주의 기업부문의 지표에 있어 총 기업수와 소 기업수 그리고 공업관련기업수를 연도별 추이로 살펴보면 다음과 같다.

기업수 추이

항목 \ 년도	1997	1998	1999	2000
총기업수(연말)	31,720	32,242	33,130	31,114
소기업수(연말)	5,096	7,314	7,573	7,576
활동기업수	1,340	1,076	1,585	1,592

http://www.infostat.ru/epub.htm (검색일: 2003.2.10)

2. 산업

1) 공업

오렌부르크주는 아시아로 나가는 금으로 만든 문이라는 별칭으로 오랫동안 불려 왔지만 시장경제가 도입되고 난 후부터 세계 각 국과의 공업잠재력을 통해 관계를 맺기 시작했다. 주요 교역 품목은 주로 몇몇 기반산업을 중심으로 한 중공업제품이 대표적으로 교역과 투자 상대국은 독일, 스위스, 미국, 일본, 핀란드, 이탈리아, 오스트리아 등이 대표적이라고 할 수 있다. 그리하여 오렌부르크주에는 공업중심지역에 걸맞은 대기업들이 많다.[1)]

오렌부르크주의 공업상황을 파악하기 위해서 총 공업생산량을 중심으로 총량지표를 연도별 추이로 살펴보면 다음과 같다.

총 공업생산량 추이

항목 \ 년도	1997	1998	1999	2000
총 공업생산량	23,206	22,381	40,677	63,704
공업생산 지수	99.9	95	106	112

http://www.infostat.ru/epub.htm (검색일: 2003.2.10)

1) 기반산업을 중심으로 대표적 기업들을 들어보면 다음과 같다. АО 'НОСТА' (ОХМК), АО 'ОНАКО', СП 'Бай текс', АО 'Электросвязь', АО 'Оренбургнефть', АО 'Южуралникель', ООО 'Оренбурггазпром'

오렌부르크주의 공업부문별 구조와 생산비율에서는 연료공업이 43.6%에 이르고 있어 거의 절반에 이르는 규모를 자랑하고 있다. 그 다음으로는 철강업이 16.2%를 기록하고 있다. 나머지 산업들은 그 규모가 기반산업을 넘지 못하고 있다. 그 비율들을 표로 살펴보면 다음과 같다.

주요 공업생산부문별 생산비율

생산부문	오렌부르크주 총공업생산 비율
전기전력	8.6%
연료공업	43.6%
철강업	16.2%
비철금속	7.0%
화학·석유화학	2.1%
기계제작·금속가공	9.2%
목재가공, 종이·펄프	0.3%
건재공업	2.9%
경공업	1.4%
식품공업	5.6%
기타	3.1%

http://www.infostat.ru/epub.htm (검색일: 2003.2.12)

2) 농업

오렌부르크주의 농업은 토양이 매우 좋아 작물재배에 적합하다. 그래서 오렌부르크주의 농업에서는 작물재배가 가축사육보다 월등히 높은 비율을 갖고 있다. 특히 재배되는 곡물은 주로 특화 농작물이다. 생산된 농작물은 중앙아시아로 수출되고 있는데 이것은 농업 생산량이 풍부하다는 것을 의미하고 있다.

오렌부르크주는 매우 광활한 영토를 가지고 있고 농업은 주로 오렌부르크, 오르스크, 노보뜨로이쯔크 등에서 행해지고 있다.

오렌부르크주의 총 파종면적을 보면 2000년을 기준으로 445만 4,100 헥타르이고 여기에 주로 파종되는 작물은 곡물이 70.8%로 특화생산물로 자리매김하고 있고, 사료용 작물재배가 22.1%, 그 외에도 특용작물이 5.8%, 감자와 채소가 1.3%를 차지하고 있다.

오렌부르크주의 농업전반을 보기위해 총 농업생산량과, 총 농업생산액 중 작물관련 생산액, 총 농업생산액 중 가축관련 생산액을 연도별 추이로 살펴보면 다음과 같다.

농업생산량 추이

항목 \ 년도	1997	1998	1999	2000
총농업생산액	6,696.8	4,398.5	13,964.6	20,062.7
작물관련 생산액	4,144.4	1,799.1	8,582.7	12,588.0
가축관련 생산액	2,552.4	2,599.4	5,381.9	7,474.7
농업생산 지수	143	50	140	112

http://www.infostat.ru/epub.htm (검색일: 2003.2.12)

오렌부르크주의 농업생산의 주요 생산물은 곡물로, 2000년의 주요 생산품목과 생산량을 살펴보면 다음과 같다.

곡물(수확 후 무게)-314만 1,800 톤; 감자-32만 1,600 톤; 채소-24만 8,000 톤; 가축과 (도살 후 무게)-7만 7,600 톤; 우유-73만 9,000 톤 등이다.

3. 자원 등 기타

오렌부르크주는 유용광물자원이 풍부한 지역이다. 오렌부르크주의 서부지역은 러시아의 주요한 석유가스 매장지로 인정받고 있다. 오렌부르크주에서는 75종류 이상의 유용광물자원이 채굴되고 있으며 2,500개 이상의 매장지가 있다.

석유가스 매장지는 195개가 발견되어 있으며 이 중 5개 매장지의 석유 보유량만 해도 3,000만 톤에 이른다. 오렌부르크주에서는 석유채유 작업이 매우 활발하게 이루어지고 있으며 보유증가량은 매년 500-750만 톤에 이른다.

오렌부르크주에는 높은 품질의 암염이 무궁무진하게 매장되어 있다. 이외에도 가연성 슬레이트, 아스팔트, 석고의 매장지가 알려져 있으며 최근에는 치료용, 식용의 미네랄 수가 활발히 공급되고 있다. 또한 건축용 모래, 갈탄, 암염, 칼리-마그네슘 염, 인산염 등이 채굴되고 있다.

오렌부르크주의 동부지역에서는 유색, 검은 금속이 발견되고 야금산업을 위한 백운석, 석영, 광염료, 금, 시멘트 원료 등 다른 자원들도 많은 양이 비축되어 있다. 또한 희유금속이 매장되어 있을 가능성도 높으며 바나듐의 발견가능성도 높다.

오렌부르크주는 유색금속 가공술이 발달이 된 지역이다. 이 지역에는 9개의 구리광, 구리아연광이 발견되었다. 매년 구리의 채굴량은 6만 톤에 이른다. 오렌부르크주의 동부지역에는 대리석과 벽옥 매장지가 분포하고 있다. 또한 금의 채굴량은 매년 2-4배 증가하고 있으며 질적으로 매우 우수한 칼리염의 매장량도 막대한 것으로 알려져 있다.

오렌부르크주에는 산림자원이 열악하다. 전체 면적에서 산림이 차지하는 면적은 4.3%에 불과하며 그 밀도도 매우 낮은 편이다. 이 지역의 식물계에서 특이한 점은 꽃이 피는 식물이 1,500여 종이 넘는다는 것이다. 이 중의 37종은 러시아 정부에서 지정한 희귀식물에 속한다.

동물계의 경우는 아메리카 사향쥐, 타르바칸, 물쥐 등을 포함한 60여종의 포유류와 200여 종이상의 조류가 서생하고 있다. 어류의 경우는 30여종이 강과 호수에서 발견되고 있으며 가장 귀한 어류들로는 철갑상어, 숭어, 연어, 메기, 잉어 등이 있다.

또한 이 지역은 미네랄 수가 풍부하며 수상여행이 발달되어 있는 곳이다.

V. 문화시스템

1. 지역정체성

1) 인구

오렌부르크주의 2001년도 인구수는 2,212,000명이다. 인구수는 1990년대 후반까지 완만한 증가세를 보이다 2001년에는 감소하기 시작했다. 인구 자연증가율은 1993년 이후 마이너스 성장을 보이지만, 인구의 사회적 유입으로 전체 인구수는 줄어들지 않고, 소폭이지만 증가추세를 보이기도 하였다

오렌부르크주 인구변동 추이

연도	1990	1992	1993	1994	1995	1996	1997	1998	1999	2000	2001
인구수 (1,000명)	2,150	2,171	2,187	2,202	2,220	2,225	2,223	2,225	2,225	2,220	2,212

Россий ский статистический ежегодник. Госкомстат России. М., 2001. С. 83.

오렌부르크주의 인구 자연증가율은 1998년을 제외하고는, 출생자수 감소와 사망자수 증가로 1993년부터 지속적인 마이너스 성장을 기록하고 있다.

오렌부르크주 출생자수, 사망자수, 자연증가율

연도	출생자수(명)	사망자수(명)	자연증가율(명)
1990	33,311	20,933	12,378
1992	27,494	24,120	3,374
1993	24,148	28,383	-4,235
1994	24,458	31,244	-6,786
1995	22,833	30,033	-7,200
1996	21,449	28,570	-7,121
1997	20,890	28,210	-7,320
1998	21,951	28,439	-6,488
1999	20,154	30,368	-10,214
2000	21,475	31,755	-10,280

Россий ский статистический ежегодник. Госкомстат России. М., 2001. С. 116.

오렌부르크주의 경제활동인구 및 취업률, 실업률은 다음과 같다.

오렌부르크주의 실업률은 1996년을 제외하고는, 1992년부터 지속적으로 상승한 후 2000년에 들어서 하락추세로 전환되었다.

오렌부르크주 경제활동인구(취업자, 실업자), 실업률

연도	경제활동인구 (1,000명)	취업자수 (1,000명)	실업자수 (1,000명)	실업률(%)
1992	1,102	1,050	52	4.7
1993	1,059	1,024	35	3.3
1994	1,038	666	64	6.2
1995	1,014	937	76	7.5
1996	1,023	996	57	5.5
1997	979	887	93	9.5
1998	970	847	123	12.7
1999	1,064	919	144	13.6
2000	1,040	917	122	11.8

Россий ский статистический ежегодник. Госкомстат России. М., 2001. С. 138.

2) 민족

오렌부르크주에는 80여 민족이 거주하며, 주요 민족 구성을 보면(1989년 기준), 러시아인 72.2%, 따따르인 7.3%, 까자크인 5.1%, 우끄라이나인 4.7%, 모르드바인 3.2%, 바슈끼르인 2.5%, 독일인 2.2%, 추바슈인 2.0%, 벨라루스인 0.5%, 유태인 0.2%, 아제르바이잔인 0.2% 등이다.

3) 교육

오렌부르크주에는 현재 일반 중등학교, 11개 김나지움, 4개 특수학교와 엔지니어 학교, 시립 유년학교 등 중등교육 기관으로 1,600개 이상의 중등학교가 개설, 운영되고 있다. 그 중 800개 일반 중등학교에서 18,000명 정도의 학생이 특정 과목에 대한 심화학습을 하고 있다. 대학은 13개 국립대와 사립대 및 아카데미, 대학 분교 등이 있다. 대학생 수는 28,000명 이상이다. 중등 전문학교는 47개가 설치되어 있으며, 50여개 분야의 전공에 학생 수는 1만 명 정도이다.

2. 지역문화

1) 문화개괄

처음에 오렌부르크시는 방어용 성으로 세워졌고 상업 중심지로서의 역할도 했다. 현재 오렌부르크시는 러시아연방의 가장 아름다운 시 중의 하나이다. 시의 역사와 보존되어 있는 건축 유물들이 그 증거이다. 관청간의 연락망 덕분에 주의 역사와 문화 기념물들 중 1895점이 보존되어 있고, 이 중에 1523점은 국립 역사 문화 기념물 목록에 들어있고 역시 1438점의 고고 유물들도 보존되어 있다.

주에는 1140개의 문화의 집(이 곳에는 7210개의 클럽 형태와 애호가 단체가 활동하고 있다)이 활동하고 있으며 910개의 극장 스튜디오와 810개의 노래 보컬과 559개의 무용 단체와 210개의 악단과 132개의 민속그룹과 258개의 민족 그룹이 있다. 오늘날에는 12개의 국립 박물관과 16개의 민속 박물관이 활동 중이다. 국립 박물관은 205,600점의 소장품을 보관하고 있다. 조형예술 박물관은 7,000점이 넘는 유물들을 보유하고 있으며 그 중에는 아주 귀한 수집품인, 부드러운 솜으로 만든 스카프들도 포함되어 있다.

게다가 주에는 139개의 학교와 일련의 산업 박물관이 활동하고 있다. 가에시와 사라끄따세시시에는 전시관들이 문을 열고 있고, 오렌부르크시에는 인터네셔날 전사 박물관이 열려 있다. 꾸반디크 지역에서는 따따르 문화 민속박물관이 문을 열었다.

오렌부르크주에는 7개의 직업 극장이 활동 중인데 주의 인형 극장, 지방자치 인형 극장, 파이지 따따르 드라마 극장, 2개의 드라마 극장인 오르스끼와 부구루슬란스끼 극장, 고리끼 오렌부르크주 드라마 극장이 그것이다. 1999년에 극장들은 25개의 새로운 연극들을 상연했는데 그 중 10개는 어린이를 위한 것이다. 푸쉬킨의 탄생일을 맞아 극장들은 시인의 작품을 각색한 연극을 상연했다.

극장에는 러시아연방의 3명의 국민 배우가 활동하고 있으며 23명의 러시아 공훈배우, 한 명의 바쉬끼르 국민 배우, 한 명의 까자흐스딴 공훈 배우, 한 명의 부랴띠야 공훈 배우가 활동하고 있다.

주에는 993개의 국립 도서관이 있으며(1999년에 주민의 39%에 해당하는

869,000이 다녀갔다) 그들 중 23개는 오렌부르크시에 있다. 최근에 도서관은 상당한 어려움을 겪으면서 장서를 축소시킬 수밖에 없었다. 1999년에 도서관의 장서는 61,000권이 감소되어 14,800,000권이 되었다. 주의 도서관에는 2,109명의 사서들이 활동 중이며 그들 중 67%는 고급과 중급 수준의 도서 특수 교육을 받았다.

오늘날 주에는 75개의 어린이 음악 학교와 예술 학교가 있으며 5개의 중급 수준의 특수 교육 기관이 있다. 로스뜨로뽀비취 오렌부르크 국립예술대학이 문을 열었고 그 결과로 예술의 영역에서 '초등교육-전문대학-대학'의 새로운 교육 체계가 나타났다.

예술 학교의 20명의 학생들은 '오렌부르크 젊은 재능가' 장학금을 받고 있다. 싸라또프주에서 있었던 최초의 전 러시아 수영 경기에서 1명이 은상을 받고 4명이 동메달을 받고 3명이 상을 수상했다.

오렌부르크주에도 역시 필하모니가 있는데 그 구성원들에는 오렌부르크 국립 아카데미 러시아 민중 합창단(세레브리스크가 지도함)과 실내악 오케스트라(브루까의 지도아래)가 속해있다.

1999년에는 재즈 페스티벌 '예브라지야-99'가 개최되었다. 주에는 매년 러시아 정신과 문화의 날, 까자흐의 축제, 바쉬끼르의 축제, 따따르의 축제, 우끄라이나의 축제, 모르도비야의 축제, 독일 문화 축제, 주 어린이 축제 '무지개의 색', 꾸반디크에서 기타 노래와 종교 페스티벌 등이 열리고 있다.

2) 문화시설

오렌부르크주 국립 인형극장

1935년에 세워져서 극장은 많은 국제 페스티벌에 참가했다. 1957년에 헝가리에서, 1988년에 유고슬라비아에서, 1989년에 폴란드에서, 1990년에 페루에서, 1990년에 프랑스에서 열린 페스티벌에 참가했다. 1969년의 폴란드 노래 페스티벌에서는 극장의 배우진들은 은상을 받았고 1970년에 헝가리에서 있었던 2회 국제 페스티벌 '더 커지고 싶다'에서는 1위를 했다.

오렌부르크주 국립 뮤지컬 코미디 극장

이 극장은 1936년에 세워졌다. 극장이 세워진지 몇 달 동안은 자신들의 건물이 없었기 때문에 배우진들은 오르스크시에서 활동해야 했다. 1936년 여름에는 오렌부르크에 있는 여름 극장'백양나무'에서 활동했다. 1936년 말에 극장은 민중의 집의 상설 건물을 얻었다. 비인츠크의 뮤지컬 코미디 극장의 배우들이 이 배우진의 기본을 이루고 있다. 이제까지 극장은 330편의 희곡을 올렸으며 110곳에서 객연을 했다.

부구루슬란 역사 지지박물관

이 박물관은 1930년에 세워졌다. 박물관에서는 독특한 인형 컬렉션을 볼 수 있는데 이 인형들은 악사꼬프의 후손인 세글로비이 아리스또비 옛 귀족 가문에 속해 있던 것이었나. 박물관의 홀에는 고전(古錢)들, 고고 유물 컬렉션, 자연 과학재료들과 물건들, 사진과 지역 역사에 대한 다큐멘터리 자료들이 전시되어 있다.

우드무르찌야 공화국
Республика Удмуртия

Ⅰ. 개황

1. 기초정보

공화국 성립일: 1990년 9월.

- 1934년 12월 24일 - 우드무르찌야 자치공화국
- 1932년 우드무르찌야 자치주
- 1920년 11월 4일 - 보트 자치주(Вотская Автономная Область)

수도: 이제프스크(Ижевск)

인구: 1,624,000명(2001년 현재: 러시아연방 전체의 1.12%, 89개 주체 중 28위)

인구밀도: 38.57명/㎢

면적: 42,100㎢(러시아연방 전체 면적의 0.25%; 89개 주체 중 60위)

소속지구: 볼가연방지구; 우랄경제지구

한국과의 시차: -5시간

2. 상징

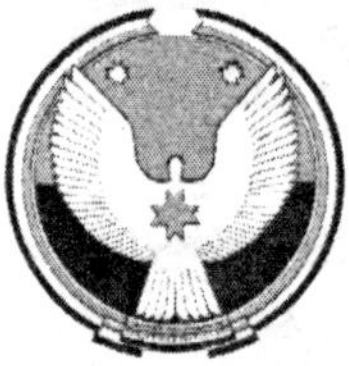

우드무르찌야 공화국 문장

우드무르찌야 공화국의 문장은 적색과 흑색으로 구성된 원형 방패형상으로, 그 안에 날개를 활짝 편 백조가 묘사되어 있다. 방패 가장자리는 적-흑-백색 띠가 드리워져 있다. 백조의 중심에는 적색의 8각성이, 그리고 백조의 날개 위에도 2개의 백색 8각성이 자리 잡고 있다.

문장 방패 하단부에는 리본이 겹을 이룬 채 묶여 있으며, 붉은색과 흰색 리본에 공히 '우드무르찌야 공화국'이라는 문구가 새겨져 있다.

문장에 사용된 색상 중 흑색은 땅과 안정을 상징하며, 적색은 태양과 생명을, 백색은 우주와 도덕적 순수성을 각각 상징한다.

백조는 부흥과 현명함, 용맹성 및 완전무결함을 상징한다. 우드무르찌야 공화국의 문장은 1994년 5월 19일 채택되었다.

우드무르찌야 주기는 좌측에서 우측으로 동일한 너비의 흑색, 백색, 적색 띠가 수직으로 그려진 장방형 3색기이다.

백색띠 중앙에는 적색의 8각성이 새겨져 있다. 깃발의 가로, 세로 비율은

우드무르찌야 공화국 국기

3:2이다.

주기에 사용된 색상 중 흑색은 인간이 태어나 살다 생을 마치는 땅과 안정을 상징하며, 백색은 '밝은 세상' - 우주, 도덕적 순수성, 성스러움 및 영원성을, 적색은 태양, 전투, 피, 형제애를 각각 상징한다. 8각성은 우드무르찌야인들의 전통적인 장식물로 모든 해악으로부터 인간을 보호해주는 부적을 상징한다. 우드무르찌야 공화국 국기는 1993년 12월 3일 채택되었다.

3. 주요도시

이제프스크(Ижевск): 인구 652,400명; 북위 56°50′, 동경 53°11′
글라조프(Глазов): 인구 106,100명; 북위 58°8′, 동경 52°38′
싸라뿔(Сарапул): 인구 104,900명; 북위 56°28′, 동경 53°48′
보트낀스크(Воткинск): 인구 101,100명; 북위 57°3′, 동경 53°59′
모주가(Можга): 인구 48,800명; 북위 56°27′, 동경 52°11′
(인구: 2002년 현재)

4. 주요 산업 및 농업

공화국의 주요 산업으로 기계제작(승용차, 유개화물 자동차, 모터사이클, 베어링, 제지설비, 원유시추설비, 금속절단기, 라디오겸용 전축, 사냥 및 스포츠용 총), 제철업, 원류개발 및 화학공업(플라스틱, 합성수지), 건축자재업(철근콘크리트 제품, 조립식 벽, 벽돌, 자갈, 쇄석), 임업, 목재가공업(통나무가공, 제재목, 가구) 등이 발달했으며, 농업부문은 낙농업, 양돈, 양금, 사료작물, 밀, 귀리, 보리, 감자재배, 소규모 아마재배, 양봉 등이 발달했습니다.

Ⅱ. 자연환경

1. 지리적 위치와 구성

우드무르찌야 공화국은 25개 행정구, 6개 시, 11개 도시형마을, 310개의 농촌마을로 구성되어 있으며, 우랄지역, 까마강과 뱌트까강 사이에 위치한다.

끼로프주, 뻬름주, 바슈꼬르또스딴 공화국, 따다르스딴 공화국과 경계를 이룬다.

주요 하천은 까마강(볼가강 지류), 체쁘짜강(뱌뜨까강 지류)이 있다. 또한 많은 광천수 원천이 산재한다.

이제프스크(Ижевск)시와 모스크바 간의 거리는 1,973㎞이다.

2. 기후조건

온난기후대, 대륙성 온난기후

1월 평균기온: -14℃

7월 평균기온: 19℃

연강수량: 400 ~ 600㎜

식물 생장 기간: 115 ~ 125일

식생: 혼합림 지대

토양: 염분회색토

삼림분포도: 45%

3. 주요 유용광물

원유, 이탄, 석영유리, 점토, 석회암 등이 있다.

주요산지:

원유: 아르한겔스크, 추띠르스크(Чутырск), 끼엔고프스크(Киенгопск), 미슈낀스크(Мишкинск) 산지.

Ⅲ. 정치시스템

1. 역사

고대에 우드무르트인들은 현재의 끼로프주와 따따르스딴의 영토에 살았다. 12세기 말엽부터 러시아족이 우드무르트 영토로 이주하기 시작했다. 1756년 구리가공을 위한 최초의 민간 공장이 생겼으며, 이후 철 생산을 위한 공장이 생겨났다.

우드무르찌야 공화국의 수도인 이젭스끄는 이미 1760년에 제철소를 중심으로 형성되었다. 보트낀스끄시 역시 제철소 노동자 마을 형태로 1759년에 형성되었다. 또한 글라조프 및 사라풀 등의 마을이 1780년을 전후하여 도시 형태로 조직되었다.

19세기 후반기에 우드무르트에서는 공업 및 문화가 급속히 발전했다. 다수의 민간공장이 문을 열었고 은행업무가 시작되었다. 동시에 극장과 도서관이 일을 하면서 주민들의 사회, 문화생활이 풍부하게 성장할 수 있는 토대가 구축되었다.

1917년 혁명은 이 지역에도 영향을 미쳤다. 1921년 2월 27일 개최된 지역 공산당 회의에서는 이 지역을 자치주로 선포했다. 1934년부터 자치주는 우드무르찌야 자치소비에트 사회주의공화국으로 개명되었다.

1990년부터 소련 최고소비에트의 결정에 따라 우드무르찌야 공화국으로 명명되기 시작했으며, 1993년에 우드무르찌야 공화국은 자신을 상징하는 공화국의 국기를 정했고 1994년에는 공화국의 상징(Эмблема)과 국가(國歌)를 확정했다.

중부우랄의 서쪽에 위치하고 있는 우드무르찌야 공화국은 다민족으로 구성되어 있다. 그럼에도 불구하고 1백 60만명 이상이 거주하는 이 공화국의 다수민족은 러시아족이다. 러시아족 58%, 우드무르트인 31%, 따따르족 7% 등의 민족구성 비율을 보인다.

우드무르찌야 공화국은 수도인 이젭스끄를 중심으로 정치-경제구조가 형성되어 있다. 이젭스끄는 공화국의 행정 및 사회, 문화활동의 중심이다.

2. 정치

1) 정치 일반

우드무르찌야 공화국은 러시아연방 소속 국가이다. 대통령은 5년에 한번 선출되며 공화국 집행권력의 수반이다. 2000년 10월 15일 우드무르찌야 공화국 역사에서 처음으로 대통령선거가 진행되었고 대통령으로는 볼꼬프가 선출되었다.

우드무르찌야의 헌법에 따라 그 영토에서 국가권력은 국가평의회, 정부와 우드무르찌야 법원이 실현한다. 우드무르찌야는 의회제 국가이다. 최고 대의, 입법, 통제기관은 국가평의회이다. 우드무르찌야 공화국 국가평의회에 예속되는 최고 집행 및 운영기관은 공화국 정부이다. 정부총리는 베르시닌이다.

도시와 라이온 수준에서는 지방자치가 작동한다. 도시의 지방자치체계에는 시 두마, 시 지방자치 수장이 들어가며, 시 행정부와 그 산하의 라이온 및 지구의 행정부들이 들어간다. 이젭스끄 시의 수장은 살띠꼬프(А. И. Салтыков)이다.

2)선거

(1) 우드무르찌야 공화국 대통령 선거

우드무르찌야 공화국의 대통령 선거가 2000년 10월 15일 실시되었다. 8명이 입후보했다. 4명은 사퇴했다. 공화국 법률 <우드무르찌야 공화국 대통령 선거에 관하여>에 따르면, 유권자 25% 이상이 투표에 참여하면 선거는 성립된 것으로 인정된다. 등록된 유권자의 50.23%가 투표에 참여했다. 개별 후보들은 다음과 같은 득표율을 보였다.

후보	득표율(%)
베르시닌(Вершинин П.Н.)	29.93
볼꼬프(Волков А.А.)	37.84
간자(Ганза Н.А.)	12.28
자빌스끼(Забильский В.В.)	0.77
꼬꼬린(Кокорин М.К.)	0.56

솔루야노프(Солуянов А.В.)	12.17
티모페예프(Тимофеев В.Б.)	0.17
수끌린(Шуклин С.Б.)	0.71

모든 후보에 대한 반대에는 유권자의 9.48%가 투표했다. 볼꼬프가 우드무르찌야 공화국의 대통령으로 당선되었다.

Ⅳ. 경제 시스템

1. 경제개황

우드무르트 공화국은 7개의 연방지구 중 볼가연방지구에 속하고 12개의 러시아 경제지역 중 우랄경제지역에 속한다. 우드무르트 공화국은 공업과 농업이 고루 발달한 평온한 경제지역으로 이 지역을 대변할 몇 가지 특징을 들면 다음과 같다.

- 풍부한 자연자원; - 강력한 산업기반; - 과학적 연구개발의 잠재력; - 지역산업, 즉 석유나 기계공업의 수출잠재력 등을 들 수 있다.

우드무르트 공화국은 공업적 측면에서는 기계 제작이 중요한 기반산업으로서 자리하고 있으며 총 공업생산의 절반에 이르고 있다. 그리고 석유를 포함한 연료산업도 러시아에서 중요한 분업 역할을 하고 있다.

우드무르트 공화국의 지역총생산은 러시아대비 약 0.9%의 비율을 가지고 있으며 이 비중이 차지하는 총량 즉 지역총생산과 1인당 지역총생산을 들어보면 다음과 같다.

우드무르트 공화국 지역총생산액 추이

항목 \ 년도	1996	1997	1998	1999
지역총생산	18,094	19,781	19,961	37,502
1인당 지역총생산	11,046	12,087	12,201	22,948
지역총생산 지수		102.6	93.5	101.4

http://www.infostat.ru/epub.htm (검색일: 2003.11.10)

우드무르트 공화국의 지역총생산의 주요 구성 비율을 보면 공업부문이 상대적으로 우위를 점하고 있으며 약 46.8%에 이르고 있다. 그리고 농업도 큰 비중을 차지하고 있으며 12.8%에 이르고 있다. 그 외에 건설, 운송, 유통이 각각 4.1%, 3.4%, 9.6%에 이르고 있다.

우드무르트 공화국의 기업부문의 지표에 있어 총 기업수와 소 기업수 그리고 공업 활동 기업수를 연도별 추이로 살펴보면 다음과 같다.

기업수 추이

항목 \ 년도	1997	1998	1999	2000
총기업수(연말)	23,187	23,740	25,187	27,507
소기업수(연말)	7,446	7,070	8,326	7,984
활동기업수	1,802	1,614	1,898	1,802

http://www.infostat.ru/epub.htm (검색일: 2003.11.10)

2. 산업

1) 공업

우드무르트 공화국의 공업은 러시아대비 약 1.3%의 생산량을 자랑하고 있으며 특히 기계제작과 금속가공을 중심으로 연료공업, 그리고 전기전력이 주요 산업으로 자리매김하고 있다. 우드무르트 공화국에는 중공업이 발달해 있어 규모의 경제에 따른 과점 대기업이 많은 편이다.[1)]

우드무르트 공화국의 공업을 전반적으로 이해하기 위해 총 공업생산량과 공업생산지수를 연도별 추이로 보면 다음과 같다.

총 공업생산량 추이

항목 \ 년도	1997	1998	1999	2000
총 공업생산량	15,719	16,385	33,183	54,804
공업생산 지수	100.2	99.1	108	119

http://www.infostat.ru/epub.htm (검색일: 2003.11.10)

우드무르트 공화국의 공업 부문별 구조에서 어떤 것이 주요한 부문이고 또 그 비율들은 얼마나 되는가를 보는 것은 각 부분들의 공업기여도를 평가하는 데 있어 중요한 자료일 것이다. 우드무르트 공화국의 각 부문별 비율을 표로 살펴보면 다음과 같다.

1) 주요한 대기업들을 들어보면 다음과 같다. ‘Ижмаш’, ‘Ижевский механический завод’, ‘Ижевский мотозавод’, ПО ‘Воткинский завод’, АО ‘Электрогенераторный завод’, ПО - ‘Ижсталь’, ‘Удмуртнефть’ 등을 들 수 있다.

주요 공업생산부문별 생산비율

생산부문	우드무르트 공화국 총공업생산 비율
전기전력	6.1%
연료공업	21.9%
철강업	5.1%
비철금속	4.9%
화학·석유화학	0.7%
기계제작·금속가공	44.5%
목재가공, 종이·펄프	2.5%
건재공업	2.1%
경공업	0.8%
식품공업	8.1%
기타	3.3%

http://www.infostat.ru/epub.htm (검색일: 2003.11.10)

2) 농업

우드무르트 공화국의 농업은 주로 우드무르트와 인제쁘스크, 사란뿔 등의 남부지역에서 주로 행해지고 있다. 작물과 가축 등이 고루 성장하여 왔고 주요 산물은 곡물이라 할 수 있다. 특히 자연적 조건이 좋아 자급자족뿐만 아니라 잉여농산물을 수출할 수 있을 정도의 충분한 생산량을 가지고 있다. 우드무르트 공화국의 농업은 러시아대비 약 1.3%의 농업생산량을 기록하고 있다.

우드무르트 공화국의 총 파종면적을 보면 2000년 기준으로 115만 2,000 헥타르이고 여기에 주로 파종되는 작물은 곡물이 46.7%로 주를 이루고 있다. 그리고 이것 못지않게 사료용 작물재배도 기반산업이며 그 비율은 약 47.4%로 대규모이다. 그 외에도 특용작물이 0.8%, 감자와 채소가 5.1%를 차지하고 있다.

오렌부르크주의 농업전반을 보기위해 총 농업생산량과, 총 농업생산액 중 작물관련 생산액, 총 농업생산액 중 가축관련 생산액을 연도별 추이로 살펴보면 다음과 같다.

농업생산량 추이

항목 \ 년도	1997	1998	1999	2000
총농업생산액	37,16.3	3,924.7	8,838.8	10,100.2
작물관련 생산액	1,710.5	1,743.2	4,388.5	4,526.9

가축관련 생산액	2,005.8	2,178.5	4,450.3	5,573.3
농업생산 지수	102	93	107	94

http://www.infostat.ru/epub.htm (검색일: 2003.12.10)

우드무르트 공화국의 농업생산에 있어 과연 주요 생산품목이 얼마나 생산되는가를 알아보면 (2000년 기준) 다음과 같다.

곡물(수확 후 무게)- 59만 6,100 톤; 감자-54만 2,200 톤; 채소-15만 5,100 톤; 가축과 가금류(도살 후 무게)-7만 7,000 톤; 우유-54만 9,900 톤 등이다.

3. 자원 등 기타

우드무르트 공화국은 자연자원이 매우 풍성하고 아름다운 곳이다. 이 지역은 타이거 지역에 속하며 토양은 목재·회백질 토양이다. 이 지역에는 석유, 석탄, 이탄, 건축자재 등의 유용광물자원 역시 풍부하다. 이 중에서 가장 큰 의미를 가지는 것은 석유로써 전체적인 매장량은 3억 8,000만 톤에 이르는 것으로 추정된다. 또한 갈탄과 석탄의 매장지가 발견되었고 이탄의 경우 낄리메지와 체이짜 매장지의 규모가 큰 편이다.

우드무르트 공화국에는 1,700여 종에 이르는 식물이 분포하고 있다. 전 면적의 44%는 숲으로 덮여 있고 가장 많이 분포된 나무는 전나무, 낙엽송, 자작나무, 소나무 등이다.

우드무르트 공화국의 동물계도 역시 다양하여 많은 종류의 다양한 동물들이 서생하고 있으며 멧돼지, 토끼, 여우, 사슴, 곰, 너구리, 담비 등이 있다.

수산자원의 경우에는 많은 종류의 어종이 있으며 잉어, 쥐노래미, 모캐, 농어, 황어 등의 귀한 어류들이 있다.

V. 문화시스템

1. 지역정체성

1) 인구

우드무르찌야 공화국의 2001년도 인구수는 1624,000명이다. 인구수는 1992년 이후 큰 폭의 변화는 없으나, 2000년부터 약간의 감소추세를 보인다.

최근 인구상황과 향후 변동 가능한 상황을 바탕으로 한 2011년까지의 인구예측 결과에 따르면, 우드무르찌야 공화국의 인구의 감소추세는 2011년까지 지속될 전망이며, 전출자 수에 대한 전입자 수의 우위는 계속 유지되나, 그 절대수치는 감소할 전망이다.

우드무르찌야 공화국 인구변동 추이

연도	1990	1992	1993	1994	1995	1996	1997	1998	1999	2000	2001
인구수 (1,000명)	1,616	1,634	1,639	1,637	1,637	1,636	1,633	1,633	1,633	1,629	1,624

Россий ский статистический ежегодник. Госкомстат России. М., 2001. С. 83.

우드무르찌야 공화국의 인구 자연증가율은 1993년 이후 계속 마이너스 상태이며 불규칙한 증감 양상을 보이나, 사회적 인구 유입으로 전체 인구수에는 큰 영향을 미치지 않는다.

우드무르찌야 공화국 출생자수, 사망자수, 자연증가율

연도	출생자수(명)	사망자수(명)	자연증가율(명)
1990	24,345	15,816	8,529
1992	16,673	18,063	2,011
1993	14,410	21,923	-4,797
1994	14,498	24,183	-7,309
1995	13,842	22,445	-6,961
1996	13,542	20,641	-5,764
1997	12,822	19,881	-4,513
1998	13,300	19,080	-2,950
1999	12,129	20,745	-4,952
2000	12,363	21,852	-5,596

Россий ский статистический ежегодник. Госкомстат России. М., 2001. С. 115.

우드무르찌야 공화국의 경제활동인구 및 취업률, 실업률은 다음과 같다.

우드무르찌야 공화국의 실업률은 1997년 전체 러시아의 경제위기를 계기로 최고조에 도달한 후 최근 들어서 약간의 하향세를 보이고 있다.

2011년까지 우드무르찌야 공화국의 인구 중 16세 이하의 인구수는 연금생활자의 수에 비해 절대수치 뿐 아니라 그 비중 또한 감소할 전망이다. 이는 향후 경제활동인구 비율에 부정적인 영향을 미칠게 될 것으로 전망된다.

우드무르찌야 공화국 경제활동인구(취업자, 실업자), 실업률

연도	경제활동인구 (1,000명)	취업자수 (1,000명)	실업자수 (1,000명)	실업률(%)
1992	852	813	39	4.6
1993	832	781	52	6.2
1994	816	745	71	8.7
1995	846	747	98	11.6
1996	827	718	109	13.1
1997	799	703	97	12.1
1998	792	692	100	12.6
1999	824	730	93	11.3
2000	820	744	76	9.3

Россий ский статистический ежегодник. Госкомстат России. М., 2001. С. 137.

2) 민족

우드무르찌야 공화국에는 60여 민족이 거주하며, 주요 민족 구성을 보면(1989년 기준), 원주민인 우드무르트인이 30.9%, 러시아인 58.9%, 따따르인 6.9%, 우끄라이나인 0.9%, 마리인 0.6%, 바슈끼르인 0.3%, 벨라루스인 0.2%, 추바슈인 0.2%, 독일인 0.2% 등이다.

3) 교육

우드무르찌야 공화국에는 취학전아동교육기관이 895개, 일반 중등학교 886개, 중등 직업학교 32개, 고아원 12개, 직업학교 46개가 설치되어 있으며, 대학교육기관으로는 우드무르찌야 국립대학, 이젭스크 국립 공과대학 등 5개가 있다. 이 대학들에서는 100여 개 전공에 58,000명의 학생이 수학 중이

다. 그 외에 러시아내 주요 대학의 분교 25개가 설치되어 있으며, 사립대학들도 개설, 운영 중에 있다. 우드무르찌야의 대학들은 벨라루스, 영국, 미국, 독일, 중국 등의 주요 대학들과 협력관계를 맺고 있으며, TEMPUS 등 국제 프로그램에도 활발히 참여하고 있다.

우드무르찌야 공화국의 러시아 과학아카데미 우랄지부 우드무르찌야 과학센터는 과학, 기술 연구의 중추 역할을 하고 있다. 이 과학센터에는 물리-기술 연구소, 응용공학 연구소, 우드무르찌야 역사, 언어, 문학연구소, 우드무르찌야 지역경제연구소가 포함된다. 이 이외에도 각 분야의 많은 학술 연구소들이 설치, 운영되고 있다.

2. 지역문화

1) 문화개괄

우드무르찌야 공화국의 유명한 예술기관은 장식실용 예술과 민예 수공업 센터인데 이것은 1991년에 우드무르찌야 공화국의 문화부에 의해 만들어졌다. 문화부의 공헌덕분에 잊혀졌던 옛 수공업과 가내 공업이 새로운 자질과 효율성을 가지고 재생되었고 지금까지 보존되고 있다.

이 센터의 중심 역할들은 민족 예술 산업과 수공업을 발달시키고, 전시회를 조직하고, 지역에 있는 예술의 집과 같은 지부들을 만들고 지역과 도시의 문화부의 각 지부에 실질적인 도움을 주는 것 등이다.

우드무르찌야의 민예 수공업 센터

예를 들면 현재 우드무르찌야에는 28개의 수공업센터가 활동하고 있으며 센터의 민예 기술자들에 대한 정보은행에는 1000명에 대한 정보가 있다. 데베스크와 이그린스크, 끄쉬르-보진스크 지역에 있는 수공업 예술가집단이 가장 유명하며 그 집단들 중 다수가 새로운 장소로 이사해서 집들이를 했다. 센터의 산하에 나무 공예 예술가들, 천 공예 예술가들, 수예품, 뜨개 공예가들이 활동하고 있으며 예술 살롱이 문을 열고 있고 이곳에서 실용장식 예술가들의 작품들이 전시되고 판매되고 있다.

이곳에는 전통적인 응접실이 있는데 그 목적은 민속 부엌을 복원하고 방문객들에게 우드무르찌야의 일상생활 문화를 알리는데 있다. 센터의 대외관계 부서는 핀-위구르 민중사이의 문화적인 관계, 다른 나라와의 교류를 성립시키고 발전시키는 일을 하고 있다.

역시 우드무르찌야 공화국은 박물관이 많은 곳이다. 우드무르찌야 공화국을 방문하는 손님들은 항상 공장 박물관인 '이즈마쉬'를 방문한다. 도검류와 소화기(小火器)의 독특한 역사적인 수집품들을 보기를 원하고 현대의 스포츠와 사냥용 도구를 보기를 원하면 이 박물관에 꼭 가볼 필요가 있다. 공화국의 손님들은 지역의 장인들이 만든 독특한 수공품들을 구입할 수가 있다.

우드무르찌야의 민간 전승문학에서 노래가 특별한 비중을 차지한다는 것에 주목할 필요가 있다. 우드무르찌야 공화국의 노래에 표현되지 않은 지역 삶의 모습은 없는 것 같다. 이제프스크에서 50킬로미터 떨어진 곳에 위대한 러시아의 음악가 뾰뜨르 일리치 차이꼬프스끼의 고향인 보뜨낀스크시가 위치해있다.

매년 5월 초에 우드무르찌야 출신인 차이꼬프스끼가 태어난 집에서 그의 탄생을 기리는 전통적인 페스티벌이 시작되고 이때는 시전체가 음악적 분위기로 들떠 있다. 러시아뿐만이 아니라 전 세계적으로 유명한 심포니 오케스트라와 성악가들, 음악가들이 참석해서 이 페스티벌을 빛낸다.

2) 문화시설

우드무르찌야 공화국 국립 인형극장

우드무르찌야 공화국 국립 인형극장은 1935년에 세워졌다. 예술 지도자들은 니끼찐 올렉 엘레고비치이며, 담당 기관은 우드무르찌야 공화국 문화부이다. 이 극장은 우드무르찌야 꼼소몰 상을 받았고 구소련에서 있었던 드라마 예술의 2번째 수상자이며 구소련의 체에스에스 예술제의 드라마 예술 페스티벌의 수상자이다.

게르트 우드무르찌야 공화국 민족 박물관

우드무르찌야 공화국의 민족 박물관은 우드무르찌야 공화국의 학문 연구와 문화 계몽과 교류의 중심지 역할을 하고 있는데 지역에 살고 있는 모든 민중들의 물질, 정신문화 기념물들의 커다란 보고이다. 박물관의 전시실은

우드무르찌야의 민족박물관의 전경

핀-위그르 민중의 역사적인 발상지인 지역의 역사와 자연에 대한 유물을 보관하고 있다.

박물관의 삼위일체 사원

우드무르찌야 공화국에 살고 있는 마리인, 러시아인, 따따르인들의 삶의 역사는 집의 실내 장식, 숭배하는 대상물, 민족의상수집품, 세간들 등에 나타나 있다. 이것들은 지역 주민들의 삶과 일상적 생활, 의식, 종교에 대해서도 말하고 있다. 우드무르찌야는 이교신앙을 유지하고 있는 세계의 많지 않은 민중들 중의 하나이다. 우드무르찌야의 이제프스크는 무기와 사냥과 스포츠 도구로 유명한 곳이며 항상 관광객의 주의를 끌고 있다.

울리야노프스크주
Ульяновская Область

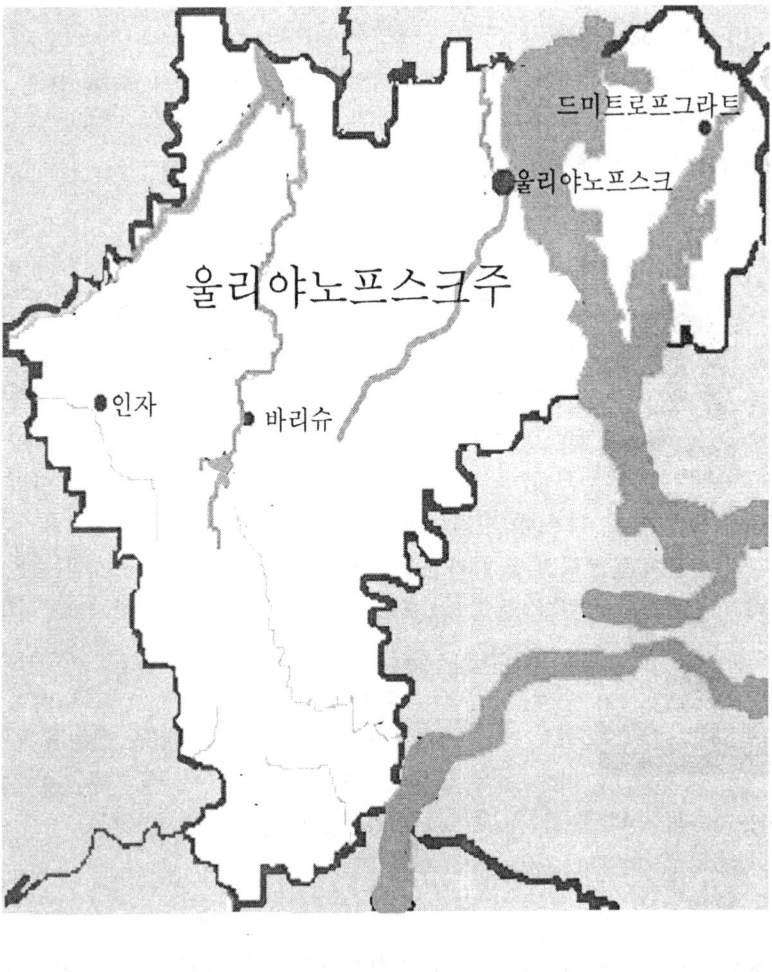

Ⅰ. 개황

1. 기초정보

주 성립일: 1943년 1월 19일.
주도: 울리야노프스크(Ульяновск)
인구: 1,454,000명(2001년 현재: 러시아연방 전체의 1.00%, 89개 주체 중 35위)
인구밀도: 38.98명/㎢
면적: 37,300㎢(러시아연방 전체 면적의 0.22%; 89개 주체 중 62위)
소속지구: 볼가연방지구; 볼가경제지구
한국과의 시차: -6시간

2. 상징

울리야노프스크주 문장 초안

울리야노프스크주의 문장은 하늘색 방패형상으로 바탕에 하늘색 리본으로 장식된 황제의 왕관이 놓여 있는 은빛 기둥이 묘사되어 있다. 문장 방패 상부에는 전통적인 왕관이 씌워져 있다. 문장 방패 좌우측에는 두 마리의 금빛 사자가 문장을 지탱하고 있다. 그 중 한 마리는 왼손에 금빛 칼을, 다른 한 마리는 금빛 나뭇가지를 쥐고 있다. 주기와 동일 색상의 리본이 문장의 받침대 역할을 하고 있으며, 중심에는 날고 있는 은빛 갈매기가 묘사되어 있다. 울리야노프스크주의 문장은 2003년 채택예정이다.

울리야노프스크 주기 초안

울리야노프스크 주기의 초안에는 백색 천 상반부 중심에 울리야노프스크주의 문장이 묘사되어 있고, 하반부에는 주가 볼가강 유역에 위치하고 있음을 상징하는 두 개의 청색 파장과 주의 부유한 과거를 상징하는 붉은띠가 묘사되어 있다. 울리야노프스크 주기는 2003년 채택될 전망이다.

3. 주요도시

울리야노프스크(Ульяновск): 인구 664,800명; 북위 54°19′, 동경 48°22′
드미트로프그라트(Димитровград): 인구 137,500명; 북위 54°14′, 동경 49°35′

인자(Инза): 인구 24,600명; 북위 53°52′, 동경 46°20′
바리슈(Барыш): 인구 21,200명; 북위 53°39′, 동경 47°7′
(인구: 2002년 현재)

4. 주요 산업 및 농업

주의 주요 산업으로 기계제작(자동차산업, 선반제작, 전기공학제품 및 기기), 건축자재업(시멘트, 단열재 생산), 경공업, 식료품산업 등이 발달했으며, 농업부문은 낙농업, 양금, 양돈. 시설재배. 감자, 곡물재배 등이 발달했다.

Ⅱ. 자연환경

1. 지리적 위치와 구성

울리야노프스크주는 21개 행정구, 6개 시 및 33개 도시형마을, 322개의 농촌마을로 구성되며 영토의 대부분이 볼가 고지대에 위치하고 있다.

추바시야(Чувашия)공화국, 모르도비야 공화국, 따따르스딴 공화국, 뻰자주, 싸라토프주, 싸마라주와 경계를 이룬다.

주요 하천은 볼가강과 그 지류인 쑤라, 스비야가강 등이다.

울리야노프스크시와 모스크바 간의 거리는 893㎞이다.

2. 기후조건

온난기후대, 대륙성 온난기후

1월 평균기온: -13℃

7월 평균기온: 19℃

연강수량: 500㎜(고지대) ~ 300㎜(자볼지예)

식물 생장 기간: 140일

식생: 삼림과 스텝의 중간 지대

토양: 흑토

삼림분포도: 26%

3. 주요 유용광물

주형용 모래, 석영함유 유리원료, 시멘트 원료 등이 있다.

주요산지:

주형용 모래: 루끼야노프스크(Лукьяновск).

석영함유 모래원료: 따슐린스크(Ташлинск).

시멘트 원료: 크레멘스크(Кременск).

Ⅲ. 정치시스템

1. 역사

1648년 러시아 국경의 방어와 새로운 도시 및 바리샤강에서부터 볼가강까지 걸쳐지는 요새의 건설을 위해 하부의 도시들에 보그단 마뜨베예비치 히뜨로보를 파견했다. 짜르의 이러한 명령에 따라 도시 심비르스끄가 건설되었다. 볼가유역에 러시아족의 거주는 이미 오래전에 시작되었지만 도시의 건설은 그것을 강화시켰다. 러시아족이 심비르스끄로 오기 전까지 여기에는 추바쉬족, 모르도바족, 따따르족과 다른 민족들이 살았다.

1670년 심비르스끄는 스테판 라진의 부대에 포위되었으나 점령당하지 않고 요새로 남아 있었다. 1708년 심비르스끄는 까잔현에 편입되었다가 1717년 아스뜨라한현에 소속되었다. 1728년에 다시 까잔현에 들어간다. 1780년부터 도시는 심비르스끄 관구의 중심지가 된다. 1796년부터는 이미 현의 중심도시가 된다. 1790년 도시에는 첫 번째 대중극장이 문을 열었고 1840년에는 극장건물이 세워졌다. 1898년 도시는 인자와 철도로 연결되었으며 20세기 초에는 부굴마와 연결되었다.

19세기에 심비르스끄는 식품, 육류와 어류, 산림관련 상품들의 유통중심지 가운데 하나가 되었다. 19세기 말 도시에는 40개가 넘는 공장들이 가동되고 있었으며, 지역산업 발전의 토대가 구축되고 있었다. 19개의 정교회의 교회와 2개의 수도원, 루터교회, 카톨릭 성당 등이 있었고 남녀 교육기관을 비롯한 여러 종류의 교육 및 연구기관이 있었다.

1924년 심비르스크는 울리야노프스크로 개명되었다. 1928년부터 도시는 중부볼가주에 들어갔다가 1936년부터는 꾸이비세프주에 소속되었다. 2차 세계대전시기인 1941-1945년 울리야노프스크로 일련의 산업체들이 철수했다. 1943년부터 도시는 새로 구성된 울리야노프스크주의 중심이 된다.

심비르스끄는 레닌의 고향이다. 심비르스끄 현에서는 작가이자 역사가인 까람진이 태어났다. 현재의 울리야노프스크는 볼가중부지역의 중심에 위치해 있다. 추바쉬 공화국을 비롯한 여러 연방주체들과 경계를 접하고 있으며 중앙 및 연방주체들과의 교통로가 구축되어 있다.

2. 정치

1) 정치 일반

울리야노프스크주의 행정은 주지사를 수반으로 하는 주 행정부가 담당한다. 울리야노프스크주의 행정수반은 고랴체프(Ю. Ф. Горячев)이다. 고랴체프는 1992년 1월부터 주 행정수반으로 활동하고 있으며, 1993년 12월부터 러시아연방 상원의원으로 활동했다. 1996년 12월에 실시된 주지사 선거에서 당선되었다. 울리야노프스크주 행정부에는 여러 부처 및 위원회가 조직되어 있다. 주 산하의 시와 리온에서는 자체의 행정 및 입법기관을 운영하고 있다. 울리야노프스크시의 경우 시행정부가 활동한다. 시장은 마루신(В. В. Марусин)이다. 그는 1996년 12월에 실시된 시장 선거에서 당선되었다.

울리야노프스크주의 입법권력은 주의회(Законодательное Собрание)가 실현한다. 주의회의 의장은 랴부힌(С. Н. Рябухин)이 맡고 있다. 그는 1995년 12월에 수르스끼 선거구에서 의원으로 당선되었으며, 1996년 1월 6일부터 의장으로 봉직하고 있다. 주단위 입법기관인 주의회 이외에, 각 행정구역에는 입법기관이 활동한다. 울리야노프스크 시의 경우 시두마가 활동하는데, 발란진(А. Н. Баландин)이 의장으로 있다.

2)선거

(1) 울리야노프스크주 지사선거

2000년 12월 울리야노프스크 주에서 행정수반 및 입법회의 의장 재선거가 실시된다.

현재 주 행정수반으로는 고랴체프(Юрий Фролович Горячев)가 그리고 주 입법회의 의장으로는 랴부힌(Сергей Николаевич Рябухин)이다.

(2) 러시아연방 국가두마의원 선거

1999년 12월 19일 제3기 러시아연방 국가두마의원 선거가 실시되었다. 울리야노프스크주에서는 두개의 선거구, 즉 울리야노프스크 선거구와 센겔레예프 선거구가 있다. 울리야노프스크 선거구에서는 10명이 입후보했고 지역 유권자 59.77%가 투표에 참여했다. 선거결과를 보면, 무소속으로 입후보한

오를료프(В. И. Орлов)가 21.72%를 득표하여 당선되었다. 셴겔레예프 선거구에서는 7명이 입후보했고 지역 유권자 68.02%가 투표에 참여했다. 조국-전러시아 소속의 골룹꼬프(А. И. Голубков)가 49.14%를 득표하여 당선되었다. 정당별 투표에서는 유권자들이 공산당을 지지한 것을 나타났다. 울리야노프스크 선거구에서 러시아공산당은 28.38%를, 셴겔레예프 선거구에서는 38.22%를 득표했다.

(3) 러시아연방 대통령 선거

2000년 초 울리야노프스크주의 유권자수는 1054931이다. 이들 중에서 대통령선거에 참여한 유권자는 62.55%였다. 2000년 3월 26일 실시된 러시아연방 대통령 선거에서 유권자들이 개별 후보에게 보여준 지지율은 다음과 같다.

후보	득표율(%)
뿌찐	54.12
쥬가노프	37.09
야블린스끼	0.51
지리놉스끼	2.91

Ⅳ. 경제 시스템

1. 경제개황

울리야노프스크주는 7개의 연방지구 중 볼가연방지구에 속하고, 12개의 러시아 경제지역 중 볼가경제지역에 속한다. 울리야노프스크주는 운송망이 매우 발달해 있는 지역이고 또 경제가 발달하기 적합한 지리적 우위를 가지고 있는 지역이라서 이 요인들이 경제 및 각 산업발달의 토대가 되어왔다. 그리고 공업 분야에서는 기계제작을 중심으로 한 금속가공 등이 주요 분야이고, 또 농업에서는 작물재배를 중심으로 한 곡물이 기반품목으로 자리하고 있다.

울리야노프스크주의 전체지표인 지역총생산은 러시아대비 0.6%의 규모를 가지고 있다. 이것은 작지 않은 경제의 규모를 의미한다. 이 지역총생산이 어떻게 변화되어 왔는지를 살펴보는 것은 매우 중요하다. 우드무르트 공화국의 지역총생산과 1인당 지역총생산을 보면 다음과 같다.

울리야노프스크주 지역총생산액 추이

항목 \ 년도	1996	1997	1998	1999
지역총생산	14,782	16,180	16,269	26,050
1인당 지역총생산	9,902	10,882	10,993	17,694
지역총생산 지수		102.6	91.3	106.0

http://www.infostat.ru/epub.htm (검색일: 2003.12.11)

울리야노프스크주의 지역총생산의 주요 구성 비율을 보면 공업부문이 상대적으로 우위를 점하고 있으며 약 33.1%에 이르고 있다. 그리고 농업도 큰 비중을 차지하고 있으며 11.3%에 이르고 있다. 그 외에 건설, 운송, 유통이 각각 4.1%, 7.1%, 10.1%에 이르고 있다.

울리야노프스크주의 기업부문의 지표에 있어 총 기업수와 소기업수 그리고 공업활동기업수를 연도별 추이로 살펴보면 다음과 같다.

기업수 추이

항목 \ 년도	1997	1998	1999	2000
총기업수(연말)	16,679	17,323	18,182	17,712
소기업수(연말)	4,598	4,565	5,040	4,984
활동기업수	1,477	1,247	1,426	1,417

http://www.infostat.ru/epub.htm (검색일: 2003.12.11)

2. 산업

1) 공업

울리야노프스크주의 공업은 기반산업이 특화되어 있는 것이 특징이라 할 수 있다. 말하자면 이 지역에는 기계제작·금속가공이 핵심 산업으로 자리하고 있으며 그 비중이 절반을 넘고 있다. 특히 이 기반산업에선 울리야노프스크주를 대표하는 대기업들이 여러 개 있다.1)

울리야노프스크주의 공업을 전반적으로 이해하기 위해 공업총량에 대한 지표를 살펴보는 것은 유용할 것이다. 총 공업생산량과 공업생산지수를 연도별 추이로 보면 다음과 같다.

총 공업생산량 추이

항목 \ 년도	1997	1998	1999	2000
총 공업생산량	13,802	13,647	21,171	28,961
공업생산 지수	115	101	114	112

http://www.infostat.ru/epub.htm (검색일: 2003.12.11)

울리야노프스크주의 공업부문별 구조에 있어 어떤 것이 주요한 부문이고 또 그 비율들은 얼마나 되는가를 보는 것은 이 부문들의 공업기여도를 평가하는데 있어 중요한 자료일 것이다. 울리야노프스크주에서 중심이 되는 기계 제작의 비율과 또 여타 부문들이 어떤 비율을 가지고 있는지 표로 살펴보면 다음과 같다.

1) 대표적 기업들을 몇 개 들어보면 다음과 같다.
Комплекс 'Авиастар', АООТ 'Ульяновскцемент', АО 'Кондитерская фабрика Волжанка', АО 'Витязь', АО 'Суконная фабрика Измай лово', АО 'Румянцево', Фирма 'Русь', Фирма 'Олимп', АООТ 'Симбирск-спирт' 등이다.

주요 공업생산부문별 생산비율

생산부문	울리야노프스크주 총공업생산 비율
전기전력	11.7%
연료공업	5.7%
철강업	0.4%
화학·석유화학	0.3%
기계제작·금속가공	54.8%
목재가공, 종이·펄프	2.0%
건재공업	6.0%
경공업	3.9%
식품공업	12.7%
기타	2.5%

http://www.infostat.ru/epub.htm (검색일: 2003.12.11)

2) 농업

울리야노프스크주의 농업은 자연적 조건이 매우 발달해 있고 또 토양이 흑토로 구성되어 있어 농업에 강한 적합성을 나타내고 있다. 주로 곡물이 중심이 되고 있고 특용작물의 생산량도 여타 지역에 비해 매우 많다. 그리고 사료용 식물도 풍부한 생산량을 자랑하고 있다.

울리야노프스크주에서는 주로 울리야노프스크와 드미뜨로프그라드, 바리시 등의 인근지역에서 농업의 생산량이 풍부하다. 울리야노프스크주의 농업은 러시아대비 약 0.9%의 대규모의 농업생산량을 자랑하고 있다.

울리야노프스크주의 농업전반을 보기위해 총 농업생산량과, 총 농업생산액 중 작물관련 생산액, 총 농업생산액 중 가축관련 생산액을 연도별 추이로 살펴보면 다음과 같다.

농업생산량 추이

항목 \ 년도	1997	1998	1999	2000
총농업생산액	3,761.9	2,345.6	5,546.0	7,092.1
작물관련 생산액	2,510.5	1,188.9	3,591.6	4,608.8
가축관련 생산액	1,251.4	1,156.7	1,954.4	2,483.3
농업생산 지수	104	68	119	101

http://www.infostat.ru/epub.htm (검색일: 2003.12.11)

울리야노프스크주의 총 경지면적에서 재배되는 각각의 작물들의 면적비율을 살펴보면 주요 농산물과 기여도를 파악할 수 있다. 울리야노프스크주의 총 파종면적을 보면 2000년을 기준으로 112만 7,700 헥타르이고 여기에 주로 파종되는 작물의 종류를 보면 곡물이 57.7%, 사료용 작물재배가 30.7%로 거의 모든 대부분의 파종비율을 차지하고 있으며 그 외에도 특용작물이 7.6%, 감자와 채소가 4.0%를 차지하고 있어 상대적으로 낮지 않은 비율을 나타내고 있다.

울리야노프스크주의 농업생산에 있어 과연 주요 생산품목이 얼마나 생산되는가를 알아보는 것은 유용할 것이다. 울리야노프스크주에서 2000년 기준으로 생산되는 주요 농산물의 총량을 보면 다음과 같다.

곡물-92만 8,100 톤; 감자-23만 3,9000 톤; 채소-11만 1,200 톤; 가축과 가금류(도살후 무게)-4만 6,000 톤; 우유-35만 4,9000 톤 등이다.

3, 자원 등 기타

울리야노프스크주는 지하자원, 토지자원, 수자원, 산림자원이 모두 풍부하다. 울리야노프스크주는 전체면적의 60%의 토지가 농경지로 사용되고 있다. 이 중의 80%가 실제 경작의 목적으로 사용되고 있으며 토양은 식물 재배에 가장 유리한 흑토질이다. 따라서 이 지역은 경작이 발달되었고 더불어 축산이 잘 이루어지고 있다.

울리야노프스크주는 전체 면적의 28%가 숲지대이다. 이 중 활엽수의 분포가 침엽수보다 우위에 있다. 활엽수 중에서는 참나무가 가장 많이 분포되어 있으며 전체 숲의 16%에 해당한다.

울리야노프스크주의 양 면으로는 볼가강이 흐르고 있다. 따라서 수자원의 부족은 없다. 가장 유명한 미네랄수의 매장지로는 운도르, 벨로에 호수, 벨리야르, 반켓 등이 있다. 이 중 가장 유망한 지역으로는 운도르 매장지와 반켓 매장지이다. 울리야노프스크주에는 미네랄수 제조공장인 볼좐카 회사가 있으며 생산량은 년 2,400만 병이다. 이러한 미네랄수를 기반으로 하여 이 주에서는 관광 및 휴식처로의 발전을 위해 주정부와 힘을 모으고 있다.

또한 울리야노프스크주에는 유용광물자원도 풍부한 것으로 알려져 있다. 그 예로 모래, 석영을 함유한 유리재료, 시멘트원료, 석고재료 등이 있다. 또한 석유와 가연성 슬레이트, 이탄도 매장되어 있다. 이 지역의 석유 매장지는 82개가 개발이 되어 이중 24개는 이미 생산을 하고 있다. 전체적으로 석유 매장량은 전문가의 조사에 의하면 3,500만 톤에 달하는 것으로 알려져 있다.

특히 시멘트, 단열재료, 필트용 가루, 백묵, 건축용 석회석의 경우는 이 지역에서 생산되는 양만으로도 자급자족이 되고 있으며 나아가 기타 러시아 지역으로도 공급하고 있다.

V. 문화시스템

1. 지역정체성

1) 인구

울리야노프스크주의 2001년도 인구수는 1,454,000명이다. 인구수는 1990년부터 1996년까지 증가세를 보인 후 1997년부터 지속적으로 감소하고 있다.

울리야노프스크 공화국 인구변동 추이

연도	1990	1992	1993	1994	1995	1996	1997	1998	1999	2000	2001
인구수 (1,000명)	1,414	1,439	1,457	1,475	1,488	1,491	1,486	1,479	1,472	1,463	1,454

Россий ский статистический ежегодник. Госкомстат России. М., 2001. С. 83.

울리야노프스크주의 인구 자연증가율은 1992년부터 마이너스를 기록하고 있다. 1996년부터 출생자수가 지속적으로 감소하는데 반해 사망자수는 지속적으로 증가하면서 자연증가율이 지속적인 하락추세를 보인다.

울리야노프스크주 출생자수, 사망자수, 자연증가율

연도	출생자수(명)	사망자수(명)	자연증가율(명)
1990	20,013	15,968	4,045
1992	15,669	16,350	-681
1993	14,278	19,184	-4,906
1994	14,590	20,550	-5,960
1995	13,288	20,081	-6,793
1996	12,367	19,015	-6,648
1997	11,296	19,928	-8,632
1998	11,615	18,862	-7,247
1999	11,228	20,666	-9,438
2000	11,547	22,149	-10,599

Россий ский статистический ежегодник. Госкомстат России. М., 2001. С. 117.

울리야노프스크주의 경제활동인구 및 취업률, 실업률은 다음과 같다.

울리야노프스크주의 실업률은 1998년까지 지속적으로 상승한 후 1999년을 기점으로 하락추세를 보이고 있다.

울리야노프스크주 경제활동인구(취업자, 실업자), 실업률

연도	경제활동인구 (1,000명)	취업자수 (1,000명)	실업자수 (1,000명)	실업률(%)
1992	752	722	30	4.0
1993	752	716	36	4.8
1994	736	688	48	6.5
1995	715	655	59	8.3
1996	692	636	57	8.2
1997	703	634	69	9.8
1998	670	596	74	11.2
1999	734	669	65	8.8
2000	684	640	44	6.4

Российский статистический ежегодник. Госкомстат России. М., 2001. С. 137.

2) 민족

울리야노프스크주에는 60여 민족이 거주하며, 주요 민족 구성을 보면 (1989년 기준), 러시아인 72.8%, 따따르인 11.4%, 추바슈인 8.3%, 모르드바인 4.4%, 우끄라이나인 1.3%, 벨라루스인 0.4%, 아제르바이잔인 0.2%, 독일인 0.1%, 아르메니아인 0.1%, 유태인 0.1% 등이다.

3) 교육

울리야노프스크주는 볼가 유역의 과학, 교육 중심지이며, 3개 종합대학, 농업 아카데미, 고급 민간항공 기술학교 등이 있다. 러시아 과학아카데미 지부와 각 부문별 아카데미 지부, 그리고 다양한 분야별 연구소에서 기초 및 응용과학 부문의 연구를 수행하고 있다.

울리야노프스크주에서 가장 큰 대학은 울리야노프스크 국립 공과대학이며, 1988년 모스크바 국립대학 분교가 설치되었다. 울리야노프스크 국립 사범대학은 교육과 교육학 분야의 중추기능을 수행하고 있다.

2. 지역문화

1) 문화개괄

울리야노프스크주에는 드라마 극장을 비롯해 쿄리흐 정신문화 센터가 있고, 문화분야, 교육분야, 예술분야, 오락분야의 광대한 네트워크가 펼쳐져 있다. 다수의 문화 예술센터가 도시민과 방문객들에게 사랑 받는 장소로 자리 잡았다.

울리야노프스크시에서는 재능 있는 어린이들을 위한 모두 7개의 예술학교가 성공적으로 운영 중이다. 그 중에서도 제 10 어린이 학교는 도시의 자랑으로 여겨질 만하다. 학교장 도도소프 알렉산드르 니꼴라예비치는 합창단 지휘자로서 러시아 공훈예술가이다. 그는 400명 이상의 학생들이 공부하는 예술학교를 혼자 힘으로 세웠다. 예술과 합창 외에도 학교에는 7개의 합창단이 구성되어 있으며 이들은 다양한 프로그램을 가지고 매우 활발한 콘서트 활동을 벌이고 있다. 도도소프가 이끄는 합창단은 시의 가장 큰 극장들에서 공연을 하며, 정기적으로 다른 시에서도 공연을 개최하고 있다. 신문과 라디오, 텔레비전에서는 이 합창단이 보여주는 프로그램의 양식과 장르상의 다양성, 높은 공연 수준을 강조하곤 한다.

울리야노프스크에서는 매우 다양한 여가를 즐길 수 있다. 울리야노프스크주는 요양지로 적합한 곳이다. 울리야노프스크의 자연은 아름답고도 풍요롭고, 들판과 숲길, 광활한 땅과 바다 이 모든 것들은 잘 조화를 이루고 있다. 흰 운도르 산의 경사가 심한 언덕은 매우 장관이다. 운도르 요양지는 울리야노프스크로부터 40킬로 떨어진 아름다운 볼가 강가에 펼쳐져 있다. 여기서는 치료 성분이 있는 약수를 10개가 넘는 광천으로부터 지표면까지 끌어올린다.

2) 문화시설

울리야노프스크주 드라마 극장

울리야노프스크주 드라마 극장은 유리 꼬쁘일로프가 연출가 겸 예술감독으로 일하고 있으며, 체홉의「이바노프」, 오스뜨로프스키의 「미남자」등 러시아 작품과 셰익스피어의 비극「햄릿」같은 외국 작품들을 모두 무대에 올리고 있다. 이밖에도 어린이들을 대상으로 하는 「백설 공주와 일곱 난쟁이」 등 다양한 레퍼토리를 지니고 있다.

울리야노프스크주 드라마 극장

치깔로바 문화궁전

1999년 2월 울리야노프스크시 청년들의 모임인 '문화'는 문화 분야에서 매 해 '황금관' 수여식을 개최하도록 조직하였고 장식이 아름다운 치깔로바 문화궁전에서 치러지며 이 분야의 상은 총 14개 부문에서 수여되고 있다.

전시관 '예수 그리스도의 삶'

이동 전시관인 '예수 그리스도의 삶'은 1990년 시작되었다. 이 전시회는 성경의 내용을 테마로 한 위대한 화가들의 작품 사본을 보여준다. 이 전시회는 그림을 매개로 예수의 삶을 전하고 그의 제자들을 알리며 인간을 신에게 인도하려는 목적을 가지고 있다. 이 전시회에 출품된 화가들의 작품은 매우 많은데 특히 이바노프(А. А. Иванов)의 작품은 성경의 사건들을 극적인 느낌을 갖고 볼 수 있게 해 준다.

그밖에도 티치안, 루벤스, 라파엘로 등의 작품은 성경 사건의 내면적 의미를 깨닫게 하기에 충분하다. 또한 이동파화가들인 레삔(И. Е. Репин), 게(Н. Н. Ге), 뽈레노프(В. Д. Поленов), 끄람스꼬이(И. Н. Крамской) 등의 작품도 있는데 목격자의 눈으로 복음서의 장면들을 보여주려는 화가의 노력이 엿보인다.

추바시야 공화국
Республика Чувашия

Ⅰ. 개황

1. 기초정보

공화국 성립일: 1992년.

- 1990년 9월 - 소비에트 사회주의 공화국
- 1925년 4월 25일 - 추바시야 자치 공화국
- 1920년 6월 24일 - 추바시야 자치주

수도: 체보크싸리(Чебоксары)

인구: 1,353,000명(2001년 현재: 러시아연방 전체의 0.93%, 89개 주체 중 40위)

인구밀도: 73.93명/㎢

면적: 18,300㎢(러시아연방 전체 면적의 0.11%; 89개 주체 중 80위)

소속지구: 볼가연방지구; 볼가-뱌트경제지구

한국과의 시차: -6시간

2. 상징

추바시야 공화국 문장

추바시야 공화국의 문장은 황색(윗부분)과 선홍색(아랫부분)으로 양분된 문장 방패 형상으로, 중앙에 고대 추바시야의 엠블렘 - '생명수(生命樹)'가 묘사되어 있다.

방패는 끝부분에 나뭇잎과 솔방울이 매달린 금빛 테두리를 한 선홍색 바탕의 리본으로 둘러싸여 있으며, 리본에는 '추바시야 공화국'이라는 문구가 새겨져 있다. 또한 방패 위에는 8각성으로 된 엠블렘 - '세 개의 태양'이 떠 있다.

문장의 주요소인 '생명수'는 역사적인 상징물로 추바시야 공화국 도처에 자라고 있는 참나무에 대한 숭배에서 비롯된 것으로, 이는 영생(永生)과 영원을 상징한다.

따라서 참나무는 추바시야 공화국 국민들에게 '부흥하는 추바시야'로 인식되어, 문장과 국기의 주요소로 사용되고 있다. 추바시야 공화국의 문장은 1992년 4월 29일 채택되었다.

추바시야 공화국 국기는 황색(윗부분)과 선홍색(아랫부분)으로 양분된 채

추바시야 공화국 국기

가로, 세로 비율이 5:8인 장방형 천으로 되어 있다. 국기 중앙에는 고대 추바시야의 엠블렘인 '생명수'와 '3개의 태양'이 묘사되어 있다. 공화국 국기는 1992년 4월 29일 채택되었다.

3. 주요도시

체보크싸리(Чеьоксары): 인구 460,200명; 북위 56°8′, 동경 47°14′

노보체보크싸르스크(Новочебоксарск): 인구 123,000명; 북위 56°7′, 동경 47°29′

까나슈(Канаш): 인구 55,600명; 북위 55°31′, 동경 47°28′

알라띠리(Алатырь): 인구 46,100명; 북위 54°51′, 동경 46°34′

슈메를랴(Шумерля): 인구 40,300명; 북위 55°30′, 동경 46°23′

(인구: 2002년 현재)

4. 주요 산업 및 농업

공화국의 주요 산업으로 기계제작, 금속가공, 화학공업, 임업, 경공업, 식료품 산업, 목재가공업, 건축업 등이 발달했으며, 농업부문은 낙농업, 양금, 호프, 곡물생산 등이 발달했다.

Ⅱ. 자연환경

1. 지리적 위치와 구성

추바시야 공화국은 21개 행정구, 9개 시, 8개 도시형마을, 349개의 농촌마을로 구성되어 있으며, 러시아 평원 동부, 볼가강 동안 쑤라(Сура)와 스비야가(Свияга) 지류 사이에 위치한다.

마리 엘 공화국, 모르도비야 공화국, 따따르스딴 공화국, 니제고로트주, 울리야노프스크주와 경계를 이룬다. 남북 간의 거리는 200㎞, 동서간의 거리는 125㎞이다.

주요 하천은 볼가강과 그 지류인 쑤라(Сура)강이다.

체보크싸리시와 모스크바 간의 거리는 768㎞이다.

2. 기후조건

온난기후대, 대륙성 온난기후

1월 평균기온: -13℃

7월 평균기온: 19℃

연강수량: 450 ~ 500㎜

식물 생장 기간: 135 ~ 140일

식생: 삼림과 스텝의 중간 지대, 북부 지역에 혼합림

토양: 부식성 염분회색토, 회색토

삼림분포도: 31%

3. 주요 유용광물

인회토, 편암, 백운석, 이탄, 규산토, 모래, 점토, 미네랄 염료 등이 있다.

주요산지:

유리모래: 바예프스크(Баевск).

미네랄 염료: 이바노프스크, 얀다셰프스크(Яндашевск), 꾸프시노프스크(Кувшиновск).

Ⅲ. 정치시스템

1. 역사

현재의 추바시야 지역에 최초의 인류가 등장한 것은 약 8만 년 전이었다. 이 시기에 추바시야 지역에 우라즐린스끄 정주지가 생겼다. 신석기 시대에 중부 볼가유역은 핀-우고르 종족, 즉 마리족과 모르도바족의 먼 선조가 차지했다. 사회발전에서 큰 진전은 기원전 2천년부터 기원까지 청동기 시대에 일어났다. 목축과 농경이 확산되었고 민족의 선조들로의 이전이 일어났다.

볼가연안 중부지역에는 신석기적인 핀-우고르족 주민의 추바시야 민족으로 의 발전에 대해서는 여러 가지 설이 있다. 많은 학자들은 다음을 지지한다. 터키어족의 추바시야 선조들이 고대에 중앙아시아에 살았다. 추바시야 공화국 주요민족의 기원(발생)과 관련된 중요한 역할 중에서 하나는 기원전 1세기 후반기에, 해당지방의 핀-우고르 종족(финно-угорские племена)과 혼합된 지역으로, 이주한 볼가강-까마(Кама)강의 불가리아인 터키 어족이다. 13-14세기에 그들은 몽고-타타르에 의한 볼가강-까마 (Кама)강 불가리아인의 파괴에 따라 동일의 지역으로 이주하였다. 그리고 1438년 킵차크 한국(Золотая Орда)으로부터 카잔 한국(汗國, Казанское ханство)이 형성되었으며, 추바시야 민족의 형성이 완성되는 15세기에 추바시야 영토는 카잔 한국(汗國)의 구성에 포함되었다.

추바슈인들은 카잔 한국과 타타르 영주에 반대하는 움직임을 여러 차례 보여주었다. 1551년 추바시야는 러시아의 구성으로 편입되었다. 추바시야인이 거주하는 지역에서 최초의 러시아 황제가 된 이반 IV세는 동일의 지역을 강화하기 시작했다. 그리고 1553년에 동일의 지역으로 군부대와 함께 총독을 파견하였으며, 1555년 체복사르(Чебоксар)에 요새가 구축되었다. 모스크바 짜르와의 전쟁에서 카잔한국(汗國)의 패배 이후에, 현재 추바시야 영토는 16세기 중엽에 러시아 국가(русское государство)로 이양되었다.

18세기 초반에 추바시야 영토는 카잔과 니제고로드 현(縣, Казанская и Нижегородская губерния)에 포함되었다. 그러나 1775년의 행정구역 개혁에 따라, 카잔과 심비르스크 현(縣, Казанская и Симбирская губерния)

의 구성에 소속되었다.

19세기, 특히 농노개혁 이후에 추바시야 영토에서 자본주의적 경제관계가 형성되었다. 이와 동시에, 러시아의 중앙과 비교해서는 매우 느린 속도였지만, 무역-산업 부르조아들이 형성되었다. 19세기 말-20세기 초반에, 추바시야 영토에 30개 이상의 공장이 가동하고 있었다. 특히, 1878년에 최초의 주식회사가 등장하기도 하였다.

1905-07년의 혁명은, 노동자 및 농민들을 중심으로 하는 지역 주민들이, 러시아 제정에 반대하며, 경제개혁 및 자유/민주주의를 옹호하는 투쟁에 함께했다. 이러한 혁명적 분위기 속에서, 제1차 세계대전을 경험하였고, 1917년 혁명이 동일지역을 변화시켰다.

짜르 러시아 시기에 현재 추바시야 영토에 2개의 현(縣, губерния)이 위치하고 있었다. 카잔스크 현(縣, Казанская губерния)과 심비르스크 (Симбирская) 현(縣)이 그것이다. 1920년 6월 24일, 추바시야 자치주 (Чувашская автономная область)가 형성되었으며, 1925년 4월 21일 추바시야 자치 소비에트 사회주의 공화국(Чувашская АССР)으로 개칭되었다. 그리고 1929-36년 추바시야 공화국은 니제고로드 크라이(Нижегородский край)에, 그리고 1932년에는 고리코프 크라이(Горьковский край)에 소속되었다.

추바시야 공화국의 발전은 계속되었다. 지역내 각종 기업체들이 건설되었다. 특히, 기계제작, 화학, 식료품 산업들이 활동하기 시작했다. 이와 동시에, 1939년에는 철도가 개통되었다. 이러한 시기에 산업이 활성화되면서, 1926년의 9.5%에서, 공업 노동자들이 44%로 성장했다. 추바시야는. 1950-60년대의 농업-산업 공화국에서, 1970년대를 거치면서 산업-농업 공화국으로 변모했다. 특히, 1970까지 26개의 대규모 공장이 활동하고 있었으며, 계속적으로 다양한 공장/회사가 건설되었다.

산업 시설의 확충과 함께, 문화기반이 조성되었다. 그리고 1989년 말에는 '추바시야 공공 문화 센터(Чувашский общественно-культурный центр, ЧОКЦ)'가 문을 열었다. 1990년 10월 24일 지역 명칭이 '추바시야 소비에트 사회주의 공화국'으로 개칭되면서, 추바시야 공화국의 최고 소비에트는 공화국의 주권선언을 채택하였다. 한편, 1991년 3월에 '추바시야 민족 부활 정당(партия чувашского национального возрождения, ЧАП)'이 결성되었다. 이를 시발로 해서, 민족 결성체들이 성립되기 시작했다.

러시아연방의 주체인 추바시야 공화국(Чувашская Республика)은 1992년 형성되었다. 1469년에 형성된 체보크사리(Чебоксары)를 주도로 하고 있는 추바시야 공화국은 니제고로드 주를 비롯한 다양한 공화국과 국경을 접하고 있다. 공화국의 정치구조 정비작업으로 인하여, 1993년 12월 26일부터 대통령 중심제 공화국으로 전환되었다. 그리고 지역 주민들의 직접-비밀 선거를 통해 당선된 표도로프(Н. В. Федоров)가 초대 대통령이 되었다.

2. 정치

1) 정치 일반

추바시야 공화국의 헌법에 따르면, 공화국의 최고 집행권력기관은 대통령의 영도하에 있는 공화국 행정부와 공화국 국가평의회이다. 2000년 11월 30일 새로운 헌법이 공화국 국가평의회에 의해 채택되었다. 이 헌법은 추바시야 공화국의 위상에 대해서 언급하고 있다. '추바시야 공화국은 러시아연방을 구성하는 주체'임을 명기하고 있다.

(1) 행정부

추바시야 공화국의 집행권력은 공화국 대통령을 중심으로 실현된다. 추바시야 공화국은 1993년 12월 26일부터 대통령중심제 공화국으로 전환되었다. 주민들의 선거를 통해 표도로프(Н. В. Федоров)가 초대 대통령으로 선출되었다. 표도로프는 1989년 소련 최고소비에트 인민대의원으로 선출되었으며 1990-1993년 사이에 러시아연방 법무부 장관으로 봉직했다. 1997년 12월 공화국 대통령선거에서 당선되어 연임하고 있다. 추바시야 공화국의 대통령은 공화국의 행정수반이다. 행정의 효율성을 위해 내각이 구성된다. 공화국 내각은 연방헌법과 법률 그리고 추바시야 공화국의 헌법과 법률의 실행을 보장한다. 공화국 행정부는 정치적 안정과 경제성장에 관심을 쏟고 있다. 또한 연방내의 다른 주체들, 독립국가연합 회원국들과 <무역, 경제, 문화 및 학술 협력 협정>을 체결하고 있다. 공화국 행정부는 다른 외국과의 긴밀한 협력관계를 정착시키기 위해서도 노력하고 있다.

(2) 입법부

추바시야 공화국의 국가평의회는 공화국의 최고 입법기관이다. 대의원은 4년 임기로 선출된다. 소선거구제로 87명의 대의원으로 국가평의회가 구성된다. 이들 중 9명의 대의원은 상근이다. 이바노프(Н. И. Иванов)가 국가평의회 의장직을 수행하고 있다.

국가평의회는 공화국에서 집행되는, 공화국 헌법을 비롯한 각종 법률을 제정한다. 또한 공화국의 안정 및 경제발전에 따르는 다양한 입법활동을 추진한다.

2)선거

(1) 추바시야 공화국 대통령 선거

1997년 12월 28일 추바시야 공화국의 대통령 선거가 실시되었다. 5명의 후보가 경쟁한 결과, 표도로프가 56.7%를 득표하여 당선되었다. 따라서 그는 대통령 직무를 연임하여 수행하고 있다.

(2) 추바시야 공화국 국가평의회 대의원 선거

추바시야 공화국의 입법기관인 국가평의회 대의원 선거가 1998년 7월 12일 실시되었으며, 공화국 유권자 517435명이 참여하였다. 4년 임기인 87명의 대의원이 선출되었다.

(3) 체복사르 시장 선거

2001년 1월 체복사르시의 시장 선거가 실시되었다. 45%의 참여율을 보였고, 이굼노프(А. Игумнов)가 시장으로 재선되었다.

(4) 러시아연방 대통령 선거

2000년 3월 26일 러시아연방 대통령 선거가 전국에 걸쳐 실시되었다. 추바시야 공화국의 유권자들이 각 후보에게 보여준 지지율은 다음과 같다.

후보	득표율(%)
뿌친	58.55

쥬가노프	27.22
야블린스끼	3.62
지리놉스끼	2.68
뚤레예프	2.36
빰필로바	1.29
찌또프	1.34
고보루힌	0.20
스꾸라또프	0.43
뽀드베료스낀	0.13
드좌브라일로프	0.05

(5) 러시아연방 국가두마의원 선거

1999년 12월 19일 러시아연방 국가두마의원 선거가 실시되었다. 추바시야 공화국의 각 선거구에서 보여준 결과는 다음과 같다.

까나쉬스끄 선거구에서는 전체 유권자의 61.29%인 285,244명이 투표에 참여했다. 투표결과, 슈르차노프(В. С. Шурчанов)가 근소한 차이로 당선되었다. 후보자들이 득표한 수는 다음과 같다.

후보	득표수
슈르차노프(Шурчанов В.С.)	114738
이반따예프(Ивантаев П.В.)	101366
마이오로프(Май оров В.Н.)	19839
무낀(Мукин В.А.)	10314

체복사르 선거구에서는 전체 유권자의 58.61%인 289,344명이 투표에 참여했다. 후보들이 득표한 수는 다음과 같다.

후보	득표수
악사꼬프(Аксаков А.Г.)	116729
말류뜨낀(Малюткин В.А.)	12536
몰랴꼬프(Моляков И.Ю.)	84990
나사낀(Насакин О.Е.)	17285

악사꼬프가 최다득표를 하여 당선되었다.

Ⅳ. 경제 시스템

1. 경제개황

추바시야 공화국은 7개의 연방지구 중 볼가연방지구에 속하고 12개의 러시아 경제지역 중 볼가-뱌트까 경제지역에 속한다. 추바시야 공화국은 규모가 그리 크지 않은 지역으로 공업에서는 기계제작·금속가공부문이 기반산업으로 자리 잡고 있고 그 외 전기전력부문과 식품공업이 앞서 나가고 있다. 농업은 상대적으로 대규모의 생산량을 자랑하고 있는데 이 지역이 농업에 적합한 입지조건들, 즉 따뜻한 날씨, 기름진 토양 등을 가지고 있기 때문이다.

추바시야 공화국의 전체지표인 지역총생산은 러시아대비 0.4%의 규모를 가지고 있다. 이것은 평균보다 떨어지는 경제 규모를 의미하는데 특히 이것은 공화국에서의 공업기여도가 상대적으로 약간 떨어지는데 원인이 있다.

지역총생산의 총액이 연도별로 어떻게 변화되어 왔는지를 살펴보는 것은 매우 중요하다. 추바시야 공화국의 지역총생산과 1인당 지역총생산을 보면 다음과 같다.

추바시야 공화국 지역총생산액 추이

항목 \ 년도	1996	1997	1998	1999
지역총생산	10,314	11,138	12,130	18,372
1인당 지역총생산	7,581	8,192	8,923	13,527
지역총생산 지수		95.0	90.9	100.7

http://www.infostat.ru/epub.htm (검색일: 2003.12.12)

추바시야 공화국의 지역총생산의 주요 구성 비율을 보면 공업부문이 우위를 점하고 있으며 약 31.5%에 이르고 있다. 농업도 큰 비중을 차지하고 있으며 18.5%에 이르고 있다. 그 외에 건설, 운송, 유통이 각각 7.0%, 1.4%, 10.9%에 이르고 있다.

추바시야 공화국의 기업부문의 지표에 있어 총 기업수와 소 기업수 그리고 공업 활동기업수를 연도별 추이로 살펴보면 다음과 같다.

기업수 추이

항목 \ 년도	1997	1998	1999	2000
총기업수(연말)	14,487	14,131	14,634	15,729
소기업수(연말)	4,401	4,239	3,980	4,024
활동기업수	1,304	1,262	1,144	1,126

http://www.infostat.ru/epub.htm (검색일: 2003.12.12)

2. 산업

1) 공업

추바시야 공화국의 공업은 몇 개의 도시를 중심으로 발달되어 있으며 체보크사리, 노보체복사르스크, 까나시, 알라띠르, 우메를랴 등을 중심으로 기계제작·금속가공부문과 화학·석유화학부문 등이 발달되어 있다. 러시아대비 공업비율이 약 0.5%에 이르고 있어 규모면에서는 대규모로 분류하기가 어렵다.

울랴노프스크주의 공업을 전반적으로 이해하기 위해 공업총량에 대한 지표를 살펴보면 다음과 같다.

총 공업생산량 추이

항목 \ 년도	1997	1998	1999	2000
총 공업생산량	7,967	8,149	13,405	19,531
공업생산 지수	102	92	111	111

http://www.infostat.ru/epub.htm (검색일: 2003.12.12)

추바시야 공화국의 공업부문별 구조에 있어 어떤 것이 주요한 부문이고 그 비율들은 얼마나 되는가를 보는 것은 이 부문들의 공업 기여도를 평가하는데 중요한 자료가 될 것이다. 추바시야 공화국은 중심부문인 기계 제작과 그 외 여타 부문들이 어떤 비율을 가지고 있는지 표로 살펴보면 다음과 같다.

주요 공업생산부문별 생산비율

생산부문	추바시야 공화국 총공업생산 비율
전기전력	12.6%
철강업	0.4%
화학·석유화학	10.2%

기계제작·금속가공	43.4%
목재가공, 종이·펄프	2.4%
건재공업	4.7%
경공업	7.6%
식품공업	14.5%
기타	4.2%

http://www.infostat.ru/epub.htm (검색일: 2003.12.12)

2) 농업

추바시야 공화국의 농업은 자연적 조건이 매우 발달해 있는 편이다. 즉 토양이 흑토로 기름지고 물이 풍부하고 날씨가 따뜻하다. 이것은 농업에 매우 적합하여 농업생산량을 높여주고 있다. 추바시야 공화국의 총 파종면적을 보면 2000년을 기준으로 69만 3,100 헥타르이고 여기에 주로 파종되는 작물의 종류를 보면 곡물이 43.2%, 사료용 작물재배가 44.9%로 파종 비율의 거의 대부분을 차지하고 외에도 특용작물이 0.7%, 감자와 채소가 11.2%를 차지하고 있다.

추바시야 공화국의 농업은 러시아대비 약 1.1%라는 대규모의 농업생산량을 자랑하고 있으며 이것은 러시아대비 평균이상의 규모를 나타내고 있다. 추바시야 공화국의 농업전반을 보기위해 총 농업생산량과, 총 농업생산액 중 작물관련 생산액, 총 농업생산액 중 가축관련 생산액을 연도별 추이로 살펴보면 다음과 같다.

농업생산량 추이

항목 \ 년도	1997	1998	1999	2000
총농업생산액	3597.1	3496.5	7,169.4	8,562.9
작물관련 생산액	1904.6	1643.1	3,831.4	4,388.8
가축관련 생산액	16925.5	1853.4	3,338.0	4,174.1
농업생산 지수	105	87	93	103

http://www.infostat.ru/epub.htm (검색일: 2003.12.12)

추바시야 공화국의 농업생산에 있어 2000년의 주요한 농업생산품을 중심으로 각각의 총량을 확인하는 것은 유용하다. 그 종류에 따른 총량은 다음과 같다.

곡물(수확 후 무게)-50만 8,800 톤; 감자-59만 6,500 톤; 채소-19만 7,100 톤; 가축과 가금류(도살 후 무게)-6만 6,800 톤; 우유-46만 5,700 톤 등이다.

추바시야 공화국의 가축사육과 관련해서 2000년 년말기준으로 길러지고 있는 소는 32만 8,800 두이며 그 중 암소는 17만 5,500 마리이다. 그리고 돼지의 수도 21만 5,800 마리에 이르고 있어 가축사육이 활발히 이루어지고 있다.

3. 자원 등 기타

추바시야 공화국은 유용광물자원의 보유량이 막대한 것으로 알려져 있다. 이 지역에는 대규모의 석고 매장지가 있으며 이는 무수석고와 백운석의 층으로 분리되어 있다. 석고석은 기술적 공정을 통하여 건축용 석고로 활용될 수 있고 추가적인 가공을 통해서 고품질의 견고한 석고를 얻을 수 있다는 데에 그 유용성이 있다.

추바시야 공화국의 알리띠르스크 지역에는 판상규조토의 매장지가 있다. 이 물질은 단열재의 생산에 매우 유용한 것으로 알려져 있다.

추바시야 공화국의 남부지역과 남서부지역에는 인산의 매장지가 있으며 이 곳에는 가연성 슬레이트 역시 넓게 분포되어 있다. 이 외에도 이탄은 추바시야 공화국의 전 지역에 널리 매장되어 있다.

석유가스 매장지에 대한 탐사 역시 보고 된 바 있으며 결과적으로 추바시야 공화국에 7,100만 톤의 석유가스가 매장된 것으로 판명되었다.

추바시야 공화국의 산림은 전 면적의 30.8%에 해당하는데 이 중 94%는 국가기관의 통제아래 있으며 나머지 6%의 경우는 농경 기업이나 기타 조직에 의해서 이용되고 있다. 대부분의 산림자원은 수자원의 보호와 요양 및 위생, 보호의 목적으로 사용되고 있으며 많은 부분은 목재로도 활용되고 있다.

추바시야 공화국을 경유하는 주요한 강으로 볼가강이 있으며 이 공화국을 경유하는 길이는 127km에 이르고 있다. 볼가강은 기타의 크고 작은 2,356개의 강과 합류되고 있으며 이 외 수자원으로 350개가 넘는 호수가 있다.

V. 문화시스템

1. 지역정체성

1) 인구

추바시야아 공화국의 2001년도 인구수는 1,353,000명이다. 인구수는 1996년까지 소폭 증가했으나, 1997년부터 점차 감소추세를 보이고 있다. 그러나 1990년대 전반에 걸친 인구변화 폭은 그리 크지 않다.

추바시야 공화국 인구변동 추이

연도	1990	1992	1993	1994	1995	1996	1997	1998	1999	2000	2001
인구수 (1,000명)	1,342	1,355	1,361	1,361	1,363	1,363	1,362	1,361	1,362	1,358	1,353

Россий ский статистический ежегодник. Госкомстат России. М., 2001. С. 83.

추바시야 공화국의 인구 자연증가율은 1993년부터 마이너스를 보이며, 시기적으로 다소 차이는 있지만, 1990년부터 2000년까지 지속적인 감소추세를 보였다. 2000년에는 전년도에 비해 사망자수 및 출생자수가 공히 증가하는 양상을 보였다.

추바시야 공화국 출생자수, 사망자수, 자연증가율

연도	출생자수(명)	사망자수(명)	자연증가율(명)
1990	21,116	13,545	7,571
1992	16,673	14,141	2,532
1993	14,410	16,876	-2,466
1994	14,498	18,003	-3,505
1995	13,842	17,727	-3,885
1996	13,542	16,880	-3,338
1997	12,822	16,762	-3,940
1998	13,300	15,957	-2,657
1999	12,129	17,997	-5,868
2000	12,363	18,640	-6,277

Россий ский статистический ежегодник. Госкомстат России. М., 2001. С. 115.

추바시야 공화국의 경제활동인구 및 취업률, 실업률은 다음과 같다.

추바시야 공화국의 실업률은 1997년까지 지속적으로 상승하다 1998년부터 점차 하락추세를 보이고 있다.

추바시야 공화국 경제활동인구(취업자, 실업자), 실업률

연도	경제활동인구 (1,000명)	취업자수 (1,000명)	실업자수 (1,000명)	실업률(%)
1992	653	620	32	5.0
1993	663	616	47	7.1
1994	648	583	65	10.0
1995	659	592	67	10.2
1996	644	573	71	11.1
1997	638	549	89	13.9
1998	618	534	84	13.6
1999	685	595	90	13.1
2000	686	623	63	9.1

Россий ский статистический ежегодник. Госкомстат России. М., 2001. С. 137.

2) 민족

추바시야 공화국에는 50여 민족이 거주하며, 주요 민족 구성을 보면(1989년 기준), 원주민인 추바슈인 67.8%, 러시아인 26.7%, 따따르인 2.7%, 모르드바인 1.4%, 우끄라이나인 0.5%, 마리인 0.3%, 벨라루스인 0.1% 등이다.

3) 교육

추바시아 공화국에서는 일반 중등교육 발전에 많은 주의를 기울이고 있다. 대학교육의 발전 수준은 러시아 평균 수준을 상회한다.

추바슈어는 각 교육기관의 필수과목으로 채택되었으며, 교육과정 중 민족-종교 교육이 도입되고 있다. 민족학교로는 추바슈 민족학교 460개, 모르드바 민족학교 3개, 따따르 민족학교 20개, 러시아 민족학교 211개가 있다. 추바슈 민족학교 학생 수는 약 64,000명이며, 추바슈어로 교육이 이루어지고 있으며, 러시아 학교에서도 추바슈어 과목이 개설되고 있다. 최근에는 공화국 대통령령에 따라 해마다 115명의 우수 대학생들에게 대통령 장학금이 지급되고 있으며, 4명의 저명학자와 4명의 신진학자에게는 5개월 치 최저 임금

에 해당하는 액수의 국가 장학금이 지급되고 있다.

2. 지역문화

1) 문화개괄

이바노프의 문학 박물관의 내부

추바시야 공화국은 수백 년간의 역사를 소중하게 간직하고 있는 곳이다. 체보크싸리시에는 가장 의미 있는 박물관이 위치해 있는데 민족 박물관, 예술 박물관, 추바시야의 시인인 이바노프의 고전 문학 박물관, 차빠예프 내전 영웅 박물관, 러시아에서 유일한 맥주 박물관과 두개의 전시관이 운영 중이다.

체보크싸리시는 추바시야 공화국 문화의 중심지이다. 이곳에 문화 예술의 기본적인 기관들이 집중되어 있고 28개의 지부를 포함하고 있는 4개의 박물관, 5개의 대 국립 박물관이 있고, 3개의 콘서트 필하모니가 활동 중이다.

도시에는 문화 예술 분야에서 특별한 교육을 받을 수 있는 교육 기관이 설립되어 있고 빠블로프 음악학교, 예술 학교, 문화 학교가 활동 중이다. 게다가 5개의 문화 학교와 4개의 예술 학교가 활동 중이며 그 곳에는 4000명이 넘는 학생들이 공부를 하고 있다.

7개의 창조와 문화의 궁전에는 248개가 넘는 창작 집단들이 활동 중이다. 시의 문화 행정부 산하에는 2개의 지방 자치 창작단이 활동 중인데 합창단인 '고전'과 실내악 오케스트라가 그것들이다.

체보크싸리에는 많은 명승고적이 있는데 아주 오래된 것에서 현대에 이르는 것까지를 망라하고 있다. 시에는 분수와 다리가 있는 훌륭한 만이 있고 성 삼위일체 수도원과 베젠스끼, 우스뻰스끼 사원, 미하일 아르한겔스크 교회가 있다. 시에는 문화 예술의 활동가들의 많은 기념비가 있는데 예를 들면, 추바시야의 계몽가인 이반 야꼬블레프의 기념비, 정열적인 시인인 미하일 세스뻴의 기념비, 꼰스탄틴 이바노프의 기념비 등이다. 역사와 관계된 적지 않은 기념비들이 있는데 명예의 기념비와 유리 가가린의 동상과 차빠예프의 동상이 있다.

체보크싸리시는 많은 민족이 사는 도시인데 여기에는 다음과 같은 문화 센터가 설립되어 있다. 전 따따르 사회 센터, 유럽 문화 센터, 마리이 사회 문화 센터, 모르도프 사회 문화 센터, 러시아 문화 센터, 추바시야 민족 콩쿠르 등이다.

체보크싸리시는 역사적으로나 현재의 상태로나 흥미 있고 독특한 곳이다. 이 시에서는 추비시야 고유의 문화와 러시아 문화가 수세기 동안 밀접하게 연관되어서 서로 풍부하게 만들고 있다는 것을 알 수 있다.

2) 문화시설

추바시야 국립 예술 박물관

추바시야 국립 예술 박물관

이 박물관의 토대는 1921년 추바시야 중앙 박물관의 건립과 추바시야 공화국 예술 기관의 활동에 두고 있다. 박물관의 기본적인 전시품들은 1939년 건립 당시에 추바시야 중앙 박물관(현재의 민족 박물관)과 그므프(국립 박물관 재단)에서 가져온 작품들이며, 여러 가지 기관들과 개인 소장품에서 기증받은 것들도 있으며 1939년에 러시아 연방 추바시야 공화국의 국무회의 산하의 예술 위원회에서 온 유물들도 있고 추바시야 공화국과 소비에트 예술가들 작품 전시회에서 구입한 작품들도 있다.

박물관에서 가장 많은 작품들은 추바시야 소비에트 조형 예술의 창시자들로부터 시작되는 추바시야 예술가들(스베르취꼬프, 자이체프, 스삐리도노프)의 작품들이다.

추바시야 조형 예술 센터에는 추바시야 다이아스포르 예술가들인 꼬껠, 드미뜨리예프, 끼빠리소프, 까란다예프, 리프낀, 아끼모프 등의 작품들이 포함되어 있다.

전문 예술가들의 작품들뿐만 아니라 전시관에는 추바시야와 인근의 독립적인 아마추어 작가들의 작품들도 전시되어 있다. 그리고 박물관은 전통 민속 예술의 보존에 상당한 관심을 기울이고 있는데 이 민속 예술 콜렉션에는 19-20세기의 기본적인 모든 의상들이 전시되어 있다.

외국 예술 전시관은 18세기의 메이센과 세브르 도자기들을 전시하고 있다. 현대 외국 예술품들은 차꿀(유고슬라비아), 라만(독일)의 그림과 히미르스끼의 회화가 전시되어 있다.

추바시야 국립 아카데미 이바노프 극장

이 극장의 출신으로 유명한 연출가와 배우들로는 러시아의 국민 배우인 야꼬블레프, 추바시야의 공훈 예술가인 로지오노프, 배우들, 구소련의 국민 배우인 알렉세예프, 우르갈낀, 꾸즈미나, 야꼬블레프와 러시아의 국민 배우인 로지노프, 그리고리예프, 그리고리예바, 야꼴블레프 등이 있다.

추바시야 국립 인형 극장

이 극장은 1945년에 세워졌다. 극장은 이전에 대중 필하모니가 있던 곳에 위치하고 있다.

추바시야 국립 젊은이 극장

이 극장은 러시아 드라마 극장에서 무대를 빌려 쓰고 있다. 유명한 연출가와 배우들로는 추바시야 예술 활동가인 야르디꼬프, 러시아와 추바시야의 예술 활동가들인 바실리예프, 꼴초프, 빠블로프, 뻬뜨로프, 로마노프 등이 활동하고 있으며 배우들로는 러시아의 공훈 예술가 고루비예프 등이 있다.

참고문헌

http://www.mojgorod.ru/karacherk_r/index.html

http://wgeo.ru/russia/reg07.shtml

http://wgeo.ru/russia/reg08.shtml

http://socarchive.narod.ru/bibl/polros/Krasnod/geogr-kras.html

http://wgeo.ru/russia/reg23.shtml

http://socarchive.narod.ru/bibl/polros/Dagestan/geogr-dagest.html

http://wgeo.ru/russia/reg05.shtml

http://wgeo.ru/russia/reg61.shtml

http://wgeo.ru/russia/reg34.shtml

http://socarchive.narod.ru/bibl/polros/Sevos_r/geogr-sev.html

http://wgeo.ru/russia/reg15.shtml

http://wgeo.ru/russia/reg26.shtml

http://wgeo.ru/russia/reg01.shtml

http://wgeo.ru/russia/reg47.shtml

http://www.ingushetiya.intergrad.ru

http://wgeo.ru/russia/reg47.shtml

http://wgeo.ru/russia/reg20.shtml

http://www.intergrad.ru

http://www.gov.ru

http://www.regions.intergrad.ru

http://wgeo.ru/russia/

http://www.roiip.ru/regions/index.htm

http://www.intergrad.ru/kultura_mus.htm

http://www.gov.ru

http://www.museum.ru

http://www.theatre.ru

http://ys.mmc.ru/dagestan.html

http://www.towns.ru/main.html

http://www.lenobl.ru/culture

http://www.russianculture.ru

http://www.bumbinorn.ru/index.php?page=6

Аронов. А. А. Мировая художественная Культура. Россия XX век. М., 1999.

Кононенко. Б. И., Культурология. Альбом схем. М., 1998.

Радугина. А. А. Культурология. М., 1998.

Раковой . М. М. и Рязанцева. И. В., История русского искусства 1-3 М., 1981.

Регионалистика: Учебное пособие для вузов, М., 2000.

Региональная экономика: учебник/под ред. В. И. Видяпипа, М. В. Степанова, М., 2002.

Экономика и энергетика регионов Россий ской Федерации. М., 2001.

연 구 진

● **권 세 은**

모스크바 국립대학교 정치학 박사.
현 경희대학교 외국어대학 러시아어학과 부교수.

주요논저:
『한국과 러시아 관계』(공저, 2001); 『21세기 러시아 정치와 국가전략』(공저, 2001); 「Синергетический подход к описанию трансфо-рмации россий ского общества」(2003); 「지역연구의 패러다임으로서 복잡성에 대한 시론」(2004)

● **공 우 석**

영국 헐대학교(The Univ. of Hull) 지리학 박사.
현 경희대학교 문리과대학 지리학과 교수.

주요논저:
『정보화시대의 국토와 환경』(공저, 2000); 『한국의 제4기환경』(공저, 2001); 『경관생태학』(공저, 2001); 『러시아의 지리』(공저, 2002)

● **안 병 용**

모스크바 국립대학교 문학 박사.
현 경희대학교 외국어대학 러시아어학과 부교수.

주요논저:
『현대 러시아드라마 연구』(2001), 『<적자색 섬>에 나타난 작가와 검열의 문제』(2001), 『<위선자들의 까발라>에 표현된 불가꼬프와 몰리에르』(2002), 『한국에서의 러시아문학 수용 연구』(2003)

● **성종환**

한국외국어대학교 문학박사(노어학).
현 경희대학교 비교문화연구소 러시아지역연구팀 책임연구원.

주요논저:
『현대 러시아어 관용구연구』(2001), 「러시아 지역 정체성연구」(2003), 『동방특급열차』(역서, 2003)

● **공영호**

모스크바대학교 노문학 박사.
현 경희대학교 러시아지역연구팀 책임연구원.

주요논저:
「러시아 연방지구문화연구」(2005), 『러시아 지역문화연구방법론』(2004), 『러시아 문화연구방법론』(2003)

● **김 성 훈**

모스크바대학교 경제학 박사.
현 경희대 비교문화연구소 러시아지역연구팀 책임연구원.

주요논저:
『이슬람경제의 사상과 적용』(공저, 1999), 「Capital accumulation during the transition period in russian economy」(1999), 「복잡시스템에 기초한 지방경제의 분석모델 연구-러시아 7개 지구 연방지구의 예시」(2004)

러시아 지방연구 Ⅲ : 볼가연방지구

인 쇄 일 | 2006. 2. 20
발 행 일 | 2006. 2. 27
저　　자 | 권 세 은 외
발 행 인 | 김 병 묵
발 행 처 | 경희대학교 출판국
등록번호 | 1977년 11월 8일 제6-5호
주　　소 | (130-701) 서울시 동대문구 회기동 1번지
전　　화 | (02) 961-0106 / 7
팩　　스 | (02) 962-8840
이 메 일 | khup@khup.com
홈페이지 | http://www.khup.com
인 쇄 처 | 한다문화
Tel. (02) 961-7500 Fax. (02) 961-7400
Email. handapp@hanmail.net

ISBN 89-8222-119-0(94980) 정가 18,000원
89-8222-116-6(세트)